자유의 역설

자유의 역설

초판 1쇄 발행 • 2012년 9월 14일

지은이 • 염무웅
펴낸이 • 황규관
편집장 • 김영숙
편집 • 박지연 노윤영 윤선미

펴낸곳 • 도서출판 삶창
출판등록 • 2010년 11월 30일 제2010-000168호
주소 • (150-901) 서울시 영등포구 영등포2가 94-141 동아빌딩 402호
전화 • (02) 848-3097   팩스 • (02) 848-3094
홈페이지 • www.samchang.or.kr

ⓒ 염무웅, 2012
ISBN 978-89-6655-014-2 03810

* 이 책의 판권은 저작권자와 도서출판 삶창에 있습니다.
  저작권법에 의해 보호를 받고 있는 저작물이므로 양쪽의 동의 없는
  무단전재와 복제를 금합니다.
* 책값은 뒤표지에 표시되어 있습니다.
* 도서출판 삶창은 삶이보이는창의 새로운 이름입니다.

주코티 공원에서 광화문 광장까지

자유의 역설

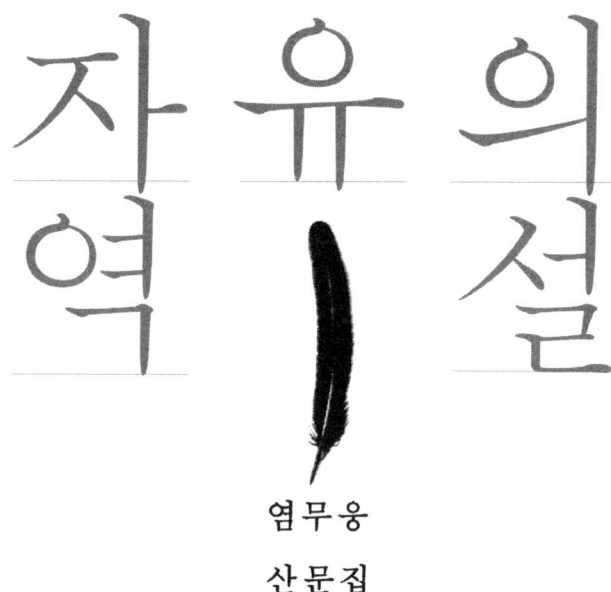

염무웅
산문집

삶창

일러두기

1. 저자 각주(★)와 편집자 각주(*)는 각기 다른 특수기호로 표시하였다.
2. 편집자 각주는 네이버 지식백과, 위키백과 한국어판, 네이트 지식, 국립국어원 국어사전, 다음 국어사전, 김삼웅 선생님의 블로그(http://blog.ohmynews.com/kimsamwoong/)에서 참고하였다.

목차

책머리에

제1부

잘못된 시간의 그릇된 시선—대한민국의 복권을 위하여	21
이집트의 거울에 비친 우리의 민주주의	29
원전결사대, 그 불편한 진실	32
오바마는 미국을 얼마나 바꿀 수 있을까	36
여전히 생생한 심연의 소리	40
파병은 국민적 선택 아니다	44
후세인 정권 붕괴 이후의 풍경들	47
자유보다 소중한 것은 없다	50
귀성객 10분의 1만이라도…	53
농업 개방과 문화의 다양성	56
외국인 노동자 쫓아낼 권리 있나	59
4월혁명: 그날의 함성을 환청으로 들으며	62
제등행렬 앞에서 일연 스님을 생각하다	68

제2부

부자들의 공화국	77
반값등록금, 정당하고 가능한가	80
주코티 공원에서 광화문 광장까지	84
해방 직후의 정치 풍경	88
강정마을이 우리에게 뜻하는 것	92
천안함의 미로	96
명실(名實)이 어긋난 시대에	99
이성적인 것의 힘 또는 힘없음	102
노무현의 삶이 이룬 것과 그의 죽음이 남긴 것	105
스스로를 잠식하는 민주주의	110
탈락의 추억	115
깐수와 그의 시대	119

제3부

여전히 싱그러운 국화 향내—만해 선생과의 인연을 돌아보며 127

'10월유신'을 돌아보며 131

공식언어의 커튼을 젖히면… 134

금강산으로 떠나며 137

미국이 '민주주의'를 입에 올릴 때 141

주한미군의 존재와 대통령의 조건 144

동질성과 이질성 147

전쟁의 악몽을 넘어 150

예술작품에 찍힌 분단의 상흔 153

죽음으로부터의 통신 156

이념적 성숙을 위하여 160

두 개의 역사시계 163

철도교통 이야기 166

'강북' '강남'의 구획이 말해주는 것 170

제4부

벼랑 끝에 선 대학교육	183
교육개혁은 교육부 개혁부터	189
사립학교법의 딜레마	192
학술운동 20년의 빛과 그림자	196
한 지역문예지의 발간 10년	200
번역은 또 하나의 창조다	203
문학이 증언하는 역사의 진실	206
한 소설가의 운명 위에 드리운 두 줄기 역사	209
노년의 문학	212
책이 대접받는 사회	216
문화 공간으로서의 도시	219
지방자치제와 전국적 네트워킹	222
전환 시대의 역사분쟁	225
종교들의 평화공존	228
문화의 다양성을 위하여	231
문예진흥기구의 전환에 즈음하여	234

제5부

지구적 제국체제의 해체를 꿈꾸며	239
세계를 배회하는 자유의 유령	249
한반도 위기와 평화의 절박성	256
평화를 위한 우리의 선택	262

책머리에

  이 책은 지난 10년 동안 〈경향신문〉〈영남일보〉〈한겨레〉 등 종이신문과 〈다산포럼〉〈창비주간논평〉 등 인터넷매체에 발표한 칼럼들, 그리고 격월간 『녹색평론』과 기타 지면에 실었던 에세이들을 모은 것이다. 2002년 이전 원고지에 글을 쓰던 시절에는 발표하고 나서 스크랩을 제때 못하는 수가 꽤 있었고, 그나마 보관되어 있는 것도 시효가 지나고 보니 새삼 독자들 앞에 내놓을 마음이 들지 않았다. 그래서 그 글들은 모두 잊기로 했다. 컴퓨터로 글을 쓰게 된 다음에는 별도의 수고 없이 저장을 할 수 있어서 다행이지만, 이번에 그것들을 다시 꺼내 읽어보니 어떤 글은 차라리 잃어버렸다는 핑계를 댈 수 없는 것이 유감이다. 아무튼 이 여름 새로 출판사 책임을 맡은 황규관 시인의 제안이 없었다면, 여기저기 흩어져 있던 것들을 추리고 다듬어서 이렇게 한 권의 책으로 만들 용기를 내지 못했을지 모르겠다. 나로서는 헤어졌던 가족들을 한자리에 모은 것 같아, 미상불 기쁘다.

  수십 년 문필가로 살아오는 동안 본업인 문학평론 이외에도 종종 문학 바깥을 향해 발언할 기회가 있었다. 흔히 현실참여라고 지칭되는 이런 활동을, 앞장섰다고는 할 수 없어도, 굳이 피하려고 하지는 않았다. 그러나 그런 경우에도 나는 되도록 문학하는 사람의 자격을 통해서, 가령 1970년대에는 자유실천문인협의회나 해직교수협의회 같은 모임을 근거지로 해서, 그리고 그 후에는 민족문학작가회의(현 한국작가회의)나 민예총(민족예술인총연합) 같은 단체의 임원이 되어 아주 온건하게 현실에 관여하는 방식을 선호했다. 그렇게 하는 것이 옳다고 믿었기 때문이라기보다 내 능력과 체질로 감당하기에 그것이 알맞다고 생각되었기 때문이다. 하지만 주로 문학세계 안의 문제들에 대해 말하기로 약속되어 있는 본연의 영역, 즉 문학평론에서도 문학의 현실관련성에 대한 문제의식은 언제나 내 사고의 중심을 이루고 있었다고 자부하고 있다.

어쨌든 나는 본업에 해당하는 분야 이외에 시국을 논하는 글을 더러 썼고, 점점 더 그런 글을 자주 쓰고 싶어하는 자신을 발견하고 있다. 물론 편집자들의 청탁이 없었다면 쓰지 않았을 것 같은 글도 있지만, 그러나 어느 경우든 청탁 때문에만 시론적인 글을 쓴 것은 아니다. 그렇다면 나의 내부에 어떤 주체적인 요구가 발동해서 내 눈을 문학 바깥으로 향하게 하고 세상 돌아가는 상황에 대해 생각하도록 만들었다는 얘기인데, 그 요구란 어떤 것인가. 어쩌면 이것은 이 책의 뿌리에 대한 물음이자, 지금의 내 삶의 정당성에 대한 물음이라고 할 수도 있다.

나는 1980년부터 대구에 살다가 건강을 이유로 1998년 직장이 있는 경산으로 이사했다. 그리고 거의 매일 한두 시간씩 집에서 가까운 산을 오르거나 사람 왕래가 적은 동네 골목길을 산책했다. 퇴직 후 만 10년의 경산생활을 마감하고 경기도 군포로 주거를 옮긴 뒤에도 걷는 습관은 계속되고 있다. 그런데 산보를 나설 때면 대체로 편안한 마음으로 나가는 것이 아니다. 뉴스를 보거나 책을 읽다가 점점 심기가 불편해져서 밖으로 나가는 것이다. 그러고는 걷는 동안 이런저런 생각도 하고 반성도 한다. 나이가 들면 성품이 더 너그럽고 원만해져야 할 텐데, 왜 나는 반대로 툭하면 분노와 허무의 감정에 사로잡히는가. 그리고 왜 이렇게 자연풍경에 의탁해서야 겨우 마음을 가라앉힐 수 있는가.

그런데 요즘은 어렸을 때 보았던 광경이나 젊은 시절 겪었던 사건들이 자주 머리에 떠오른다. 어떨 땐 그것이 최근 겪은 일보다 더 생생하게 감각을 건드리기도 한다. 이상하게도 4,50년 전에 보았던 영화장면이나 출연배우들 이름은 분명한데, 한두 달 전에 보았던 영화나 배우들 이름은 까맣게 지워져 있는 수가 있다. 이게 바로 노화현상이라는 것인가. 실은 청년시절에 좋아했던 음악이나 영화보다 더 자주 마음으로 되새기는 것은 먼 유년기·소년기의 일화들이다. 그 얘기를 조금만 해보겠다.

내가 태어난 곳은 강원도 속초인데, 알다시피 그곳은 삼팔선 이북이고 휴전선 이남이다. 우리 집은 내가 네댓 살 되던 1945년 말인지 1946년 초인지에 솔가해서 월남했다. 아버지는 말하자면 유산계급의 일원이어서, 북쪽체제에는 적응할 수 없다고 느꼈던 것 같다. 그런데 1908년생인 아버지에게는 1917년생인 남동생이 한 분 있었는데, 형제간에 기질도 다르고 생각도 반대여서 작은아버지는 부형이 월남한 뒤에도 속초에 그대로 남았다가 6·25전쟁 와중에 북으로 갔다고 들었다. 전쟁이 끝나고 속초가 남녘땅이 된 다음에도 아버지가 끝내 귀향을 못한 것은 자신의 당당한 월남경력에도 불구하고 아우의 행적에 대한 두려움이 너무 컸기 때문이라는 것을 나는 오랜 뒤에야 깨달았다.

아무튼 속초항에서 배를 타고 밤새 밀항해서 이튿날 새벽 찬바람 부는 주문진항에 내렸던 장면을 나는 지금도 선명하게 기억하고 있다. 부두의 초소 앞에 총을 메고 서 있는 미군도 보았는데, 서양사람을 본 것은 그때가 처음이다. 주문진에서 하루이틀 지낸 다음 묵호던가 어디던가에서 만원열차를 겨우 얻어탈 수 있었다. '심포'인지 '통리'인지 하는 작은 역에서는 기차를 내려서 남부여대한 사람들과 함께 가파른 언덕길을 걸어올랐다. 당시에는 묵호에서 도계·철암을 거치는 지금의 영동선 어느 구간이 너무 급경사여서 기차를 옮겨 타야 되었던 것이다. 마침내 정착한 곳은 장성(지금의 태백시)이란 탄광촌이었다. 거기서 2년 남짓 살다가 대한민국 정부가 수립되기 몇 달 전에 경북 봉화군 춘양이란 데로 이사를 했다. 유교문화의 유풍이 깊게 남아 있는 그곳에서 나는 한동안 서당에도 다니면서 초등학교를 마쳤고 6·25를 겪었다. 이북에서 월남한 집안이 인공치하를 사는 것이 얼마나 위태로운 일인지 나는 그때는 짐작도 못했다. 그 험악한 세월을 무사히 넘도록 해준 걸 보면 춘양은 좌우의 이념대립에 오염되지 않은 인심 좋은 고장임에 틀림없다. 1954년 봄에는 다시 충남 공주로 이사했고 거기서 중고등학교 6년을 다녔다.

그러니까 우리 가족은 처음에는 태백산 밑으로, 다음에는 계룡산 옆으로 피난의 땅을 찾아 뿌리 뽑힌 유랑을 거듭한 셈이었다. 사실 아버지는 고향에서 그런대로 성공한 사업가였으나, 객지를 떠도는 동안 성실하게 노력했음에도 결국 재기에 성공하지 못했다. 그러나 나 자신으로서는 무엇보다 힘들었던 것이 말이었다. 집에서는 식구들이 강원도말을 썼지만, 밖에 나가면 또래들과 어울리기 위해 다른 종류의 말을 익혀야 했는데, 아무래도 내 입에서는 이도저도 아닌 어색한 말투가 나올 수밖에 없었다. 특히 괴로웠던 것은 공주로 이사한 직후였다. 라디오조차 별로 없던 시절이라, 경상도 사투리를 들어본 적 없는 급우들은 내 낯선 억양이 발음될 때마다 참지 못하고 교실이 떠나가라 웃음을 터뜨렸다. 부득이 나는 차츰 책만 밝히는 내성적 소년으로 변해갔다.

돌이켜보면 책에서 읽은 것이나 학교에서 배운 것보다 이 피난민체험에서 생성된 무엇인가가 내 삶의 밑바탕에 자리잡고 있으면서 더 원초적인 힘을 가지고 내 의식을 지배해왔을 것이다. 세상에 대해, 특히 오늘 우리 삶의 역사적·정치적 맥락에 관해 논평하는 내 글도 이런 체험의 소산일 거라고 스스로 생각하고 있다. 그런 점에서 이 책은 오래전에 헤어져 서로 생사도 모른 채 세상을 떠난 내 아버지 형제분께 바치는 나의 뒤늦은 조사이다.

대학에 들어오고 나서 불과 두 주일 뒤에 4·19혁명이 일어났다. 과거에도 몇 번 말과 글로 4·19를 논한 적이 있고 이 책에도 50주년을 기념해서 쓴 수필이 한 편 들어 있지만, 어쩌다가 내 이름 밑에 '4·19세대'라는 호칭이 붙을 때마다 나는 그 명예를 사양하고 싶어졌다. 데모행렬을 멀리서 뒤쫓아간 것 정도를 갖고서 혁명세대의 일원으로 대접받는다면 그건 너무도 염치없는 짓이라고 생각되었기 때문이다. 데모현장에서 죽고 다치고 한 분들에게 느끼는 가책의 정서는 때때로 다른 동년배를 향한 비판적 감정으로 변하기도 한다. 가령, 4·19 당시 학생회 지도부에 속했던 사람들이 그후 정치판에 뛰어들어 하는 짓을 볼 때 그렇다. 그들이 '4·19세대'의 대표임을 자처하면서 이 사람은 여당, 저 사람은 야당에 붙어 본질적으로 똑같은 타락정치의 노선을 걷는 것을 볼 때마다 나는 그들에 의해 혁명이 훼손되는 것 같은 모욕감을 느끼곤 했다. 차라리, 4·19의 깃발을 내려라! 이런 외침이 서절로 나오려 했던 것이다.

솔직히 말하면 나에게는 4·19 자체보다도 4·19 이후 4년간의 내 학생활이 더 결정적인 체험이다. 시골을 떠나 서울생활을 시작한 것도 이 체험의 일부일 것이다. 내가 상경할 무렵의 서울은 지금의 서울에 비해 인구도 4분지 1에 불과하고 무엇보다 도시의 성격 자체가 아직 농경사회적 요소를 많이 가지고 있었다. 그럼에도 불구하고 시골에서 갓 올라온 고학생에게 서울은 충분히 도시적인 경관들로 가득해 보였다. 물론 그보다 더 중요한 것은 캠퍼스에 넘치는 자유의 공기였다. 그것은 내가 그때까지 한번도 경험해 보지 못한 낯설고도 매혹적인 것이었다. 그 자유의 경험을 통해 나는 마치 다시 태어나는 듯한 황홀감을 맛보았다. 1950년대건 1960년대건 이 나라는 정치적으로 편안했던 적이 없고 특히 박정희 정부 18년 동안에는 정권의 정당성을 둘러싼 정치적 공방이 그칠 날이 없었지만, 그래도 박 정권 초기인 1963년까지는 적어도 대학 캠퍼스 안에서만은 모든 것이 허용되었다. 적어도 나에게는 그렇게 느껴졌다. 나는 전공이 서양문학인데다 문학 이외에는 관심을 둘 여유도 없고 아직 사회의식도 미숙해서 다른 데는 눈을 돌리지 못했지만, 내 주위에서는 6·25 이전에 출간된 좌익서적을 읽고 토론하는 것이 드문 일이 아니었다. 중요한 것은 그 해방의 분위기였다. 좀 과장한다면 이때 그 캠퍼스에서 얻은 자유의 자양분으로 평생을 살아왔다고도 말할 수 있다. 요새도 어쩌다 그 시절 친구들을 만나면 그런 감상을 갖고 사는 것이 나 혼자만이 아님을 확인하고, 그런 의미에서의 '4·19세대'의 책임을 놓치지 않으려 한다.

    그런데 자유란 단순한 것이 아니다. 이 책에 실린 어느 글에도 썼지만, 이라크 침공을 명령한 미국 부시 대통령이 가장 좋아한 낱말도 다름 아닌 자유였고, 그 미국의 이라크 침공에 대한 논평을 요청받고 디엔비엔푸 승전 50주년기념식에 참석했던 94세의 보응우옌잡 장군이 했던 대답도 "자유보다 소중한 것은 없다"였다. 그래서 『코끼리는 생각하지 마』로 잘 알려진 캘

리포니아 대학의 조지 레이코프 교수는 오늘날 미국에서 '자유'를 둘러싸고 진보세력과 보수세력 간에 치열한 개념전쟁이 벌어지고 있다고 분석한 바 있다. 그러나 레이코프보다 훨씬 먼저 자유에 대해 사색한 분은 만해 한용운 선생이다. 만해는 한편으로 제1차 세계대전이라는 역사적 사변을 목격하고 다른 한편 3·1운동을 주동적으로 경험하면서 자유의 분열적 존재형식에 대한 심오한 관점에 이르렀던 것이다. 이 책의 제목을 『자유의 역설』이라고 붙인 것은 과분하지만 만해의 자유개념을 오늘의 현실에 접목하려는 의도에서이다.

책을 낼 때마다 이 책이 세상에 나가서 얼마나 많은 독자를 만날 수 있을까 회의를 느낀다. 글을 쓰는 사람이면 누구나 그렇겠지만, 성의껏 읽어주고 진심으로 공감해주는 독자가 있다면 그보다 더한 만족은 없을 것이다. 물론 이 책이 더 나은 세상을 만드는 큰 사업에 벽돌 한 장의 작은 구실이라도 할 수 있다면 그것은 더욱 행복한 일이다. 그동안 여기 실린 글을 쓰도록 청탁하고 격려해준 여러 신문·잡지의 편집자들께 감사드린다.

2012년 9월
염 무 웅

1

4·19혁명은 국가적 차원에서도 금지와 억압의 독재체제에 대한 민중 저항의 승리를 뜻하는 것이지만, 우리들 개인사에서도 세계를 보는 시야의 획기적 확장이고 자아와 공동체의 일치가 실현되는 황홀의 경험이었다.

잘못된 시간의 그릇된 시선
―대한민국의 복권을 위하여

 2002년 세모를 맞아 모처럼 한 해를 돌아보고 싶은 마음이 생겼다. 뜻밖에도 오랫동안 잊고 살았던 낱말― '희망' 이란 낱말을 입안에서 굴려보게 된다. 올해 무슨 일이 있었기에 그런 갸륵한 심사가 되는가. 봄에는 국민경선으로 대통령 후보를 뽑았고, 초여름에는 월드컵 축구대회를 치렀으며, 가을에는 부산 아시안게임이 열렸고, 겨울에는 죽은 여중생을 추모하고 미국에 항의하는 촛불시위와 대통령선거가 있었다. 그러고 보니 철마다 큼직한 일들이 벌어져 국민들을 들뜨게 만들었고 온 나라가 벅찬 흥분으로 끓어올랐다.
 생각해보면 그것들은 모두 우리가 일찍이 겪어보지 못한 일대 정서적 고양의 체험이었다. 지난날에도 우리는 4·19를 통해 독재정권을 무너뜨렸고 '6월항쟁'으로 국민주권을 되찾은 바 있다. 그때마다 우리는 물론 감격을 경험했다. 그러나 4·19에는 피의 희생이 따랐고 그나마 1년 뒤에는 군사쿠데타의 반격을 맞았다. 6월항쟁의 성과 역시 새로운 정치주체의 형성으로 이어지기보다 기존 정치세력의 이합집산 과정을 통해 희석되었다. 그렇다면 2002년의 성취는 그와 같은 전철을 밟지 않으리라는 무슨 보장이 있는가. 1960년이나 1987년에 비해 2002년의 민족사가 질적으로 한 걸음 더 나아간 점이 있다면 그것은 무엇인가. 올 한 해 거리를 메운 수천수만의 군중들. 그들의 환호와 열정을 보면서 나는 문득 김수영의 저 예언적인 시 「사랑의 변주곡」한 구절을 떠올렸다.

> 복사씨와 살구씨가
> 한번은 이렇게
> 사랑에 미쳐 날뛸 날이 올 거다!
> 그리고 그것은 아버지 같은 잘못된 시간의
> 그릇된 명상이 아닐 거다.

  2002년 6월, 이 땅에서 결정적으로 복권된 것들 중 아주 인상적인 것은 아마 태극기와 '대한민국'일 것이다. 그러고 보면 내 머리에 최초로 각인된 태극기는 해방 이듬해 8·15를 기념하는 시위행렬의 손에 들린 것이었다. 그 무렵 우리 가족은 삼팔선 이북의 고향 속초를 떠나 장성(지금의 태백시)이라는 탄광촌에 살고 있었으므로, 내가 본 시위대는 주로 광부들이었을 것이다. 그래서 그런지 희미하게 남아 있는 그때 태극기의 영상은 축하의 분위기보다 정치적 살벌함과 연결되어 있다.
  초등학교 시절에는 그 무렵 전국 어디서나 그랬듯이 아침마다 운동장에서 조회를 섰다. 태극기에 경례를 하고 애국가를 한바탕 부른 다음 '우리의 맹세'라는 것을 일제히 복창하는 것이 순서였다. "우리는 대한민국의 아들 딸, 죽음으로써 나라를 지키자!" 이것은 모두 3개항으로 된 맹세의 제1항인데, 국가주의적 비장함을 강조한 무시무시한 내용임에도 불구하고 아이들은 그저 건성으로 따라 외웠을 뿐이다. 겨우 여남은 살밖에 안된 영양부족의 어린이들에게 목숨을 걸고 나라를 지켜야 한다는 관념을 교육하는 것은 아무래도 무리한 노릇이었다.

그러나 '대한민국'이라는 국호는 마치 갓난아기가 제 이름에 저절로 길들여지듯 무의식중에 우리 정체성의 일부가 되었다. 나보다 대여섯 살쯤 나이가 위인 분들은 '대한민국'의 자연스러움에 동조하기 어려울지 모르겠다. 왜냐하면 그들은 일제강점기에 소학교에 들어가 잠시나마 대일본제국의 신민으로 자기를 의식하도록 강제로 주입받은 경험이 있기 때문이다. 그런가 하면, 6·25 이후에 이북에서 월남한 사람들은 한때 조선민주주의인민공화국 공민이었던 적도 있기 때문에 또 다를 것이다. 사실 우리는 국가라고 하는 것이 일정한 정치적 조건의 산물이고 특정한 시점에서의 현실적 필요를 반영하는 역사적 구성물에 불과하다는 사실을 흔히 잊고 지낼 뿐이다.

태극기·애국가·대한민국이라는 일련의 상징들이 나의 내부에서 균열을 일으키고 퇴색하기 시작한 것은 대학생이 된 1960년대부터이다. 5·16으로 박정희 군사정권이 성립된 뒤부터 진행된 정치적 과정들은 정부의 정당성을 부인하게 만들었을 뿐 아니라, 대한민국이라는 국가의 존재 자체를 의문의 눈으로 보게 만들었다. 영화 구경하러 들어간 극장에서 엉거주춤 일어나 애국가를 들어야 할 때, 공적인 모임에 참석했다가 갑자기 태극기를 향해 손을 가슴에 얹을 때, 심지어 어딘가를 향해 부지런히 길을 가다가 일시에 주위가 수상해져 둘러보면 국기 하강식임을 알게 될 때, 그럴 때 나로서는 솔직히 낭패스럽고 일종의 치욕감마저 드는 것이었다.

1980년대였던가, 〈황금연못〉이라는 미국 영화를 본 적이 있다. 헨리 폰다와 캐서린 헵번이 은퇴한 노부부 역을 맡아 뛰어난 연기를 보여준 영화이다. 기억이 분명치는 않지만, 그 노부부는 시골 외딴 집에서 한적하게 지내다가 오랜만에 손자들이라도 찾아오면 떠들썩하게 함께 낚시를 가기도 했다. 이런 자질구레한 장면들을 통해 노인들의 쓸쓸한 일상과 심리적 적막감이 정교하게 묘사되었던 것 같다. 그런데 그 영화에서 영화 내용과 상관없이 내 눈을 끌어당긴 것은 전혀 엉뚱한 소도구였다. 그것은 다름 아니고 이 은퇴한 노인들의 생활궤적을 줄기차게 감싸고 동행하는 미국 국기였다. 집 안이건 보트 뒤꽁무니건 그들이 가는 곳 어디나 성조기가 펄럭였다. 미국 가정이 원래 그런 건지, 공적 생활을 떠난 노인의 단절감을 부각시키기 위해 의도적으로 그렇게 배치한 건지 나로서는 알 수가 없다. 어떻든 놀라운 것은 노인문제를 다룬 섬세한 예술영화도 미국식 애국주의를 전파하는 이데올로기의 도구가 될 수 있다는 사실이었다.

그런데 박정희 시대의 정치현실과 박 정권의 사회문화정책은 거꾸로 국가에 대한 국민들의 귀속감을 끊임없이 뒤흔들어 국가의 본질에 대해 의문을 갖도록 유도하였다. 비판적인 글을 써서 발표하고 성명서에 이름을 올려 견해를 표명하는 것은 문학적 지식인의 권리이자 의무이다. 그러나 1970~80년대에는 그 때문에 체포되고 법정에 서는 일이 드물지 않았다. 1980년대 초의 일이지만, 전북의 어느 고등학교 젊은 교사들 몇 사람은 학교 뒷산에 올라가 세상에 대한 울분을 토로했고, 그것이 빌미가 되어 잡혀갔다가 모진 고문을 당하고 몇 해 감옥살이까지 하였다. 기가 막힌 것은 그들이 소나무 다섯 그루 밑에 앉아 이야기를 나누었다고 해서 '오송회'라는 반국가단체를 구성한 것이 되고 그들 중 한 명이 일기에 적어놓은 꿈의 내용이 유죄의 증거가 되었다는 것이다. '오송회'보다 더 저명한 사례는 인민혁명당일 것이다. '인혁당 재건위*'라는 날조된 이름으로 멀쩡한 사람들에게 잔혹한 고문을 가하고 재판이라는 요식적 절차를 거쳐 유죄판결이 확정

---

* 1974년 인혁당(인민혁명당) 관련자 8명이 국가 전복을 기도했다는 혐의(긴급조치 1호~4호, 국가보안법, 내란예비음모, 반공법 위반)로 군법회의에서 사형선고를 받고 대법원에서 상고가 기각된 후 18시간 만에 처형된 사건. 이후 의문사진상규명위원회는 2002년 이 사건을 중앙정보부의 조작극이었다고 규명했고, 2007년 1월 재심을 통해 무죄를 선고받았다.

된 바로 다음날 사형을 집행했으니, 이런 나라는 나라가 아니라 나라의 탈을 쓴 폭력집단이다. 지금도 생생히 기억나지만, 1972년 10월 17일 저녁 7시경 길을 걷다가 비상계엄을 선포하는 박정희의 독살스런 목소리가 라디오에서 흘러나오는 것을 듣고 "이건 국민에 대한 선전포고로구나! 이제부턴 일종의 내전이로구나!" 하고 나는 치를 떨었다.

그러나 돌이켜보면 대한민국이라는 국가와 그 구성원들 간의 일체감의 결여는 박정희 시대 특유의 현상은 아니었다. 알다시피 대한민국은 애초에 국민들의 신망을 받던 정치세력을 중심으로 출발한 것이 아니라 단독정부 수립을 반대하는 여론을 힘으로 억누른 가운데 이승만 일파와 친일 지주세력인 한국민주당 계열의 결탁으로 그나마 미군정의 비호 하에 출범했던 것이다. 출발이 온전치 못했으면 그 후에라도 국민들에게 다가가려는 노력을 기울여야 옳다. 그러나 이승만 정권은 그와 반대되는 길을 걸었다. 이승만 정권 12년의 역사는 한마디로 대한민국 정부의 지도층으로부터 민족정기와 사회정의에 해당하는 요소를 지속적으로 숙청하는 과정이라고 말할 수밖에 없을 것이다.

이런 문맥에서 평가한다면 대한민국은 마땅히 부정의 대상일 뿐이다. 그러나 국가의 개념을 가장 포괄적으로 해석할 때 반국가적 활동도 그 국가의 구성부분일 터이고, 그런 의미에서 이승만·박정희가 대표하는 통치행위적 영역은 대한민국 전체를 대표하는 유일한 부분이 아니라 시민적·민중적 영역과 더불어 대한민국의 일부에 지나지 않는다고 보아야 한다. 그러므로 대한민국 공권력에 의해 체포·고문·투옥·학살된 수많은 사람들의 고통과 원한도 때가 무르익으면 대한민국의 환생(還生)과 부활을 위한 값진 거름일 수 있는 것이다.

내 생각에 대한민국의 최대 강점은 자정(自淨)의 기능이 웬만큼 작동한다는 것, 즉 자기수정의 가능성이 열려 있다는 것이다. 20세기의 마지막 30년 동안 한국은 세계에서 가장 치열하게 민주화운동이 전개된 지역일 터인데, 그것은 다른 말로 하면 대한민국이 진정한 자기 실체를 획득하기 위해 집요하게 투쟁한 과정이었다는 뜻이다. 물론 그것이 순조롭지 못했던 것은 우리 모두의 쓰라린 경험이 말해준다. 지금도 이 나라는 어떤 면에서 아직 국호에 걸맞은 수준의 국가, 즉 민주공화국이 충분히 못되어 있다.

그러나 2002년 6월의 거리에서 '대한민국'은 폭발적으로 분출된 대중의 자발성을 수렴하는 유일한 초점이었다. 비록 나처럼 그늘진 시각의 소유자가 합류하기에는 계면쩍은 요인이 많이 남아 있지만, '대~한민국'의 외침에는 강요와 금지의 문화가 만들어낸 심리적 복합이 들어 있지 않음이 분명하다. 물론 대한민국은 한반도 남반부에만 적용되는 개념이다. 따라서 운동의 고조기에 반드시 등장하는 민족적 요구를 전면적으로 담기에는 부족한 호칭이다. 그런 점에서 '코리아'가 함께 불리어진 사실에 주목하는 지적도 있고, 부산 아시안게임에서 태극기 대신 한반도 깃발이 사용된 데에 높은 의의를 부여하는 시각도 있다. 그러나 '코리아'는 남북 전체를 하나의 통일체로 상기시키는 기호로서 잠정적 의의가 있지만, 당연히 한국 또는 조선의 영구적인 대안일 수 없을 것이다.

2002년에 이루어진 대한민국의 복권을 환상적인 영상효과 속에서 보여준 것이 월드컵 축구였다면, 그것의 역사적 의미와 정치적 연관성을 좀더 냉정하고 심층적으로 제시한 것은 대통령선거와 촛불시위일 것이다. 남북문제에 대해 전문가적인 식견을 가지고 있고 오래전부터 대북화해정책을 주장해왔음에도 불구하고 김대중 씨는 자신의 전력에 대한 음해 때문인지 그런 주장의 진보성 때문인지 모르지만 기회 있을 때마다 친미적 발언을 되풀이하였다. 그렇게 해서 미국의 의구심을 해소하지 않으면 한국에서 집권자의 위치에 오를 수 없다고 그가 믿었기 때문인지 모른다. 대통령으로 당선된 뒤 5년간 추진한 그의 정책들도 본질적으로 친미주의의 테두리를 벗어난 건 아니다. 그럼에도 불구하고 그가 반북 기득권세력의 이념적 음해를 받았던 것은 이 나라 지배계층의 사상적 편향이 얼마나 심각한지 말해준다. 그런데 이런 풍토에서 미국 땅을 아직 한 번도 밟아본 적이 없는 인물이 대통령에 당선되었다는 것은 신선하기 짝이 없는 민족사적 사건이라 할 만하다.

생각해보면 그동안 대한민국의 국가적 자주성은 항시 논란의 대상이었다. 미국의 지배에서 못 벗어난 미해방지역 내지 일종의 식민지로 보는 관점이 한때 설득력을 얻기도 하였다. 주한미군의 존재가 그런 민족해방론의 근거가 되었다. 분명히 1945년 9월부터 1949년 6월까지 미군은 점령군으로 이 땅에 진주하여 일제 식민지통치기구를 계승하였다. 그러나 6·25전쟁 발발 이후, 미군은 형식상 유엔결의에 따라 유엔군의 일원으로, 다음에는 한미상호방위조약에 따른 한미연합사 소속으로 남한에 주둔하고 있다. 전시작전지휘권이 말해주듯 미군의 존재는 대한민국의 주권을 일정하게 제약하는 위치에 있는 것이 사실이고, 미국의 영향력은 한국의 정치적 진로에 압도적인 중량을 지닌 것 또한 사실이다. 그러나 6·25전쟁의 와중에도 대통령 직접선거를 치렀던 것이 단순한 외신보도용 체면치레였던 것은 아니다. 요컨대 대한민국의 자수적 역량은 우여곡절을 겪으면서도 꾸준히 증대되어왔고, 이 역량의 축적이 바로 화해정책의 진전을 가져오고 노무현 씨의 당선을 가능하게 한 것이 아닌가. 이라크에 대한 공격전쟁이 실제로 일어날지, 일어난다면 그 후 국제관계가 어떤 불측한 상황으로 빠져들지 예상하기 어렵다. 어떻든 이라크 이후 북핵문제가 본격화된다면 그야말로 민족적 시련이라 할 만한 위기가 우리에게 닥칠 것이다. 대한민국의 운명은 그 위기에 대한 대응방식에 따라 전혀 다른 길을 걸어갈 터인데, 우리 민족의 단합된 지혜가 요구되는 것은 바로 그 시점일 것이다.

녹색평론 2003년 1~2월호

이집트의 거울에 비친 우리의 민주주의

튀니지에서 시작된 시민혁명의 불길이 이집트로 옮겨붙어 마침내 무바라크의 30년 독재를 무너뜨렸다. 그러나 북아프리카와 중동 국가들에 불어오는 이 선풍의 정체가 무엇이고 그것이 어디까지 진전되어 세계 정치의 지형에 어떤 변화를 가져올지 현재로서는 예측하기 어렵다. 이집트의 경우만 하더라도 무바라크의 퇴출이라는 가시적인 결과만 분명할 뿐, 극심한 빈부격차와 억압적인 지배체제로부터 벗어나고자 하는 이집트 민중의 열망이 300명 이상의 고귀한 희생에도 불구하고 최종적으로 어떤 정치적 미래를 낳을지 아직 분명하게 드러나지 않고 있다.

2011년 1월 25일부터 2월 11일까지 이집트 민중봉기의 폭발이 연일 보도되는 것을 주시하는 동안 우리는 저절로 우리 자신의 민주주의에 대해 생각이 미치지 않을 수 없었다. 공교롭게도 이번 이집트 민중봉기는 1987년 6월 10일부터 6월 29일까지 대한민국에서 있었던 민주화 요구시위와 비슷한 기간 동안 진행되었는데, 이집트의 현재 위에 우리의 과거가 겹쳐 보였던 것은 그 우연 때문만은 아니다. 한국의 6월항쟁과 이집트의 시민혁명을 둘 다 현장에서 목격했다는 어느 외국 언론인은 데모군중의 조직과 열의에 있어 한국보다 이집트가 더 강해 보였으므로 이집트 민주주의의 미래가 낙관적이라고 보도하기도 했다. 그러나 한국과 이집트를 단순 비교하기에 두 나라는 너무나 이질적인 역사와 복잡한 내부현실을 지니고 있다고 생각된다.

독재자의 즉각적 퇴진이라는 점에서 오늘의 이집트를 떠올리게 하는 한국의 선례는 오히려 1960년의 '4월혁명'이다. 그러나 4월혁명은 당초에는 부정선거를 규탄하는 학생시위에서 시작되었다. 그것은 사회구조의 개혁을 겨냥한 변혁운동이 아니었을 뿐만 아니라 정권의 퇴진을 목표로 삼은 정치투쟁조차 아니었다. 만약 4월혁명이 지속적 민중운동에 기반한 정치투쟁의 결과였다면 아무리 야심적인 정치군인들이라 해도 5·16과 같은 반동적 쿠데타를 감히 시도하지 못했을 것이다. 이승만의 하야선언이 미국의 압력 없이 나오기 어려웠던 데 비해 무바라크의 진퇴를 두고 미국이 한때 우왕좌왕했던 점을 생각하면, 1960년 4월 26일의 한국과 2011년 2월 11일의 이집트는 확실히 다른 맥락 위에 서 있는 것 같다.

그러나 미국의 계산에 따른 일정한 개입이 있었다 하더라도 그것과 관계없이 4월혁명은 한국 민중의 위대한 성취임이 분명하다. 촉발의 계기가 무엇이었든 1960년 4월부터 1년여 동안 이 나라의 정치와 사회 각 분야에서 일어난 사건들의 총체는 '혁명'이라는 이름 이외의 다른 것으로 불리어질 수 없다. 그것은 외세에 의해 실종된 8·15의 복원이고 그런 의미에서 '제2의 해방'이었다. 그런데 당시의 장면* 정부는 분출하는 민중적 요구와 미국의 세계전략이라는 외적 제약 사이에서 현명한 탈출구를 찾아내지 못하고 있었다. 그런 점에서 5·16 쿠데타는 장면 정부의 허약성에 실망한 미국의 암묵적 지지가 성공의 배경일 것이며, 1965년 인도네시아의 수카르노 정부와 1973년 칠레의 아옌데 정부가 붕괴한 사태와 마찬가지로, 제3세계 민중운동의 활성화에 대한 냉전시대 미국의 전략적 대응이라고 해석될 수 있다.

---

* 정치가(1899~1966). 1948년 제헌 국회의원, 초대 주미대사, 국무총리 등을 지냈다. 신익희 등과 민주당을 조직하여 1956년 부통령에 당선되었고, 4·19혁명 이후 국무총리로 당선되어 집권하였다.

하지만 미국이 기대했던 것과 달리 군사정권의 강권통치에도 불구하고 독재권력에 대한 민중저항은 그칠 날이 없었다. 박정희의 집권 18년 동안 냉전의 최전선에 위치한 한국의 정치적 상황은 늘 불안한 것이었다. 군사정권은 1979년 가을의 '부마항쟁'부터 1980년의 '서울의 봄'까지 사이에 일어난 대규모 시민봉기에 의해 사실상 끝장난 셈이었다. 그러나 민주정부의 탄생 대신에 실제로 벌어진 사태는 측근에 의한 독재자의 암살과 새로운 군사정권의 등장이었다. 이러한 사태진행의 심층에서 어떤 보이지 않는 손길들이 어떻게 은밀한 힘을 발휘하고 있었는지 아직 세세히 밝혀진 바 없다.

독재권력에 대한 세 번째 대규모 시민항쟁이 일어난 것은 우리의 생생한 기억이 말해주듯 1987년 6월이다. 이제 남아메리카에서도, 아시아에서도 총칼을 앞세운 군부통치의 효력은 소진되는 시점이 다가왔던 것이다. 인도네시아와 칠레에서 그랬듯이 한국에서도 학살의 전력을 가진 독재자가 임기 끝까지 재임한 뒤에야 어정쩡한 민주화, 즉 이른바 '87년체제'가 성립되었다.

최근 〈연합뉴스〉는 미국 백악관의 안보팀에서 전 세계 민중봉기와 정치변혁에 대한 기록들을 놓고 검토하면서 한국, 필리핀, 인도네시아, 칠레, 터키, 체코 가운데 어느 것이 이집트 민주화에 가장 적합한 모델일지 고심하고 있다고 보도한다. 한 나라의 정치적 장래를 다른 나라의 관리들이 걱정해준다는 것도 수치스런 일이지만, 최근 3년 동인 민주주의의 실질적 후퇴를 거듭하는 한국이 그들에 의해 모범 사례의 하나로 거론된다는 것도 괴로운 아이러니다. 한국이든 이집트든 자신의 운명을 결정하는 것은 그 나라 민중의 각성된 역량밖에 없다는 점을 새삼 깨닫는다.

다산포럼 2011. 2. 18.

원전결사대, 그 불편한 진실

이번 일본 동북지역 대지진과 해일, 그리고 뒤이은 원전사고는 단지 대규모의 재난이라는 점에서뿐만 아니라 그것이 함축하는 다차원적 의미라는 면에서 중대한 역사적 사건이다. 특히 우리에게는 바로 이웃나라의 일이기 때문에 2004년 인도네시아 지진해일이나 작년 아이티 지진에 비해 사망자가 더 적었음에도 훨씬 더 직접적인 충격으로 받아들여졌다.

충격이 컸던 데에는 지진과 해일의 순간들이 시시각각 생생한 화면을 통해 전달된 것도 한몫했을 것이다. 집 안과 사무실, 거리의 벽면과 가판대에 놓인 각종 매체들이 실제상황이라 믿기 어려운 끔찍한 장면들을 연속적으로 제공하여, 한동안 우리가 정말 땅에 발을 딛고 사는 게 맞는지 의심하게 만들었던 것이다.

이 참담함의 자극에서 자유롭지 않은 것은 당연히 우리만이 아니었다. 가령, 3월 11일 홍콩에 머물던 한 기자의 리포트에 따르면 그의 스마트폰에는 유튜브 앱을 통해 즉각 지진 동영상이 뜨기 시작했는데, 그에 의하면 지진 하루만에 '지진' '쓰나미'라는 단어를 포함한 1만 6000개 이상의 동영상이 유튜브에 올라왔고 그중 일부는 수백만 조회수를 기록했다고 한다.(인터넷 〈동아일보〉 2011. 4. 1.) 그런 점에서 이번 일본 동북해안을 덮친 지진해일은 온 세계 사람들에게 10년 전 뉴욕 쌍둥이빌딩을 강타한 테러공격에 버금가는 경악을 주었으며, 그 두 사건이 인간의 시각적 경험과 심층의식에 새겨넣은 상처의 크기는 두고두고 비교연구의 대상이 될 것이다.

이번 지진해일의 피해가 엄청난 것이기는 하지만, 그것은 본질적으로 불가항력의 자연재해이다. 역사가 가르쳐주듯이 자연이 행사하는 생산력과 파괴력의 위대함을 배우고 거기에 복종하는 것은 모든 생명체의 피할 수 없는 운명이다. 하지만 원자력에 관계된 일련의 사고는 이와는 아주 다른 것이다. 폭탄을 만들기 위해서든 전기를 생산하기 위해서든 핵의 인위적인 분열과 융합에서 발생하는 에너지를 이용하는 것은 인류문명의 절멸을 각오해야 하는 원천적 위험의 하나임이 현실 속에서 입증된 것이다.

그와 더불어 이번 원전사고의 대처과정에서 나타난 부수적인 문제점도 간과할 수 없다. 이미 보도를 통해 알려져 있듯이, 후쿠시마 제1원전에서 방사성물질이 유출되기 시작하면서 3월 14일에 800여 명의 원전 직원들이 빠져나가고, 남은 50명만이 현장에서 원자로를 식히기 위한 작업에 투입되었다. 영국 일간지 〈인디펜던트〉는 그들이 "무거운 산소통을 둘러메고 칠흑 같은 어둠 속에서 한 줄기 플래시 불빛에 의지해서 작업했을 것"이라고 전한다. 그린피스의 반핵운동가 리아너 퇴러는 그들이 "방사선에 노출되는 것을 줄이기 위해 15분씩 교대작업을 하는 것으로 아는데, 그래도 상당한 수준의 방사선에 노출됐을 것이며 즉각 방사선질환에 걸릴 가능성도 있다"고 전했다.(《한겨레》 2011. 3. 17.) 다른 보도는 작업자들이 "최소한의 수면과 음식조차 보장되지 않는 열악한 상황"에 있으며, 오염된 바닥에서 온전한 보호장비도 없이 잠을 자는 수가 있었다고 전한다.(인터넷 〈동아일보〉 2011. 4. 1.)

이후 후쿠시마 원전에는 작업인원이 초기의 '결사대 50인'에서 180명, 580명으로 늘어났다. 하지만 이들은 10분만 일해도 구토와 탈진증세를 보일 정도의 강한 방사능과 사투를 벌여야 했으며, 이마저도 방사능 누적치가 한계에 달해 있다고 한다.(《프레시안》 2011. 3. 19.) 그야말로 목숨을 걸고 작업을 계속하는 셈인데, 그렇기 때문에 바깥세상은 그들에게 '원전결사대' '얼굴 없는 영웅' '현대판 사무라이' 같은 찬사를 바치는지 모른다.

그러나 그 영웅들의 실체가 드러나면서 불편한 진실의 일부가 밝혀지고 있다. 〈월스트리트저널〉에 따르면 사고현장에 투입된 대부분의 작업자들은 처자식 없는 계약직 직원들로서 불과 1만 엔의 일당을 받아온 사람들이라 한다.(《프레시안》 2011. 3. 19.) 〈가디언〉에 의하면 현장작업에 참가하고 있는 간노 신고 씨는 본래 원전 주변에서 담배농사를 하던 농부로서 원자로 건설 당시 잡역부로 일했던 인연으로 수습작업에 나와달라는 연락을 받았다고 한다.(《프레시안》 2011. 3. 23.) 〈한겨레〉 신기섭 논설위원이 전하는 바에 따르면, 1960년대 일본에 처음 원전이 등장한 때부터 지금까지 가장 위험한 업무를 주로 도맡아온 것은 '원전 집시'라 불리는 이 비정규직 노동자들이었으며, 원전을 일본에 수출한 미국 기업체의 파견근로자도 상당수가 흑인 하청노동자였다고 한다.(《한겨레》 2011. 3. 24.)

원자력발전소의 건설과 유지에 관련된 이 가혹한 현실은 그러나 남의 것이 아니다. 우리나라에는 이미 20기의 원전이 가동 중이고 앞으로 2024년까지 14기를 더 건설할 예정이라 하는데, 지금 강원도 삼척과 경북 울진·영덕은 지역 유지들을 중심으로 '원자력유치협의회' 같은 기구가 만들어져 서로 자기네 고장으로 유치하기 위한 경쟁을 벌이고 있다 한다. 현지에 취재를 나갔던 한 기자는 어느 할머니의 이런 말을 전한다: "보상받은 돈으로 편히 살다가 자식들한테 좀 물려주면 얼마나 좋으냐."(《한겨레》 2011. 3. 24.) 후쿠시마 원전 주변의 평범한 담배농부가 어느 날 원전결사대의 일원으로 변신했듯이, 경북 울진의 한 가난한 할머니는 평생 꿈꾸지 못했던 돈을 만질 기회를 잡기 위해 기꺼이 목숨을 담보로 내놓겠다는 것이다. 그러니 이 할머니도 다름 아닌 '원전결사대'가 아니고 무엇인가! 진정 무서운 것은 지진해일에 의한 자연재해가 아니라 자본주의 침탈구조에 의한 인간성 파괴임이 분명하다.

다산포럼 2011. 4. 5.

오바마는 미국을 얼마나 바꿀 수 있을까

이 글을 쓰고 있는 지금 방송은 미국에서 이미 새 대통령 취임식이 시작되었음을 전하고 있다. 취임을 사흘 앞둔 1월 17일 버락 오바마 일행을 태운 특별열차는 미국 헌법이 제정된 곳이자 독립선언 당시의 수도였던 필라델피아를 출발하여 148년 전의 대통령 당선자 링컨이 취임식 참석을 위해 이동했던 경로를 따라 워싱턴에 도착하였고, 호사스럽게 성조기 디자인을 장식한 그 '오바마 열차'가 천천히 움직이는 여섯 시간 삼십 분 동안 철로변에는 수많은 인파가 운집하여 환호를 보냈다. 이튿날 워싱턴의 링컨기념관 앞에서 열린 축하공연 '우리는 하나(We are one)'에서는 비욘세, 샤키라 등 유명 가수들이 열창으로 관객들의 흥분에 보답하였다. 이제 불과 몇 시간 앞으로 다가온 버락 오바마의 미국 대통령 취임식에는 200만 이상의 군중이 전국 각지에서 모여들 것이라고 신문들은 예측한다.

부시 시대의 억압적 분위기에 실망과 염증을 느끼던 미국인들로서는 오바마의 등장이 확실히 심기일전의 계기일 것이다. 9·11사태 이후 더욱 노골화된 미국의 일방주의에 분노하던 미국 바깥세계의 사람들에게도 오바마 대통령의 탄생과정은 미국을 단순히 강권적 제국주의 국가로만 단정지을 수 없게 만들었다. 개인적으로 아무리 뛰어난 능력의 소유자라 하더라도 오바마 같은 인종적·사회적 소수자 출신의 인물이 민주적 절차를 거쳐 그 나라 최고지도자의 지위에 오른다는 것은 미국 아닌 다른 나라에서라면 결코 상상할 수 없는 일이기 때문이다. 더구나 오바마는 8년 전 앨 고어가 대통령후보로 선출되었던 민주당 전당대회에서는 대회장 입장조차 허락되지 않은 무명인사였다지 않은가.

그랬기에 선거기간 후반으로 갈수록 오바마의 우세가 점점 뚜렷해졌음에도 불구하고 실제로 그의 당선이 확정되자 그것은 미국체제를 뒤흔드는 기적 같은 사건으로 받아들여졌다. 사실 나는 오래전부터 미국식 선거 쇼에는 역겨움을 느끼는 사람이지만, 그런데도 그날밤 오바마의 당선수락 연설이 행해지던 시카고 랠리의 장면을 텔레비전 화면으로 보면서 흥분했고, 특히 뒤쪽 구석에 서서 눈시울을 적시던 제시 잭슨 목사의 만감이 교차하는 표정에서는 깊은 감동조차 느꼈다. 군중 속에 섞여 있던 토크쇼의 여왕 오프라 윈프리가 누군지도 모르는 남자의 어깨에 기대어 우는 바람에 그 남자의 옷에 마스카라를 묻혔다는 기사를 읽으면서 쓴웃음을 짓기도 했다.

아닌 게 아니라 오바마의 당선은 많은 지구인들에게 정서적 고양의 경험을 선사하였다. 실의와 낙담, 좌절과 침체의 시대에 이것은 당연히 고마운 일이다. 그러나 당선의 감격이 지나고 나서 곰곰이 생각할수록 오바마가 선거구호로 내걸었던 '변화'가 미국과 세계에 정말 무엇을 가져올지는 실상 미지수라고 해야 옳다는 것이 점점 분명해진다. 물론 그의 당선 자체가 미국에 있어 하나의 커다란 변화라고 말할 수는 있다. 잭슨 목사가 말했듯이 그것은 마틴 루터 킹 이래 40년에 걸친 흑인들의 고난과 투쟁의 결실인 것이다. 하지만 이것이 제국주의 미국체제의 본질에 변화가 일어남을 보여주는 것인지, 아니면 강고한 미국체제의 제도권 안에 일부 흑인집단의 더 깊숙한 진입이라는 내부적 조절이 행해진 것임을 의미하는 것인지는 쉽게 단정하기 어렵다.

　사실 오바마 자신은 정통적인 흑인구성원의 하나가 아니라고도 말할 수 있다. 그는 흑인노예의 후손이 아니라 케냐 출신 유학생과 백인여성 사이의 혼혈일 뿐이고, 더구나 일류대학에서 뛰어난 재능을 입증받은 엘리트 출신이다. 그러나 어쨌든 그는 미국 사회의 소수자임에 틀림없고, 자신의 정체성을 스스로 흑인임에서 찾았다. 그런 인물을 대통령으로 선출한 나라는 과연 그 밖의 다른 모든 악덕이 무색해 보일 만한 미덕을 가진 나라이다.

　자타가 공인하는 바와 같이 오바마가 우선적으로 해결해야 할 과제는 금융위기에서 시작된 경제침체, 그리고 아프가니스탄과 이라크 침공에서 시작된 군사문제일 것이다. 임기 4년 동안에 그 문제들의 해결을 위한 기초를 닦고 다수 미국인들의 가슴에 확실한 희망을 갖게만 할 수 있어도 그는 성공한 대통령일 것이다.

　그러나 오늘 미국의 문제는 단순히 경제나 군사 분야에만 국한되어 있는 것이 아니다. 다들 아는 것처럼 미국은 세계제국 영국의 뒤를 이어 20세기 유일의 패권국가로 지구 곳곳에 막강한 영향력을 행사해왔다. 우리 자신의 경우만 하더라도 제2차 세계대전 이후 한반도의 운명에 있어 미국의 위치는 가히 절대적인 것이었다. 그리스, 이라크, 이란, 이스라엘, 칠레, 베트남, 기타 수많은 나라들의 현대사는 어떤 의미에서 미국사의 일부이기도 하다. 그런데 그 미국이 오늘날 정치적·경제적인 측면에서뿐 아니라 정신적·도덕적인 측면에서도 감출 수 없는 쇠퇴와 몰락의 징후를 드러내고 있는 것이다. 과거 로마제국의 멸망에 빗댄 미국체제의 붕괴 조짐을 분석하는 저서들은 오늘날 출판계의 유행처럼 되어 있기도 하다.

　그렇다면 오바마가 조타수로 등장함으로써 미국이라는 거함의 항로에는 어느 정도의 변화가 일어날 것인가. 약간의 항로수정부터 근본적인 방향 전환까지 다 검토되겠지만, 내 생각에는 결국 미봉책 이상의 것이 시도되기 어려울 것이다. 20세기 들어 임기를 채우지 못한 두 명의 대통령, 즉 케네디와 닉슨의 선례는 미국 주류사회 내지 기득권층의 정치적 대표자인 대통령이 그 이상의 꿈 또는 그 바깥의 야심을 추구할 때 어떤 비극을 맞게 되는지 보여주고 있는데, 영리한 오바마는 그 사실을 너무도 잘 알고 있을 것이기 때문이다.

다산포럼 2009. 1. 19.

여전히 생생한 심연의 소리

달력 마지막 장을 넘기면서 돌아보니, 이명박 정부가 출범한 지는 아홉 달이 지났고 미국발 금융위기에 세계경제가 휘청거리기 시작한 지는 석 달이 다 돼간다. 우리 국민들의 삶에 절대적 규정력을 발휘하는 국내외의 이 두 변수들이 상승작용을 일으킨 것인지, 또는 후자의 부정적 영향이 워낙 막강한 것이어선지 2008년을 마감하는 우리의 심정은 전에 없이 암울하고 막막하다. 10년 전 이 나라를 강타했던 외환위기와 실업대란이 또다시 엄습하는 건 아닌지 겁내는 것은 범인들로선 자연스런 반응인데, 보기에 따라서는 이번 위기가 더 심각하고 근본적인 것일 수도 있다.

오늘 세계를 사로잡은 위기는 그 크기와 성격을 가늠하기 힘들다는 데 특징이 있을 텐데, 어쩌면 그것이 가장 두려운 점이다. 지금 바람이 불고 비가 쏟아지는 것은 분명하지만, 태풍이 다가오고 있기 때문인지 이미 태풍권 안에 들어섰기 때문인지, 아니면 일시적으로 저기압이 지나가고 있기 때문인지 분명하지 않은 것이다. 미국의 경우 레이건 정부 이래의 과도한 방임주의, 즉 시장만능주의에서 실패의 원인을 찾으려는 설명은 부분적인 궤도수정을 통해 자국 중심의 세계자본주의가 다시 활력을 되찾으리라는 낙관을 전제하고 있는 셈이다. 그러나 오바마 새 정부의 정책을 통해 하나둘 드러나는 것은 미국의 반성이 적어도 지난 30년에 대해서가 아니라(지난 100년에 대해서가 아님은 물론이고) 단지 지난 8년에 대해서일 뿐이라는 인상이다. 따라서 미국의 대다수 중산층을 소비신화의 중독에서 벗어나게 하고 그에 걸맞는 사회·정치적 쇄신을 이룩하는 것과 같은 의미있는 방향전환은 여전히 요원한 일로 보인다.

반면에 이번 위기가 20세기를 떠받치던 미국 패권의 쇠퇴의 징후라고 한다면, 그것은 세계질서의 지정학적 재편이 이미 시작되었음을 의미한다. 다시 말하면 그것은 이매뉴얼 월러스틴이 10여 년 전의 저서들(『유토피스틱스』『이행의 시대』등)에서 미래학자의 어조에 실어 묘사했던 '세계체제의 궤적, 1945~2025'에서 지구현실이 또 하나의 변곡점을 통과하고 있음을 입증하는 것일 게다. 아마 좀더 근본주의적인 관점은 오늘의 경제위기에서 인류의 산업문명 전체가 파탄의 나락을 향해 한걸음 더 내려가고 있다는 증거를 읽는 것이다. 기후변화, 식량수급의 불균형과 자연자원의 고갈, 환경파괴, 인구과잉 등 수많은 묵시록적 지표들은 그와 같은 비관론이 결코 단순한 신경과민이 아님을 보여준다. 역사적으로 인류가 전쟁, 기아, 질병 등 대규모적 재난을 통해 그 나름으로 자기조절을 수행했던 악마적 과거는 어떤 점에서 우리의 '오래된 미래'인 것이다.

생각건대 여러 장·단기적인 이념적 전망과 결부된 현실적 입장들의 차이는 물론 이처럼 단순 간명하게 정리될 수 없는 복합적 맥락 위에 서 있을 것이나 따라서 오늘의 위기에—세세적인 것이든 지역적인 것이든—옳세 대응하는 길을 찾으려면 분과학문의 경계를 넘어설 뿐만 아니라 학자와 시민운동가와 직업정치가의 구별도 넘어서는 통찰과 지혜가 요구된다 할 것이다. 그런데 시선을 나라 안으로 돌리면 우리의 사고는 순식간에 합리적 차원을 잃고 즉물적 혼돈과 사적 이해관계의 덫에 걸리고 만다. 언필칭 우리가 민주화와 산업화를 아울러 달성했다 자랑하고 국내총생산이 세계 10

위권에 가까워졌다 자부하지만, 그리고 그것이 어느 정도 사실인지 모르지만, 그와 동시에 그 모든 성취가 대관절 무슨 의미를 갖는지 되묻게 만드는 반현실(反現實) 또한 엄연히 실재하지 않는가. 그런 점에서 이명박 정권의 탄생은 지난 시절 분단극복과 민주주의와 인간다운 삶을 위해 국민적 공력과 희생의 결집이 진행되는 동안 거의 동일한 강도의 반작용이 우리 사회 내부에 축적되어왔음을 짐작케 하는 시대의 역사(役事)이다.

이런 이야기 끝에 최근 있었던 문단행사를 화제로 삼는 것은 견강부회에 가깝다. 널리 보도되었듯이 지난 11월 21일 소설가 최인훈(崔仁勳)의 등단 50년을 한 해 앞두고 신판 『최인훈 전집』 15권 발간을 기념하는 심포지엄이 열렸고, 그보다 1주일 앞서 대산문화재단 주최로 '난장이가 쏘아올린 작은 공' 30주년 기념 낭독회 및 기념문집 『침묵과 사랑』 헌정식'이 있었다. 그래서 새삼 언론의 조명을 받은 두 작품, 최인훈의 『광장』(1960)과 조세희(趙世熙)의 『난장이가 쏘아올린 작은 공』(1976, 이하 난쏘공)은 설명할 필요가 없는 한국문학의 고전이고 여전히 새 독자를 만나는 문제작이다. 물론 여기서 작품 자체에 대해 말하려는 것은 아니다. 다만 공교롭게도 또는 불행하게도 그 작품들이 그려낸 '심연의 소리'는 오늘 더 침통하게 울린다는 것을 상기하고 싶을 뿐이다.

개인적으로 나에게 『광장』은 문학적 고향처럼 느껴진다. 1959년 10월호에서 함석헌(咸錫憲) 선생의 글 「때는 다가오고 있다」를 읽고 감동하여 매달 구독하게 된 잡지 『새벽』에서 이 작품을 발견하고 얼마나 흥분하고 심취했던지! 미수록 200장을 보태어 단행본으로 출간된 정향사판(正向社版) 『광장』도 얼마나 아꼈던지! 그 후의 개작들을 건너뛰고 최신판 『광장』을 새로 구입해서 읽는 중인데, 수십 년 만에 찾은 옛 거리를 걷는 듯한 생소함과 반가욺이 교차한다. 최근 기자들과의 인터뷰에서 최인훈은, 작품을 만든 것은 자기의 문학적 재능이 아니라 4·19가 열어준 그 시대였다는 요지의 발언을 하고 있다. 과연 이 작품에는 분단된 남북 현실에 대한 주인공의 통렬한 비판이 개진되고 있는데, 그러한 비판적 안목도 4·19의 영감에 의해 촉발된 것이고 그러한 비판적 언설의 활자화 자체도 4·19를 통해 획득한 자유 때문에 가능해졌다는 것이 작가의 취지일 것이다. 그런 점에서 『광장』은 분단과 4·19, 즉 억압과 자유의 변증법의 산물이다.

『난쏘공』은 소위 압축적 근대화가 본격적으로 강행되던 1970년대 한국 현실의 최고의 문학적 증언이다. 그 시대의 뼈아픈 낱말들—도시빈민, 재개발, 철거, 취업, 실직, 노조 등—은 30여 년이 지난 오늘 오히려 더 강력한 현실성을 발휘하게 되었는지도 모른다. 그러나 『난쏘공』은 비참한 현실에서 태어났으되 비참한 문학은 아니다. 거기에는, 비록 박살나기는 했으나, 동화처럼 아름답고 꿈결처럼 행복한 난장이들의 소망이 새겨져 있다. 이번 낭독회에서 조세희는 자기 작품이 이렇게 오래도록 읽힐 줄은 상상하지 못했고, 『난쏘공』이 더 이상 읽히지 않는 사회가 되기를 바란다는 취지의 발언을 했다고 한다. 『님의 침묵』(1926)의 시인도 자기 시가 후손들에게까지 읽히기를 바라지 않는다고 말한 바 있거니와, 『광장』도 『난쏘공』도 현실에 의해 추월될 때에만 자신의 역사적 사명을 다했다고 말할 수 있을 것이다.

창비주간논평 2008. 12. 8.

파병은 국민적 선택 아니다

　이라크에 대한 침략전쟁을 합리화하기 위해 미국 정부 우두머리들이 무슨 이유와 논거를 끌어다 대더라도 그것이 손바닥으로 하늘을 가리는 궤변임을 이제는 천하가 다 알게 되었다. 죽고 다치고 집을 잃고 굶주리는 이라크 민중의 참상은 30여 년 전에는 베트남의 현실이었고, 50여 년 전에는 바로 우리 남북 동포에게 덮친 고통이었다. 〈알자지라〉 방송의 보도로 온 세계에 알려진 미군 포로들의 순진한 얼굴을 보면 갖가지 살상무기를 들고 전쟁터에 나선 미·영군 병사들조차 악마의 손아귀에 사로잡힌 희생자에 불과함을 깨닫게 된다.

　미국은 자타가 공인하듯 세계 유일의 초강대국으로서 모든 방면에서 압도적인 우위를 누리고 있다. 그런데 알다가도 모를 노릇은 미국이 거기에 조금도 만족하지 않고 더욱 무자비한 팽창을 추구한다는 점이다. 어떤 사람은 미국이 9·11 동시테러에 충격을 받아 잠재적인 위협에 대한 예방적 선제공격을 감행한다고 설명하지만, 미국이라는 나라의 성립과정 자체가 아메리카 대륙의 선주민족에 대한 이유 없는 학살의 역사였다는 사실을 상기할 필요가 있다.

　물론 미국의 침략행위들은 그때마다 그들 나름의 일정한 전략적 목표를 가지고 있었을 것이다. 이번 이라크 침공 역시 단순한 파괴본능의 발현일 수는 없을 것이다. 〈한겨레〉 기고문에서 내가 읽은 이종원(2003. 3. 20.)·정성배(2003. 3. 26.) 두 분의 예리한 분석은 심층에서 어떤 국가적 이해관계들이 얽혀 충돌하고 있는지 알게 해주었다. 그러나 논리적 설명 못지않게 중요한 것은 도덕적 판단이다. 왜냐하면 국가목표의 실현을 위해 선택 가능한 수단들 가운데 형식논리적으로 침략전쟁이 포함된다면 그런 논리는 결국 전쟁의 정당성을 뒷받침하는 명분으로 악용될 것이기 때문이다. 따라서 미국의 이라크 침략은 무엇보다도 그 불법성과 야만성에서 강력한 규탄의 대상임이 끊임없이 지적되어야 한다.

그런데 실로 개탄을 금치 못하는 것은 노무현 정부의 대응이다. 대통령 당선 직후 자주적인 대미외교를 천명하여 다수 국민의 자부심을 일깨웠던 노무현 씨는 부시의 전화 한 통에 그만 태도를 바꿔 미국의 이라크 침공을 지지하고, 나아가 이라크 파병을 결정했다. 나는 파병의 불가피성을 설명하기 위해 정부가 제시하는 이유 중 어느 것에도 충심으로 동의하지 못하겠다.

첫째, 정부는 국익을 위해서 파병이 필요하다고 말한다. 물론, 어떤 결정이든 이익의 측면과 손실의 측면이 다 있게 마련이다. 그러나 분명한 것은 부도덕하고 불법적인 침략전쟁에 개입하는 것이 눈앞의 이득을 상쇄하고도 남을 장기적인 상처를 국가의 이미지에 남기리라는 사실이다.

둘째, 노무현 대통령은 '전략적 선택'이라는 수사를 사용했다. 어중간하게 결정할 사안이 아니라는 뜻일 것이다. 그러나 지난번 대선에서 국민들이 노무현 씨를 대통령으로 선출한 것은 이런 어려운 상황에 처하여 그가 과거의 대통령들과는 다른 용기를 발휘하리라 기대했기 때문이다. 그런 점에서 그의 파병결정은 국민적 선택과 어긋나는 것이라 하지 않을 수 없다.

셋째, 아마 가장 핵심적인 것은 소위 한미동맹의 구속력이 거의 선택의 여지를 없애지 않았을까 하는 점이다. 그러나 한반도의 평화와 민족의 안보를 지키기 위해 이제부터 우리가 정말 해야 할 일은 한미동맹을 재검토하여 대한민국의 자주성을 확보하고 남북의 화해와 협력을 더욱 증진시키는 방향으로 수정하는 일이 아닐까.

지금보다 미국에 더 의존적이었던 지난날 우리의 평화가 그만큼 더 안정적이지 않았음을 인정한다면, 파병을 통해 우리가 얻는 것은 전후 복구사업이라는 이름의 이권놀음 뒷전에서 챙기는 몇 푼의 돈일 것이고, 잃는 것은 전쟁을 반대하는 온 세계 양심들의 존중심과 어렵게 쌓아올린 남북의 신뢰, 그리고 국민들의 도덕적 이성일 것이다.

한겨레 2003. 3. 31.

후세인 정권 붕괴 이후의 풍경들

　이라크에 대한 미국의 침략전쟁을 반대해온 사람들로서는 보기 괴로운 장면들이 한동안 텔레비전 화면을 뒤덮었다. 침략군을 맞은 이라크군의 저항이 어이없을 만큼 무기력하게 허물어졌을 때, 그것이 유쾌한 일은 아니었으나 그렇다고 뜻밖의 일도 아니었다. 엄청난 물량적 자원과 각종 첨단장비를 갖춘 미군의 무력에 견주면 오랜 경제봉쇄로 피폐해진 이라크의 국방력은 실로 보잘것없는 것이었기 때문이다. 웬만큼 힘이 비슷한 맞수끼리 겨루다가 이긴 것이 아니라 튼튼한 거인이 쇠약한 소인을 일방적으로 몰아붙여 이긴 것이니, 부시의 승리선언은 가소롭고도 희화적이다.
　그러나 정작 고통스러운 것은 이 부도덕한 침략을 다수의 미국인들이 지지했고, 부시의 승리선언에 절대다수의 미국인들이 환호했다는 사실이다. 도대체 주류 미국인들은 어떤 사회심리적 조건 속에서 이런 집단적 가학성에 사로잡히게 되었는가. 지구상에서 가장 부강한 나라의 국민 다수가 이처럼 공격적인 심성과 왜곡된 의식을 가지고 있다면 그것이야말로 대량살상무기보다 더 위험한 재앙을 인류에게 초래할지 모른다.
　두 번째로 보기 괴로운 장면은 이라크군의 예견된 패배 이후 점령지 바그다드에서 벌어진 일들이었다. 거리로 뛰쳐나와 상점과 은행을 약탈하고 물건을 어깨에 메고 달리는 일부 이라크인들을 비난하는 것은 결코 아니다.

독실한 무슬림들의 나라에서 어떻게 저런 불법이 자행될 수 있는가 하고 개탄하는 것은 비현실적인 도덕주의에 불과하다. 여러 해 전에 뉴욕시에 몇 시간 동안 정전이 발생한 적이 있었던 것을 기억한다. 그때 현대 산업문명의 중심지인 미국 최대도시의 시민들은 이 예고되지 않은 어둠에 어떻게 대처했던가. 문명사회에서 있을 수 없는 폭력과 난동이 뉴욕 거리를 온통 무법천지로 만들었는데, 이런 사태를 상기해볼 때 20년이 넘는 독재정권의 억압통치와 끔찍한 폭력의 공포가 사라지고 난 직후의 해방적 상황에서 일부 이라크인들이 잠시 이성을 잃었다고 하여 지나치게 엄격한 도덕적 잣대를 들이댈 수는 없을 것이다.

그러나 바그다드의 박물관에서 17만 점의 유물이 사라진 것은 이와 전혀 다른 문제다. 수천 년 보존되어온 인류문명의 유산들이 그 방면의 전문가들에 의해 어디론가 잠적됐다 하는데, 현재 이라크의 치안상황을 감안할 때 이런 미증유의 문명범죄는 치안의 최고 책임자도 모르게 일어날 수 있는 엽기적 사건이 아닐 것이다. 순전히 짐작에 불과하지만, 미국의 이번 이라크 침략의 숨겨진 목적 가운데 하나가 문화재 약탈이었을 가능성을 부인하기 어렵다.

바그다드 시가지가 미군에게 유린된 다음 보기 괴로웠던 또 하나의 장면은 후세인 정권의 독재정치와 그 일가의 호화생활을 입증하는 움직일 수 없는 증거들이다. 부패는 독재의 필수적 부산물이라 할 수 있으므로, 근본적 문제는 후세인 정부가 국민의 자발적 동의에 기초해 있지 못했다는 사실이 객관적으로 증명된 것이다. 물론 그렇다 하더라도 미국식 자유와 민주주의를 이라크에 강요할 권리는 그 누구에게도 있을 수 없다. 그뿐만 아니라 미국인들이 지껄이는 자유와 민주주의라는 것이 그 이름에 걸맞은 진정한 내용을 갖고 있는지도 의심스럽다. 이번 이라크전쟁은 후세인 정권의 이라크와 부시 정권의 미국이라는 두 극단적인 정부형태의 대조를 통해 민주주의의 본질에 대해 뿌리에서부터 재검토할 것을 요구하고 있다.

가장 중요한 것은 고통스러운 시선을 돌려 우리 자신을 바라보는 일이다. 지난날 외세의 침략을 받아 나라가 위기에 처했을 때 국민들은 어떻게 반응했던가. 지배계급이라면 나라와 자신을 동일시하는 것이 당연하다. 그 경우에는 개인과 나라의 이해관계가 일치할 것이기 때문이다. 매천 황현은 국치를 당하여, 자신은 국가의 녹을 먹은 바 없지만 선비의 도리를 다하지 않을 수 없다는 절명시(絕命詩)를 남기고 스스로 목숨을 끊은 바 있다. 그러나 일반 국민들은 입장이 다르다. 자신을 국가의 주권자로 의식하느냐, 아니면 국가의 압제와 수탈을 견디며 살아온 피해자로 생각하느냐에 따라 다양한 태도가 형성될 수 있는 것이다.

따라서 이제 민주주의야말로 나라를 지키기 위해 유일한, 그리고 최대의 무기임이 확실해졌다. 핵무기가 나라를 지키는 것이 아니라 국민들 전체의 평화롭고 민주적인 삶이 국가체제를 지키는 것이다. 우리가 갈 길은 오직 진정한 민주주의뿐이다.

한겨레, 2003. 4. 28.

자유보다 소중한 것은 없다

며칠 전부터 신문의 외신면에는 포르노를 연상케 하는 낯뜨거운 사진들이 연일 실리고 있다. 이라크의 아부 그라이브 교도소에서 미군들이 이라크인 포로들을 발가벗겨 갖가지 끔찍한 방식으로 고문하고 성적으로 학대하는 장면들이 신문과 인터넷을 통해 전 세계로 퍼지고 있는 것이다.

처음에 미국은 후세인 정부가 은닉한 대량살상무기를 제거한다는 명분을 내걸고 이라크를 침공하였다. 그러나 예상과 달리 이라크군은 너무 쉽게 무너졌고 대량살상무기는 아무 데서도 발견되지 않았다. 테러조직 알카에다와 후세인 정권을 연결시키려는 시도 역시 뚜렷한 증거가 나타나지 않아 설득력이 없었다.

미국이 마지막으로 내놓은 침략의 명분은 후세인의 독재와 인권탄압으로부터 이라크 민중을 해방한다는 것이었다. 그것은 어느 정도 설득력이 있었다. 실제로 후세인은 무자비한 철권통치로 반대파를 제거했고 분리 독립을 원하는 쿠르드족에게 화학무기를 사용하여 대량학살을 자행했던 것이다. 바그다드가 미군에 점령되고 후세인이 권좌에서 축출되는 순간 다수의 이라크인들이 잠시나마 해방감을 맛보았던 것은 그러므로 이유가 없지 않았다.

그러나 미군 점령 1년 동안 이라크 땅에서 벌어진 모든 사태는 미국이 공식적으로 주장하는 것과 반대될 뿐만 아니라 일부 이라크인들이 기대했던 것과도 거리가 멀다. 벌거벗은 이라크인을 깔고 앉아 웃음을 짓고 있는 건장한 미군, 벌거벗은 이라크인 목에 개줄을 달아 끌고 있는 젊은 여군, 열두 살 된 소녀를 발가벗기고 옆방에서 오빠가 듣는 가운데 성적 모욕을 가하는 잔혹성, 열다섯 살 된 소년을 고문하고 그 소년 앞에서 그의 아버지를 발가벗겨 여자 속옷을 강제로 입히는 변태행위 등에 관하여 미국 정부는 무슨 말로 자신을 변호할 수 있겠는가. 미국이 다른 나라를 침략하거나 내정을 간섭할 때 흔히 앞세우는 자유, 인권, 민주주의란 실로 가소롭고도 가증스러운 위선적 구호일 뿐이다.

그런데 〈워싱턴포스트〉의 보도에 따르면, 재작년 쿠바의 관타나모 미 해군기지에 수용되어 있는 알카에다 포로들에 대해 미 국방부가 법무부와의 사전협의 아래 20가지 고문방식을 시달하였고, 이와 같은 방침은 작년 이라크 교도소에도 그대로 적용되었다고 한다. 따라서 이러한 방침은 우발적이거나 지역적인 것이 아니라 미 국방부와 법무부의 최고 간부가 승인한 조직적 고문지시였음이 확실하다.

또 다른 신문 〈뉴욕타임스〉는 '100년 전과 오늘'이라는 제목으로 사진 두 장을 싣고 "1905년 일본 군인들이 자백을 얻어내기 위해 한국인을 매질하고 있다"는 설명과 "이라크 주둔 미군들이 포로를 학대했다는 비난을 받고 있다"는 설명을 사진 밑에 달았다. 과연 지난날 일본인들의 잔학성은 상상을 초월하는 것이있다. 불굴의 독립지사요 뛰어난 유학자였던 심산 김창숙(心山 金昌淑) 선생은 모진 고문으로 마침내 앉은뱅이가 되기까지 하였다. 이것은 그래도 약과다. 1937년 일본 군대는 중국 난징에서 무고한 시민 60만 명을 학살하는 피의 잔치를 벌였다. 그때 길 가는 중국인 엄마의 등에서 아기를 떼내어 하늘로 던졌다가 착검한 총으로 받는 일본 군인의 광란을 나는 1980년대 초 대구 시내의 극장에서 기록영화로 본 적이 있다. 1940년경 독일 대학생들의 반(反)나치 저항운동을 기록한 수기 『백장미』는 요양원에 수용된 정신질환 어린이들이 차례로 독가스실로 사라지는 광경을 증언하고 있다. 이 광기와 야만의 주인공들이 미국, 일본, 독일 같은 소위 문명국, 강대국이라는 것은 무엇을 말해주는가.

50년 전인 1954년 5월 7일 보응우옌잡* 장군이 이끄는 베트남군은 디엔비엔푸 요새에서 55일간의 악전고투 끝에 우세한 화력을 가진 프랑스군으로부터 마침내 항복을 받아내었다. 94세의 보응우옌잡 장군은 엊그제 승전 50주년기념식에 참석했다가 이라크전에 대해 질문을 받고 다음과 같이 대답했다고 한다.

"아무리 현대적인 무기를 보유하고 아무리 돈을 많이 가진 나라라도 다른 나라를 침략할 권리는 없다. 어떻게 단결해야 하는지를 아는 나라는 언제나 외국 침략자를 격퇴시켰다. 자유보다 소중한 것은 없다."

영남일보 2004. 5. 11.

---

* 베트남의 독립운동가이자 군사, 정치 지도자. 프랑스와 미국 등을 상대로 한 전쟁에서 역사적인 전투를 지휘하여 베트남의 자주와 독립과 통일을 달성하는 데 헌신했다.

귀성객 10분의 1만이라도…

베네수엘라(1998년 12월)와 아르헨티나(1999년 10월)에서 좌파가 집권에 성공하고 칠레(2000년 1월)에서 아옌데 대통령의 열렬한 지지자였던 사회주의자 리카르도 라고스가 선거에 승리한 데 이어 지난달 27일에는 브라질 대선에서 노동자당의 룰라 후보가 당선되었다. 이로써 남아메리카의 정치지형은 유례없이 거대한 변화의 기류에 휩싸이고 있다. 물론 이 정부들의 앞날이 평탄할 리는 없을 것이다. 어마어마한 외채에다 끔찍한 빈부격차, 높은 실업률과 화폐가치의 불안정 등 경제문제가 산적해 있을 뿐더러 외세의 간섭과 보수 기득권자들의 저항 또한 만만치 않을 것이기 때문이다. 지지세력과 반대세력이 연일 충돌하는 베네수엘라의 수도 카라카스에서 차베스 정부를 지지하는 한 시민이 안타까운 눈길로 반대 시위자를 향해 고무줄 새총을 겨누고 있는 사진(《한겨레》 2002. 11. 6.)은 남아메리카 좌파정권들의 험난한 행로를 상징적으로 보여준다.

그러나 아무리 힘든 난관이 가로막고 있다 하더라도 이 나라들의 민중은 지금 미래를 낙관할 권리가 있다. 내 생각에는 다른 무엇보다도 사회주의정권이 탄생할 수 있었다는 것 자체야말로 가장 확실한 낙관의 근거이다. 짐작건대 남아메리카는 민주주의의 실현을 저해하는 허다한 악조건을 지니고 있을 것이다. 사회적 통합을 위한 민족적 매개가 처음부터 불투명한데다 식민지시대의 오랜 압제와 착취로 말미암아 계급적 분열이 심각하고, 19세기 초 독립한 이후에도 거듭된 군부독재는 민중의 가슴을 멍들게 했다. 미국 자본가들의 농간은 이런 상황을 더욱 악화시켰을 것이다. 그런데 이와 같이 열악한 토양에서 특출한 혁명가가 지도한 무장투쟁이나 대규모 민중봉기에 의해서가 아니라 합법적인 정당조직과 선거운동, 즉 정상적인 정치적 과정을 통해 사회주의정부가 구성될 수 있었다는 것은 남아메리카가 지난날의 역사적 유산과 사회적 모순을 현실 속에서 극복해나가고 있음을 입증하는 것이다.

이제 눈을 돌려 대선을 채 40일도 남겨놓지 않은 우리 자신의 형편을 살펴보면 나에게는 희망의 조짐이 별로 보이지 않는다. 노동운동에 기반을 둔 사회주의정권의 탄생을 기대할 수 없기 때문에 그런 것은 물론 아니다. 이 시점에서 그런 기대를 가진다면 그것은 터무니없는 과욕이고 망상일 것이다. 그러나 흔히들 1000만 노동자, 400만 농민이라고 공언하면서, 이 대규모의 인간집단이 자신의 이해관계를 대변하는 온전한 정치조직조차 제대로 갖지 못했다는 것은 통탄할 일이 아닐 수 없다.

다들 아는 것처럼 반세기가 넘는 분단의 세월을 지나는 동안 우리의 정치적 이성은 마비되고 사회적 의식은 왜곡되었다. 다수의 국민은 자신의 생존권 요구를 펼치는 것조차 위험시하는 지배세력의 반공주의에 길들여져왔다. 반면에 국민의 5% 정도 된다는 부유층은 하늘 무서운 줄 모른다는 듯이 공격적인 사치에 몰두하고 있다. 문제는 오늘의 다수 시민계급이 5% 부유층의 행태와 의식을 추종하면서 자신의 사회적 정체성을 옳게 투시하지 못하는 데 있다. 오늘 우리 정당정치의 파행과 낙후성은 그러한 정치수준의 반영일 뿐이다.

물론 민주노동당의 권영길 후보가 기성정당과 다른 새로운 목소리를 내고 있기는 하다. 그런데 그는 민주노총의 초대위원장 출신임에도 불구하고 노동자계급의 정치적 대표라는 인상을 강하게 주지 못하고 있다. 1989년 처음 대선에 출마한 룰라 후보에게 그가 당선되면 "80만 브라질 기업가들이 모두 외국으로 빠져나갈 것"이라고 누군가가 경고했다는데, 우리의 권 후보는 자본가들에게 조금도 그런 두려움을 주지 못하는 것 같다. 이것은 권 후보의 인간적 포용성과 정치적 유연성 때문인가, 혹은 그가 노동계급의 관점에 철저하지 못하기 때문인가. 그것도 아니면 아예 그의 승리 가능성이 전무하기 때문인가. 매년 설이나 추석 같은 명절 때 국민의 절반을 고향으로 가게 만드는 동력의 10분의 1만 자기의 힘으로 정치화하더라도 민주노동당의 집권은 망상 아닌 현실적 위협이 될 것이다. 따라서 지금 민중들이 해야 할 일은 집권 자체가 아니라 집권의 조건을 쟁취하는 것, 즉 민주주의의 기초로서의 정치적 자기결정권을 확보하는 것이다.

한겨레 2002. 11. 10.

농업개방과 문화의 다양성

이 나라 한국에서 대다수 국민들이 오랜만에 모인 가족들과 함께 조상께 올릴 추석 차례를 준비하고 있던 그 시간, 멀리 멕시코의 칸쿤에서는 우리의 농민운동가 이경해 씨가 WTO 각료회의의 농업협상에 항의하고 세계 농민들의 절망적 상황을 호소하기 위해 비장한 자결을 감행하였다. 농림고등학교와 농업대학을 졸업하자마자 고향으로 내려간 이경해 씨는 지난 30년 동안 끝없는 도전과 실패를 거듭했던 것으로 알려지고 있다. 그리고 이 과정을 통해 그는 오늘의 자본주의 세계체제하에서는 생명산업으로서의 농업이 몰락할 수밖에 없고 인간다운 삶도 가능하지 않다는 것을 깨달았던 것 같다. 이미 1990년 우루과이라운드 협상 당시에 그는 카길 같은 다국적 곡물자본이 한국의 농업시장을 잠식하고 있음을 강력히 규탄한 바 있었다. 이 무렵 그는 WTO의 전신인 GATT의 던켈 사무총장에게 보낸 서한에서 이렇게 말하고 있다.

선진농업과 달리 우리 한국 농가로서는 기업적·상업적 농사를 짓고 있는 것이 아니라 생존과 생계유지를 위한 영세한 생계농업이라는 사실에 유념해주기 바란다. 이것은 경제 이전에 인도주의적 문제이며 한민족의 역사와 전통문화를 유지하기 위한 투쟁임을 이해해주기 바란다.

여기서 우리는 농민운동가이자 그 자신이 농민이었던 이경해 씨의 시선이 단순한 경제적 이해관계의 차원을 넘어서 극히 심오하고 근원적인 문제의식에 닿아 있음을 느끼게 된다. 그에게 있어서 땅에 씨앗을 뿌려 곡식을 키우는 일은 단지 물질적 이득을 증대시키는 활동이 아니라 목숨을 지키고 삶의 가능성을 확장하는 생명운동이었다. 또한 그것은 오랜 세월 땅에 뿌리내리고 살아온 수많은 인간집단들이 각자의 고유하고 자연스러운 생활방식을 간직해나감으로써 역사적 전통과 문화의 다양성을 활발하게 지키는 운동이기도 했다.

우리가 잘 알고 있는 바와 같이 수백 년 전 서유럽에서 시작된 자본주의는 산업생산과 과학기술의 힘을 바탕으로 지구 전체를 지배하고 억압하고 약탈해왔다. 그런 의미에서 세계화는 착취와 수탈의 거대한 그물 안에 온 인류를 가두려는 시도이다. 물론 세계화는 당연히 전 세계 민중들의 거센 저항에 부딪칠 수밖에 없다. 가까운 예를 들면 1999년 11월 미국의 시애틀에서 있었던 격렬한 반세계화 시위가 그것이며, 이경해 씨의 죽음을 계기로 더욱 거세게 불타오르는 멕시코 칸쿤의 시위도 바로 그것이다.

그런데 이경해 씨도 농민운동이 동시에 하나의 문화투쟁이라고 지적했지만, 우리가 잊지 말아야 할 것은 자본과 상품의 국성 없는 교류, 즉 세계화가 관철된다면 그것은 곧 민족적 정체성의 상실과 민족문화의 파괴로 연결되지 않을 수 없다는 사실이다. 그렇기 때문에 세계 여러 나라들은 자신들의 문화적 고유성을 훼손당하지 않기 위해 온갖 보호정책을 강구하고 있는 것이다.

이 점에서 우리의 주목을 끄는 것은 다음 달 10일경 크로아티아에서 열리는 INCP(세계문화부장관 회의) 및 이와 결부된 INCD(문화다양성 국제연대) 총회이다. 지금 WTO 칸쿤회의에서 주로 다루어지는 것은 농업부문이지만, 이 국제자본가 기구가 문화개방에 무관심한 것은 결코 아니다. 영화와 음반 같은 대중문화 시장에서 미국의 압도적 우위가 프랑스나 한국·일본 같은 나라들에 의해 조금만 흔들리더라도 미국의 개방요구는 거세어질 것이며 스크린쿼터제 같은 장치의 철폐를 강요할 것이다. 이와 같은 현실에서 비정부기구 문예활동가들의 국제적 연대인 INCD는 각 나라와 민족들의 문화적 다양성과 정체성을 지키기 위한 여러 정책과 대안을 모색할 것으로 기대된다.

물론 그렇게 하더라도 WTO나 IMF 등의 막강한 힘을 돌파하기는 쉽지 않을 것이다. 다만 바라건대 이경해 씨의 의로운 희생을 딛고 경제와 문화, 정치와 군사의 모든 영역에서 마르코스 부사령관*이 주장하듯 희망의 세계화를 향한 새로운 출발이 이루어지기를!

영남일보 2003. 9. 16.

---

* 멕시코의 사파티스타 민족해방군(EZLN)의 부사령관이자 실질적인 지도자. 반란 초기에는 무장투쟁을 전개하다가 이후 인터넷을 통해 '언어전쟁'을 벌이면서 각종 메시지, 성명 등을 발표했다.

외국인 노동자 쫓아낼 권리 있나

손배가압류 조치의 잔인성과 비정규직 차별의 부당성에 항의하는 노동자들의 치열한 투쟁이 계속되는 가운데 이번에는 소위 불법체류 외국인 노동자들이 혹독한 수난을 당하고 있다. 지난 8월 17일 정부는 '외국인 근로자의 고용 등에 관한 법률'을 공포하면서 이 법에 의해 22만 7000여 명의 불법체류 외국인들에게 합법적인 체류자격을 주기로 했다고 크게 선심을 쓰는 듯이 발표했다.

그러나 이 법은 합법화 신청을 할 수 있는 외국인의 체류기간을 까다롭게 규정하고 있을 뿐더러 그들이 취업할 수 있는 업종도 엄격하게 제한했다. 간단히 말하면 한국인이 취업을 기피하는 거칠고 힘든 일자리만 외국인에게 허용하되 그들이 이 땅에 영구히 정착할 꿈을 꾸지 못하도록 일정기간 부려먹고 내쫓겠다는 것이 그 법의 진정한 의도이다. 그 결과 지난 3월 말 현재 3년 이상 체류자와 그 후 새로 생긴 불법체류자 등 15만 명 정도는 자진 출국하거나 지하로 잠적하는 길을 택했고, 심지어 몇 사람은 스스로 목숨을 끊기까지 했다.

나는 우리나라에서 일하고 있는 외국인 노동자들이 내국인과 동등한 법적 지위를 갖는 것이 옳은지 그른지, 또 그들의 존재가 우리 경제에 어떤 긍정적 역할 내지 부정적 효과를 발휘하는지 제대로 거론할 만한 식견을 가지고 있지 못하다. 그러나 전문가가 아니기 때문에 오히려 어떤 근본적인 문제점을 제기할 수 있다고 생각하여 몇 가지 지적하고자 한다.

당연한 얘기지만 모든 생물은 먹이가 있는 곳으로 몸을 움직이게 마련이다. 따라서 돈벌이가 되는 곳으로 사람이 모여드는 것은 자연의 법칙이다. 그런 점에서 1960년대 후반부터 오늘날까지 우리나라에서 지속되고 있는 농촌붕괴와 중앙집중 — 즉, 도시과밀화는 국가목표로서의 산업화정책에 따른 필연적인 결과이다. 더 거슬러 올라가면 19세기 말부터 우리 동포들은 굶주림을 벗어나기 위해 중국과 러시아로, 일본과 아메리카로 삶의 터전을 옮겼다. 현재 600만에 이르는 해외 한민족의 숫자는 유태인을 제외하면 인구 비율상 세계 제1이라고 한다. 그런 점에서 최근 15년간 주로 동남아인들 40여만 명이 한국으로 노동이주를 한 것은 지난날 우리 민족의 대대적인 해외이주와 비교가 되지 않는다. 그렇다면 과연 우리에게 외국인 노동자를 억압하고 추방할 권리가 있는가.

그런데 험한 일에 종사하던 숙련된 외국인 노동자들이 출국·잠적함으로써 중소기업 사업장은 지금 심각한 타격을 받게 되었다고 아우성이다. 그러나 다른 한편에서는 직장을 구하지 못한 수십만의 청년실업자들이 거리를 배회하며 범죄와 타락의 유혹에 노출되고 있다. 대체 왜 이런 모순된 현상이 발생하는가. 한마디로 이것은 우리나라에서 노동이 천시되고 차별당하고 있음을 입증한다. 빈곤의 세습이 제도화되어가고 그것을 벗어나는 유일한 길이 교육이라고 인식되는 현실에서 대졸 실업은 우리 사회의 구조적 모순을 압축적으로 보여주는 현상인 것이다.

내 생각에 근본적인 문제는 재화의 생산과 분배가 지역적으로 불균등하고 사회적으로 불평등한 데에 있지 않은가 한다. 한 나라 안에서 그럴 뿐만 아니라 국제적으로는 더 심각하게 그렇다. 가령, 미국은 타의 추종을 불허하는 최고 부유국가이고 최대의 자원소비국가로서 외국인 노동자에게 가장 선망 대상이 되고 있지만, 동시에 내부적 소득격차가 가장 심한 나라일 것이다. 그러나 더 중요한 것은 이러한 불평등 자체가 자본주의체제의 작동을 위한 불가결한 동력이라는 사실일 것이다.

지금 초국적 자본과 강대국들, 즉 세계의 지배집단들은 자본과 상품의 자유로운 이동이 완벽하게 보장되는 국제질서를 만들어내기 위해 동분서주하고 있다. '세계화'라는 이름으로 진행되는 이 수탈체제의 기만성을 상쇄하기 위해서는 미흡하지만 노동력의 자유로운 이동도 동시에 국제적으로 보장되어야 한다. 외국인 노동자의 체류와 취업을 제한하고 금지하는 것은 인류가 지구상에 등장한 이후 끊임없이 계속된 생존이주의 관행을 거역하는 것이며, 따라서 인간의 기본적 생존권을 부인하는 것이다. 수(십)만 년 동안 따뜻한 곳을 찾아, 사냥감이 많은 곳을 찾아 바다를 건너고 대륙을 가로질렀던 모험심의 유전자는 지금도 인간의 몸속에 유유히 전승되고 있다.

경향신문 2003. 11. 21.

4월혁명: 그날의 함성을 환청으로 들으며

그날 화요일 오전에는 1학년 B반 교양학부 수업이 없었다. 전날 저녁 시위를 마치고 돌아가던 고대생들이 깡패의 습격으로 수십 명이나 부상당하는 큰 사건이 있었지만, 나는 아무것도 모르고 있었다. 내가 임시로 기숙하고 있던 미아리 친구네 집에는 신문도 라디오도 없었던 것이다. 나는 느지막이 집을 나서 학교로 향했다.

그런데 혜화동 로터리에서 차를 내리자 심상치 않은 일이 일어나고 있음이 온몸으로 감지되었다. 이웃해 있는 동성고등학교 학생들의 시위행렬이 막 자기네 교문 안으로 들어서고 있었고, 그것을 바라보는 행인들의 표정에 일말의 긴장이 배어 있었다. 학교에 당도하니 학생들이 드문드문 교정에서 웅성거리는 것이 보이고, 온통 썰렁한 분위기가 감돌았다. 데모의 주력부대는 이미 교문을 나선 뒤였다.

나는 시위대를 뒤쫓을 생각으로 무작정 걷기 시작했다. 미술대 교문 앞을 돌아 창덕궁 쪽으로 가는데, 서울 온 지 한 달밖에 안된 시골뜨기의 눈에는 시국과는 상관없이 화사한 봄 풍경이 들어왔다. 그러나 한국일보사가 보이는 안국동 근처에 이르자 갑자기 딴 세상으로 변했다. 점점 더 많은 군중들이 인도를 메웠고, 중앙청* 쪽에서는 쫓기듯 뛰어오는 학생들이 보였다. 나는 지금의 체신기념관 앞에 서서 질주하는 트럭을 바라보았다. 트럭 위에는 흰 가운을 입은 의대생들이 서서 길가의 군중을 향해 손을 흔들며 "총에 맞았어요! 사람이 죽었어요!" 하고 외치는 것 같았다. 나는 부르르 떨리는 격정과 두려움이 온몸을 훑고 지나는 것을 느꼈다.

그러나 나는 끝내 구경꾼의 위치에 머물러 있었을 뿐, 시위대열에 합류하지 못했다. 25일 교수데모 때에도 멀찍이 뒤따라가며 행렬을 지켜보기만 했다. 그날 늦은 오후가 되어 종로 2가에 이르자 거리는 그야말로 인산인해였다. 계엄령 선포로 수그러들 듯하던 데모가 서울뿐 아니라 전국으로 퍼져나가고 있다고 사람들이 수군거렸다. 구호도 이제는 부정선거 규탄을 넘어 피의 보답과 이승만 하야를 요구하는 수준으로 나아갔다. 한마디로 4월 19일부터 26일 사이의 서울 거리는 학생의거가 민중항쟁으로, 그리고 다시 시민혁명으로 진화하는 역사의 현장이 되고 있었다. 하지만 그날 현장에 있으면서도 나는 통금이 7시로 당겨진다는 소문이 들리자 솔직히 말해 하숙집 찾아갈 걱정부터 앞섰음을 고백하지 않을 수 없다.

이승만 정권의 붕괴 이후 학원은 다시 본연의 안정으로 돌아가는 듯했다. 세상은 조용할 날이 없었음에도 내가 다니는 대학의 교양학부는 시국의 격동에 아무 영향도 받지 않았다. 그 후에도 이런 분위기는 4년 내내 크게 변하지 않았다. 제국대학 시절의 유풍인 상아탑의 관념이 남아 있어서인지, 아니면 내가 속해 있는 외국문학 전공학과가 유난히 정치에 무관심했기 때문인지는 모르지만, 당시의 나에게 대학은 지적 개방성이 넘치는 자유롭고 활기찬 곳이었다. 그것은 나에게는 신선한 감각이었다. 그 후 조교·시간강

---

* 서울특별시 세종로 3번지에 소재했던 정부의 청사. 일제강점기 때 조선총독부 건물로 지었던 것을 해방 뒤 중앙청으로 개칭하고 정부청사로 사용해오다가, 1986년 8월 국립중앙박물관으로 개조하였다. 그 후 1996년에 중앙청 건물은 완전 해체됐다.

사·교수로 40년 넘게 대학생활을 했지만, 1960년부터 1963년까지 4년 동안 캠퍼스에서 맛본 자유의 공기는 대학 안에서고 밖에서고 다시는 경험하지 못한 정신의 유토피아였다. 아무튼 나는 도시생활의 매력과 비정함에 적응하면서 차츰 서구문학의 세계 속으로 빠져들고 있었다. 게다가 나는 가정교사 노릇으로 생활비를 벌어야 할 처지였으므로 강의실과 도서관 이외에는 다른 데 눈길을 돌릴 여유가 없었다.

그러나 내 시선이 미치는 범위 안에서의 이런 평온과 자유가 실은 내가 속해 있는 문학서클의 이념적 제한성을 반영하는 것일 뿐임을 나는 훨씬 뒤에야 깨달았다. 사실 현대 서구문학의 전위적 경향에 매료되기 마련인 외국문학도의 눈에 민족현실의 당면한 심각성은 제대로 들어오기 어려웠다. 그러니까 우리가 먼 나라의 지적 유행에 정신을 팔고 있는 동안 사회의 심층에서는 오랫동안 국가권력의 폭압에 눌려 숨죽이고 있던 온갖 정치적 불만과 사회적 모순이 폭발을 향해 끓어오르고 있었던 것이다. 공권력이 약화되고 규제가 느슨해지자, 금기에 묶여 있던 '위험사상'의 뚜껑이 열리고 여러 분야의 민중운동세력이 활기를 띠게 된 것이었다. 그것은 1919년 3·1운동 이후의 몇 해나 1945년 해방 직후의 두어 해, 그리고 1987년 6월항쟁 이후의 서너 해에나 비견됨직한, 한국 근대사의 끝없는 먹구름 사이로 언뜻 보인 "티없이 맑은 영원(永遠)의 하늘"(신동엽, 「누가 하늘을 보았다 하는가」)과도 같은 해방의 순간이었다.

주지하듯이 4월혁명은 일차적으로는 이승만체제의 거부라고 할 수 있다. 이승만 자신이 독립운동가 출신이고 집권기간 내내 방일(防日)을 정치표어의 하나로 삼았음에도 이승만 정권의 본질은 일본 대신 미국을 모델로 하는 식민지체제의 수정주의적 계승이었다. 일제강점기에 탄압받은 인물은 이승만 치하에서도 탄압의 대상이 되고 일제강점기에 영화를 누리던 계층은 이승만 치하에서도 상층부를 구성하게 된 사실이 단적인 증거였다. 따라서 혁명에 의해 열린 자유의 공간이 '민족'을 다시 역사의 동력으로 호출한 것은 당연한 일이었다. 기록에 따르면 학생시위가 진행 중이던 4월 21일에 벌써 지난날의 민족운동과 각계의 사회운동을 연결하자는 논의가 있었다고 하며, 이러한 움직임은 지역별·단체별로 꾸준히 계속되어 9월에는 마침내 '민족자주통일중앙협의회'(이하 민자통)라는 이름의 조직이 결성되기에 이르렀다.

민자통은 유림의 최고원로 김창숙 선생을 대표로 내세운 통합적 민족운동조직이었지만, 그 주력부대는 사회대중당 등 혁신세력과 교원노조·출판노조 등 진보적 지식인의 결합체였다고 말해진다. 민족주의와 사회주의는 일제강점기부터 때로 협력하고 때로 대립하면서 복잡한 자체분열을 거듭해 온 이 나라 민족운동의 양대 조류라 할 터인데, 나 같은 문외한이 함부로 말하기는 어렵지만, 식민지 잔재의 청산과 분단의 극복이라는 전형적인 민족적 사업이야말로 어떤 이념보다 앞서는 최우선 과제라는 점에서 민자통의 출범은 뜻깊은 것이었다. 그 자장 안에서 1960년 11월 '서울대 민족통일연맹'이 결성되고 곧 여타의 대학들로 조직이 파급되어 학생운동을 지휘하게 되었다. 그들이 만든 "가자 북으로, 오라 남으로, 만나자 판문점에서!"라는 구호는 통일의 비원을 품고 사는 일반 국민들에게도 즉각 커다란 선동성을 발휘했던 사실이 기억에 새롭다.

그러나 5·16 군사쿠데타는 좌경적 색채를 띤 혁신정당뿐만 아니라 온건한 성향의 사회·문화단체 전반에 대해서도 무자비한 철퇴를 가했다. 예총(한국예술문화단체 총연합회)이나 문협(문인협회)처럼 시종일관 정부정책에 순응했던 단체들도 일제히 해산을 당했던 것이다. 한때 쿠데타세력은 자신들의 정치이념을 '민족적 민주주의'라는 개념으로 포장하기도 했다. 그러나 그것은 5·16세력의 구차한 자기모순이다. 당연한 얘기지만, 스스로 4월혁명의 계승자라 자처한다고 해서 민주주의의 파괴자요 민족이념의 배반자로서의 그들의 정체가 감추어지는 것은 아니기 때문이다.

어떻든 민족운동의 전위적 부분들이 5·16쿠데타로 커다란 손상을 입었음에 비하면, 역사학과 문학은 1960년대 이후 연구와 창작이라는 자기 고유의 작업을 통해 눈부신 업적을 내놓을 수 있었다. 식민지사관의 극복을 위해 이룩된 실증적 연구와 민족문학의 이름으로 거두어진 수많은 성과들은 이제 그 자체가 계승해야 할 하나의 역사적 유산으로 되었다.

돌이켜보면 내 또래는 대한민국 정부가 수립되던 1948년에 초등학교에 입학했고, 열 살 무렵에 6·25전쟁을 맞았으며, 그 후 줄곧 강압적인 독재정권 아래서 살벌한 반공교육을 받아왔다. 그랬기 때문에, 어린 시절부터 수많은 죽음을 보고 모진 궁핍에 시달리며 자랐음에도 불구하고, 성년에 이르기까지 정치적으로 성숙할 기회를 갖지 못했다. 4·19혁명은 국가적 차원에서도 금지와 억압의 독재체제에 대한 민중저항의 승리를 뜻하는 것이지만, 우리들 개인사에서도 세계를 보는 시야의 획기적 확장이고 자아와 공동체의 일치가 실현되는 황홀의 경험이었다. 후일 유신독재의 철권이 자유의 숨통을 죄던 캄캄한 암흑 한가운데서 한 시인은 4월의 함성을 기억하며 이렇게 노래한 바 있다:

　　형제들의 그림자도 없는 어둠 속에서
　　나는 그날의 함성을 환청으로 들으며
　　비문을 읽는다 피의 거리의, 피의 거리의
　　어둠에 떠는 어둠의 소리를 읽는다
　　　－최하림, 「1976년 4월 20일」 뒷부분

오늘 이 시가 더욱 절실하게 울리고 그날의 함성이 환청처럼 들리는 것은 우리가 여전히 민주주의의 재활성화를 요구하는 어두운 현실 속에 서 있기 때문이다.

한국일보 2010. 3. 4.

제등행렬 앞에서 일연 스님을 생각하다

지난 4월 30일, 마침 무슨 일로 서울에 올라와 머물고 있는데, 역시 시골 사는 후배시인 한 사람이 모처럼 상경했다며 저녁이나 함께하자고 불러낸다. 우리가 만나는 곳은 으레 인사동 뒷골목의 조촐한 밥집. 거기서 차도 마시고 저녁도 먹고 두런두런 이야기 끝에 천천히 거리로 나오니, 식당으로 들어갈 때의 밝음은 사라지고 어느덧 밤이 되어 있다. 그런데 거리의 분위기가 여느 날과 사뭇 다르다. 어쩐지 평소보다 더 많은 사람들이 들뜬 기분으로 몰려가고 있는 듯하다. 안국동 네거리 근처에 이르러서야 우리는 그 시간에 종로와 조계사 일대에서 연등축제가 열리고 있음을 알았다. 매년 초파일을 앞둔 일요일 저녁이면 부처님 탄생을 축하하는 거리행사가 대대적으로 벌어진다는 건 알았지만, 실제로 이렇게 가까이서 구경하기는 나로선 처음이었다.

거리는 교통이 통제되어 보행자의 천국이 되어 있었다. 자동차와 같은 기계적 통행수단의 출입이 금지된 공간에 자비의 메시지를 전하는 찬가가 울려 퍼지고 갖가지 화려한 연등이 지나가고 하늘나라의 선녀처럼 곱게 차려입은 여인들이 신나게 몸을 흔들어 춤추고 노래하는 광경은 물론 하나의 종교축제로 기획된 행사지만, 오늘의 서울 현실에서는 잠시나마 그 이상의 것 또는 그 이외의 것, 즉 감정적 고양과 사회적 해방의 순간을 경험할 수 있는 드문 은총의 기회였다. 우리는 뜻밖의 행운에 감사하며 스적스적 걸음을 옮겨 길 건너 조계사 경내로 들어섰다. 그곳도 일종의 해방구였다. 대웅전 안에서는 수많은 불자들이 줄을 이어 부처님께 절을 올리고 있었지만, 예배는 지금의 이 요란하고 휘황한 축제에서는 오히려 곁다리 같은 느낌이 들었다.

  조계사를 나와 종각 쪽으로, 그리고 거기서 다시 동대문 방면으로 제등행렬의 진행과 역방향으로 주춤주춤 걷기도 하고 한동안 서서 구경하기도 하면서 나는 참으로 오랜만에 티없이 맑은 기쁨에 젖어 이런저런 좋은 생각이 떠올랐다. 그래, 2550년 전 부처님이 이끌던 모임은 오늘날 우리가 불교라는 이름으로 알고 있는 제도로서의 종단보다 더 근원적인 기쁨의 공동체, 깨달음의 공동체, 해방의 공동체일 거야. 물론 연등축제 자체는 각 종단, 사찰, 선원의 지원과 협조 없이 열릴 수 없겠지. 하지만 축제에 의해 생성되는 공간 안에서는 축제의 기획자들이 계산하지 못한 뜻밖의 영적인 앙양 내지 정신적 상승의 기적이 일어나겠지. 그런 점에서 축제는 혁명을 닮은 데가 있다. 혁명의 열기가 그러하듯 축제의 열광도 때로는 섬광처럼 나타났다 흔적 없이 사라지기도 하고, 때로는 초월과 구원의 신호를 점점 더 많은 사람들에게 보내는 지속적인 발신자가 될 수도 있을 것이다.

  지하철을 타고 들어가면서 나를 사로잡은 생각의 주제는 오늘날 우리나라 불교에 시급히 필요한 것이 과중한 제도화의 멍에를 벗어던지는 것인가, 아니면 근대세계에 적응하기 위한 새로운 제도화를 모색할 것인가 하는 점이었다. 비유컨대 지금이 강을 건너기 위해 뗏목을 만들 시점인가, 아니면 더 전진하기 위해 뗏목을 내려놓을 시점인가. 이것은 문외한인 나 같은 사람으로서는 머리에 떠올려보는 것조차 과분하고 외람된 주제이지만, 그러나 나는 절을 찾거나 스님들을 뵙게 될 때마다 늘 어떤 안타까움을 느낀다.

뭐랄까, 구슬이 너무 많아서 꿸 엄두를 내지 못하고 있는 부자의 모습을 보는 것 같다고나 할까.

잘 알다시피 우리 역사 속에서 불교는 그 위상과 역할이 지금과 아주 달랐다고 여겨진다. 몇 해 전 나는 경북 군위의 인각사(麟角寺)에서 개최된 '일연 삼국유사 문화제'에서 강연을 해달라는 부탁을 받았는데, 그 방면에 대한 공부가 모자란다는 이유로 거절할 처지가 아니어서 부랴부랴 일연 스님과 『삼국유사』에 대한 책들을 좀 읽어본 적이 있다. 물론 벼락치기로 한 독서이니 수박 겉핥기에 불과하겠지만, 그래도 몇 가지 눈에 띈 것들이 있었다. 그것들을 여기 다시 되새겨봄으로써 오늘 제등행렬에 나섰던 불자들에게 잠시나마 생각거리를 제공한다면 더 바랄 게 없겠다.

일연 스님은 내가 사는 곳에서 멀지 않은 경산군 자인에서 고려 희종 2년(1206)에 태어났다. 1206년은 어떤 해인가. 최충헌의 무인정권이 성립한 지 10년째 되는 해이자, 몽골제국을 통일한 테무친이 칭기즈칸으로 등극한 해이기도 하다. 시야를 멀리 서쪽으로 돌리면 제4차 십자군 원정이 시작되어 유럽 연합군이 이슬람세계에 대한 학살과 약탈을 일삼고 있을 무렵이다. 말하자면 세계사에 일대 전환의 회오리가 불기 시작할 때였는데, 고려의 최씨정권은 60년 남짓한 세습통치 끝에 1258년 붕괴된다. 일연 스님이 53세 때의 일이었다. 그러나 군사정권의 붕괴는 왕정복고로 이어진 것이 아니라 도리어 대몽항쟁의 종말, 즉 몽골지배의 본격화를 가져왔고, 몽골의 몰락 이후에도 고려왕조의 쇠퇴는 피할 길이 없었다. 일연 스님은 바로 이러한 혼란과 전환의 시대를 살아간 종교인이었다.

흔히 말하듯이 십자군전쟁의 실패는 유럽 중세체제의 종말을 촉진함으로써 근대화의 시발점이 된다. 반면에 동아시아에서는 비슷한 무렵 한족(漢族)의 명(明)이 대륙의 주인이 됨으로써 유교적·가부장적 중화체제를 회복

한다. 그것은 중세질서의 재정비였고 유교적 가치관의 새로운 패권장악이었다. 한반도에서 소위 '묘청의 난'(1135)부터 고려 멸망과 조선 건국(1392)에 이르는 과정은 중국 주변민족들의 자주화 노력이 패권적 중화(中華)체제에 굴복하는 과정이며, 여러 다양한 이질적 가치관과 전통적 신앙들이 유교 특히 성리학이라는 당대의 유일사상에 현실적으로 패배하는 과정이었다고 생각된다. 일연의 역사적 위치는 바로 이 전환시대의 한가운데였다. 그러므로 일연에 대한 후세의 평가는 이 역사적 전환의 어느 편에 서서 일연을 보느냐에 따라 갈라질 수밖에 없다.

일연 스님의 삶에서 흥미로운 점은 그가 83년 생애의 대부분을 고향 가까운 지역에서 보냈다는 사실이다. 14살 때 강원도 양양의 진전사(陳田寺)에서 구족계를 받은 다음 그가 가장 오래 지낸 곳은 포산(包山)으로서, 포산은 곧 대구 인근인 현풍의 비슬산을 가리키는데, 이곳의 여러 암자에서 그는 1248년까지, 즉 40대 초반까지 수도생활을 한다. 그러다가 잠시 남해의 정림사(定林寺)에 머물기도 하고, 또 한때는 왕명에 의해 강화의 선월사(禪月寺)에서 활동하기도 한다. 그러나 그는 대체로 영일 오어사, 포산 인흥사와 용천사, 청도 운문사, 군위 인각사 등 과거 신라의 유풍이 살아 있는 곳에 즐겨 머물렀다. 불교국가인 고려에서 선사, 대선사, 국존 등 최고의 승직에 올랐음에도 그는 왜 정치적 중심에 진입하기를 마다하고 끝내 궁벽한 산사를 지켰던 것일까. 이것은 역사학자와 불교사학자들이 해명해야 할 사안이라고 생각한다.

그런데 내가 이 지점에서 의문을 갖는 것은 일연 스님이 생애의 대부분을 정치적·문화적 중심부로부터 멀리 떨어진 곳에서 지냈음에도 불구하고 어떻게 『삼국유사』와 같은 위대한 저작을 편찬하고 간행할 수 있었을까 하는 점이다. 연보에 따르면 일연은 51세 되던 1256년 지리산 길상암(吉祥菴)에서 『중편조동오위(重編曹洞五位)』를 찬술하여 4년 뒤 간행하였고, 1278년에는 그동안 수집한 자료를 바탕으로 『역대연표』를 인흥사에서 간행하였는바, 이것이 『삼국유사』 왕력편의 토대가 됐다고 한다. 만년에 그가 인각사에서 『삼국유사』의 저술에 온 정성을 쏟았음은 우리가 익히 아는 상식이지만, 그 밖에도 스님은 모두 100여 권의 책을 저술 또는 편수하였다고 한다.

거듭되는 얘기지만, 내가 주목하는 것은 길상암, 인흥사, 인각사 같은 변방의 산사가 13세기에는 이상과 같은 중요한 저작의 집필과 간행이 가능한 문화적 역량의 보유 장소였다는 점이다. 물론 일연 시대에 글을 쓰고 책을 출판하는 것은 지금과는 전혀 다른 사회적 조건의 산물이었을 것이다. 저술의 개념 자체가 아주 달라서, 어쩌면 일연 스님은 오늘의 관점에서 볼 때 편저자 또는 대표저자였을지도 모른다. 그러나 어떻든 일연 스님의 저술사업은 당시 각 지역에 산재해 있던 사찰들의 축적된 문화적·경제적 역량을 떠나서는 가능할 수 없었을 것이다. 이것은 고려시대에 대한 우리의 상식을 뒤집는 사실이다.

여기서 나는 중세 유럽의 교회와 수도원을 상기하게 된다. 유럽에서도 대학은 12세기에 와서야 설립되기 시작했고, 그나마 대학이 학문의 중심이 된 것은 18세기 계몽주의 시대의 일이었다. 그 이전까지 지식을 생산하고 보존하는 임무를 주로 맡았던 것은 교회와 수도원이었다. 불교국가인 고려에서 그런 역할을 한 것은 당연히 사찰이었을 것이다. 짐작해보면 조선왕조 500년의 억불숭유정책에 의해 사찰의 문화적·학문적·교육적 기능은 많은 부분 향교와 서원으로 옮겨갔을 것이다. 그리고 일제 식민지강점 이후 근대적 교육제도의 도입은 전통종교의 입지를 더욱 위축시켰을 것이다. 이 과정에서 지역문화의 축적된 역량과 창조적 가능성은 점차 파괴되고 정치권력과 외세에 대한 종속성은 더욱 강화되었을 것이다.

제등행렬을 보고 느낀 해방감과 뿌듯함은 그런 점에서 실은 작은 출발점에 불과하다고 생각한다. 지구화시대의 거대한 탁류를 건너기 위해서는 훨씬 더 정교한 뗏목이 있어야 하고, 그런 뗏목을 건조하기 위해서는 아직도 더 대담한 수술과 더 근원적인 제도정비가 요청된다. 민족불교의 이름에 걸맞은 그날을 앞당기기 위하여.

불교문예 2006. 여름호

2

지금 우리나라에서는 이익과 손해가 갈라지는 경계선이 사회의 모든 층위에서 국가를 '두 개의 국민'으로 분할하고 있다. 이때 결정적인 것은 정부와 사법부와 언론이 공정한 중립의 위치에 서야 한다는 점이다. 대통령이 말하는 '친서민' '공정성' 같은 낱말이 국민을 속이기 위한 일시적 구호가 아니라 진정으로 명실(名實)이 일치하는 내용을 가질 때만이 우리의 살길이 열린다.

부자들의 공화국

　보름 전 이 나라 중부지역을 강타하고 지나간 태풍 루사는 사상 최대의 재산피해를 낸 것으로 보도되고 있다. 처음에는 수천억이라던 피해액이 갈수록 점점 불어나 3조 원을 넘어섰고, 마침내 5조 5000억에 이르렀다고 한다. 집이 떠내려가고 논밭이 망가진 끔찍한 재난 앞에 손을 놓고 넋을 잃고 있는 농부의 얼굴은 태풍이 휩쓴 뒤 드러난 이 나라 민중현실의 가공되지 않은 진상이다.
　그런데 우리가 그와 더불어 생각해야 할 것은 무섭게 몰아친 태풍에도 불구하고 끄떡없이 부를 움켜쥐고 있는 사람들의 또 다른 현실이다. 얼마 전에 들은 방송보도로는 현재 시중의 대기성 부동자금은 1년 전보다 40조쯤 늘어난 310조 원가량이라고 한다. '대기성'이라고 하는데, 무엇을 대기한단 말인가. 투자든 투기든 더 많은 이익이 발생할 수 있는 곳을 찾아 눈을 번뜩이며 대기하고 있다는 말 아닌가. 돈의 크기에 둔감한 나 같은 사람들을 위해 약간의 산수놀이를 한다면 310조 원은 15만 5000명에게 20억 원씩 나눠줄 수 있는 금액이다.
　그러나 이 계산은 단순히 산수놀이를 위해서 무심코 만들어낸 것이 아니다. 내 기억이 정확하다면 지난 봄 삼성경제연구소의 보고서는 지금 우리나라에 금융자산 10억 원 이상인 사람이 14만 명, 곧 그렇게 될 잠재적 자산가가 6만 명 정도라고 발표했다. 그런가 하면 미국계 증권사인 메릴린치의 2002년판 '세계부자보고서'는 지난해 말 기준으로 100만 달러, 그러니까 당시의 환율로 13억 원 이상의 금융자산을 보유한 '재력가'가 한국에 5만 명쯤 있을 것으로 처음 추정했다. 그런데 부동자금이니 금융자산이니 하는 돈의 범주에는 기업과 부동산의 소유자가 장차 획득할 수 있는 미실현 금융자산이 당연히 제외되었을 것이므로 우리나라의 소위 부유층 또는 기득권층은 그 수가 20만 명을 넘는다고 보아야 한다.

이 부유층이 어떤 경로로 형성되었고, 내부적으로 어떻게 구성되어 있으며, 또 어떤 정치의식과 문화적 지향성을 가지고 있는지 전문학자들의 치밀하고도 구체적인 연구가 필요하다. 그러나 우리의 현실인식은 그런 전문적 연구가 이루어진 연후에야 생성되는 것이 아니다. 가령, IMF 구제금융 사태를 겪으면서 빈부격차가 더욱 심화되고 있다는 것은 연구를 통해 알게 된 것이 아니라 생활의 실감을 통해 체득한 상식이다.

옛날에도 돈많은 사람들이 큰소리를 쳤고 그들의 영향력이 컸던 것은 사실이다. 그러나 이제 부유층은 하나의 명확하고 동질적인 사회적 집단으로 성층화되어 자신의 고유한 정치적 목표를 추구하고 배타적인 문화적 성채를 구축하기에 이른 것 같다. 그리고 그것은 다만 정치나 경제 같은 한두 영역에서만 그런 것이 아니라 삶의 모든 영역과 층위에서 그러한 것으로 보인다.

가령, 요즘 한창 문제화된 세금에 대해 생각해보자. 정부가 내놓은 소위 '9·4 부동산대책'이라는 것이 시세와 동떨어지게 낮은 강남의 과세표준을 약간 현실화하는 시늉을 할지 모른다. 그러나 주무 부처인 행정자치부는 초장부터 '조세저항'이란 낱말을 입에 올리고 대부분의 언론이 그것을 받아쓰고 있는데, 도대체 정부와 언론은 누구를 위해 존재하는지 묻지 않을 수 없다.

또, 이 나라 헌법에 대해 최종적 해석권을 가진 헌법재판소는 최근 어느 대학병원 의사의 헌법소원을 받아들여 "부부의 자산소득을 합산하여 과세하도록 규정한 현행법은 혼인 부부를 일반인들에 비해 차별하는 것"이라고 결정했다. 원칙적으로 남자와 여자가 결혼을 했다는 이유로 차별받는 것은 물론 부당하다. 그러나 고소득 부부의 합산과세가 차별이라고 판단한 데에 내 감정은 쉽게 동조하지 못한다. 결혼한 남녀들은 독신자들에 비해 세금문제 이외의 딴 분야에서는, 눈에 보이지 않는 여러 가지 편의와 이익을 누리는 것으로 생각되는데, 이때 독신자들이 당하는 차별은 어떤 방식으로 보상되어야 하는가. 이 나라의 수많은 약자와 소수자가 일상적으로 당하는 크고 작은 차별은 내버려둔 채, 고소득 의사부부의 합산과세를 차별로 인정한 판결은, 대한민국의 헌법조문에 문제가 있는지 헌법재판소의 해석에 문제가 있는지 모르지만 나에게는 형식논리에 입각한 일종의 역차별로 느껴진다.

   요컨대 지금 이 나라는 점점 더 부자와 기득권층의 공화국으로 변해가고 있다. 1987년 6월항쟁 이후 진행된 형식적 민주화는 민주주의의 실질적 허구화를 포장하고 있을 뿐이니, 민중들의 새로운 각성이 절실하다 하겠다.

한겨레 2002. 9. 15.

반값등록금, 정당하고 가능한가

매년 학기 초만 되면 대다수 학생과 학부모들 등을 휘게 만들었던 등록금 문제가 이번에는 캠퍼스 바깥으로 비화되어 우리 사회의 핵심적 이슈 중 하나로 떠오르고 있다. 광화문 촛불집회만 하더라도 벌써 열흘째로 접어들고 있고, 현장에서 잡혀가는 대학생들 사진이 연일 인터넷을 달구고 있다. 우리 현실에서 이것은 그나마 다행한 일이다. 이 사태를 통해 우리는 지금 우리가 어떤 종류의 사회에 살고 있는지, 어떻게 해야 더 나은 세상을 향해 한 걸음 전진할 수 있는지 성찰할 수 있는 기회를 갖게 되었기 때문이다.

먼저 생각해야 할 문제는 학생들 등록금으로 대학을 운영한다는 것 자체의 원천적인 정당성 여부이다. 이른바 수익자부담이라는 원칙에 따른다면 등록금을 내는 것은 학생이 대학졸업에 의해 얻게 될 차후의 이익을 상정하고 미리 투자를 하는 것에 비유할 수 있다. 즉, 등록금은 미래의 수익을 예상한 일종의 선불금인 셈이다. 만약 이런 비유가 옳다면 등록금은 지난 수십 년간 이 나라 사립대학에서 그래왔듯이 대학기업과 학생소비자 간의 줄다리기에 의해 액수가 정해지는 것이 정당하다고 할 수도 있을 것이다. 하기는 똑같이 대학을 졸업하고도 졸업자들 앞에 천차만별의 인생이 기다리고 있을 것을 생각하면 그것은 투자라기보다 투기라고 해야 할지 모른다.

물론 이것은 하나의 냉소적인 비유에 불과하다. 당연한 노릇이지만, 한

국가사회가 유지되기 위해 절대적으로 필요한 사항 중 하나는 그 사회의 차세대 구성원을 **낳고 기르고 가르치는** 일이 차질 없이 수행되어야 한다는 것이다. 이 중에서 가령 '가르친다'는 것만 떼어서 생각해볼 때, 그것은 좁은 의미의 제도교육만 뜻하는 것이 아니라 농사짓고 짐승잡는 법 익히는 것을 비롯해서 세상 살아가는 지혜를 배우는 과정 전체에 관련될 것이다. 아득한 원시시대부터 현재까지 이 대원칙에는 변함이 있을 수 없다. 만약 이 원칙에 동요가 생긴다면 그것은 그 사회의 몰락의 징후이다. 많은 사람들이 체감하는 바와 같이 오늘 우리 사회구성의 중추부대인 젊은 세대들이 **출산·육아·교육**에 불안과 공포감을 지니고 있다면 그것은 장기적으로 이 나라가 망해가고 있음을 나타내는 신호이다. 그런 점에서 말한다면 대학등록금은 언젠가는 아예 없앨 것을 목표로 해야 하는 필수적인 국가유지비용의 하나이다.

그런데 목전의 이슈는 '반값등록금'이다. 뜻밖이지만 알고 보면 '반값등록금'이란 아이디어는 2007년 대선에서 이명박 씨의 당선에 일조한 한나라당의 공약이었다. 그해 3월 9일 김형오 당시 원내대표의 발언, 역시 그해 6월 21일 이주호 당시 제5정조위원장(현 교육부장관)의 언급, 그리고 선거운동이 시작된 10월 '경제살리기특위'(위원장 이명박) 안에 '등록금절반인하위원회'(위원장 임해규)를 설치하기까지의 과정을 돌아보면, 대통령이 자신의 입에 '반값등록금'이란 낱말을 직접 올리지 않았다고 해서 내 공약이 아니라고 부인하는 것은—그의 언어행태에서 예외에 속하는 것은 아니지만—현재의 그의 막중한 위상에 비추어볼 때 그야말로 국격에 손상을 입히는 일이다.

어떻든 우리가 따져야 할 것은 '반값등록금'이 선거 와중에 선심용으로 나오기는 했으나 실제로 현실화하기에는 무리한 공약일 뿐인가, 아니면 실제로 이행 가능한 구체적인 정책일 수 있는가 하는 것이다. 나는 단연 '반값등록금'이 정당할 뿐더러 가능한 정책이라고 생각한다. 다만, 현재의 여러 법적·제도적 조건들을 그대로 둔 채 등록금만 절반으로 줄이려고 한다면 거기에는 엄청난 저항이 따를 뿐만 아니라 부작용 또한 감당하기 어려울 것으로 생각한다. 당장 며칠 전에는 사립대 총장들이 모여 등록금 인하를 논하기 이전에 국가의 재정지원을 늘려야 한다고 주장하지 않았는가. 그런가 하면 반대로 덮어놓고 국고지원을 늘린다면 부패한 사학들의 배만 채울 수 있다고 우려하는 목소리도 나왔다. 따라서 '반값등록금'의 실현을 위해서는 그 문제와 연관된 여타 관련분야의 장단기적인 보완책과 개혁안이 다각도로 연구·검토되고 조심스럽게 추진되어야 한다.

국가의 재정지원 없는 반값등록금은 두말할 것 없이 사학운영에 치명적이다. 서울의 일부 사립대학들이 5000억 원 넘는 적립금을 쌓아놓고 있다고는 하지만(민주당 안민석 의원의 분석에 따르면 2008년 현재 전국 325개 대학의 적립금 보유총액은 대략 10조 834억이라 한다) 그럼에도 등록금이 절반으로 줄어든다면 대학으로서는 오래 버티기 어려울 것이다. 그렇다면 요컨대 문제는 대학에 지원하는 막대한 국가예산을 어떻게 마련할 것인가 하는 것과 대학에 지원되는 국고가 어떻게 적절히 투명하게 사용되는가를 감시하는 것이라고 할 수 있다.

나는 숫자에 밝은 사람도 아니고 예산이니 결산이니 하는 데는 더욱이나 문외한이다. 따라서 이런 문제에는 전문가가 나서서 책임 있는 논의를 해야 하겠지만, 그래도 문맥의 흐름을 위해 해법의 방향만 말한다면 재벌 대기업과 고소득층에 대한 일정한 증세를 통해 국가재원을 대폭 늘리는 한편 4대강사업 같은 터무니없는 낭비를 제거함으로써 복지와 교육을 위한 예산을 크게 확보하는 것이 문제해결의 첫걸음이 될 것이다.

다른 한편, 사학을 지원은 하되 규제하지 않는 묘수는 무엇인가. 그것은 사학들 내부에 스스로 감시하는 강력한 자기정화 장치를 마련하는 것이다. 노무현 정부 시절인 2005년 12월 개정된 사학법의 '개방형 이사제'가 말하자면 그런 장치들 중 하나였다. 그러나 알다시피 사학법은 그 후 개악되었고, 일부 사학들은 조금 남아 있는 견제장치마저 완전히 없애기 위해 백방으로 로비를 벌이고 있는 중이다. 더욱 통탄스러운 것은 교육부 산하의 사분위(사학분쟁조정위원회)가 최근 3년 사이에 과거의 비리재단·족벌재단을 속속 복귀시키고 있는 현실이다.

이렇게 따져본다면 오늘 대학생들이 목이 터져라 외치는 '반값등록금' 구호는 현재로서는 안타깝게도 절벽에 대고 계란을 던지는 격에 가깝다. 하기는 작금년 지방선거와 보궐선거에 연달아 패배한 여당이 내년으로 다가온 총선·대선을 겨냥해 쓰레기통에 버렸던 반값등록금 카드를 다시 꺼내 만지작거릴지 모른다. 그렇거나 말거나 지난 3년여 동안 혹독하게 학습효과를 쌓은 우리들로서는 남이 버렸던 카드라도 다시 잘 닦아서 진정한 개혁을 위한 발판으로 활용할 필요가 있다.

다산포럼 2011. 6. 7.

주코티 공원에서 광화문 광장까지

우리는 99%다.
우리는 더 이상 침묵하지 않을 것이다.
자본주의의 상징 월스트리트가 점령되었다.
2011년 '아랍의 봄'에 이은 '미국의 가을'이 시작된 것이다.

이것은 멋진 선언처럼 들린다. 과연 월가의 시위는 그 후 수십 개 도시로 확산되어 두 달 째 지속되고 있다. 저명한 지식인들도 현장에 나와 구호를 외치거나 지지를 표명했다. 그러나 이에 대한 미국 공권력의 대응은 한국 경찰의 형님 소리를 들을 만하게 강경하다. 시위의 중심지인 뉴욕 주코티 공원에서는 지난 11월 15일 새벽 시위대가 경찰의 기습적인 철거작전으로 쫓겨났고, 사흘 뒤에는 대학 캠퍼스 안에서 연좌농성을 벌이던 학생들의 얼굴에 경찰이 최루액을 뿌려대는 광경이 전 세계에 방영되어, 미국 민주주의에 대해 환상을 가진 사람들에게 귀한 가르침을 베풀었다. 그러므로 튀니지에 이어 이집트, 리비아, 예멘의 정권교체를 이끈 아랍권의 민중항쟁과 자신을 나란히 놓는 것은 월가 시위자들의 미국인다운 자만일 뿐이다.

하지만 젖은 장작처럼 지지부진한 이 불길이 장차 어떻게 타오를지는 예단을 불허한다. 월가 시위의 근본원인이 단순히 금융의 탐욕에만 있는 것이 아니라 미국 사회의 뿌리 깊은 구조적 모순에 있기 때문이다. 즉, 단순한 외과적 수술로 해결될 문제가 아니라 나라의 기본을 개혁해야 미래가 열릴 것이기 때문이다. 다들 지적하는 것처럼 1980년대 레이건 정부의 신자유주의 이후 미국 사회의 모순은 극도로 심화되었다. 그러나 이전에도 미국이 공정사회·평등사회였던 것은 아니다. 1960~70년대의 거대한 사회운동(반전운동, 흑인민권운동, 히피운동 등)을 통해 전면적으로 자기쇄신을 이룰 수 있는 기회를 놓침으로써 미국은 돌이키기 어려운 후퇴의 길로 들어선 것이 아닐까. 아무튼 오늘의 월가시위가 40여 년 전과 같은 변혁적 동력을 획득할 수 있을지 두고 볼 일이다.

의미심장한 것은 바로 이런 와중에 10월 13일 한미 FTA(자유무역협정) 이행법안이 미국 의회를 통과했고, 이어서 한 달 뒤 FTA 비준안이 한국 국회에서 날치기로 처리됐다는 사실이다. 엊그제 29일에는 이명박 대통령이 한미 FTA 이행을 위한 14개 부수법안에 서명함으로써 비준절차가 마무리되었다고 한다. 당연히 이에 대한 반대운동이 줄기차게 전개되어왔고 앞으로도 전개될 것이다. 한미 FTA가 국회에서 날치기 처리된 주말인 26일 오후에는 전국 각지에서 규탄집회가 열렸고 서울의 광화문 광장에서는 추운 날씨 속에서도 1만여 명의 시민들이 촛불을 들고 "명박 퇴진, 비준 무효"를 외쳤다.

그런데 문제는 나라의 운명에 중대한 영향을 끼칠 한미 FTA의 내용이 국민들에게 충분히 알려져 있지 않다는 사실이다. 참여정부 시절 통상교섭본부장으로 2006년 2월 협상개시를 선언했던 김현종은 "일본식 경제성장 모델에서 벗어나…… 미국과의 FTA를 통해…… 한층 업그레이드된 한국경제를 달성하자는 것"이 협정의 목적이라고 천명한 바 있다. 그로부터 5년

9개월이 지나 비준안에 서명한 이명박 대통령은 "한미 FTA는 세계 최대시장인 미국 시장을 여는 것"이라고 규정했다. 그러나 이런 언명들은 포장지 위에 적힌 선전문구이지 그 안에 들어 있는 실제의 내용물이 아니다.

따라서 우리는 독립적이고 객관적인 위치에 있다고 여겨지는 전문가의 해설을 참조할 수밖에 없는데, 가령 송기호 변호사는 이렇게 말한다: "협정 24장은 한국과 미국이 (발효를 위한) 각자의 법적 절차를 완료하였음을 증명하는 서면통보를 교환할 것을 발효조건으로 규정했다. 이를 위해 한국은 그 절차로서 국회로부터 1800쪽의 한미협정문 자체를 조약으로 인정하는 절차를 선택했다. 그러나 미국은 미국 헌법상의 '조약'으로 인정하지 않고 80쪽의 한미협정 이행법이라는 법률을 따로 제정했다."(《한겨레》 2011. 11. 28.)

날치기에 참가한 한나라당 국회의원 가운데 협정문 1800쪽에서 10분의 1이라도 읽은 사람이 몇이나 될지 의문인데, 정말 무서운 것은 송 변호사의 지적에 함축된 실체적 내용이다. 한국에서는 FTA 협정문이 조약으로 인정받아 어엿한 법률의 자격을 갖는 반면에 미국의 이행법은 자기들 법률에 어긋나는 협정문 조항을 무효라고 규정한다는 것이다. 세상에 이런 불평등조약이 어디 있는가. 이것은 한국이 한미 FTA의 발효에 의해 적어도 한미 경제관계에서만은 사실상 주권국가로서의 독립성을 상실하고 미국의 이익과 미국의 법률체계에 따라 움직이는 한낱 좀비국가로 전락하고 만다는 것을 의미한다.

물론 한미 FTA가 우리에게 일방적인 손실만 초래하는 것일 리는 없다. 그것은 한국에서도 미국에서도 손익이 교차하는 복합적 지점들을 다양하게 만들어낼 것이다. 그러나 분명한 사실은 그것이 한국의 1%에게는 특혜를 가져올지 몰라도 99%에게는 치명타를 가하리라는 점이다. 어쩌면 한미 FTA는 장기적으로는 미국에서도 특권적 1%만 살찌우고 나머지 99%의 서민들에게는 유해한 결과를 가져올지 모른다. 그런 점에서 한미 FTA 철폐운동은 결코 반미가 아니다. 오히려 그것은 한국의 다수 민중과 미국의 다수 민중이 연대하는 운동, 즉 전지구적 범위에서 실질적 민주주의를 추구하는 운동이다. 월가에서도 그 점을 깨달았기에 이렇게 외치는 것 아닌가.

    세계의 꼭대기부터 밑바닥까지
    각자가 처한 현실은 다 다르지만
    그 고통의 뿌리는 하나로 연결되어 있다.

다산포럼 2011. 12. 2.

해방 직후의 정치풍경

'삐라'라는 단어는 원래 영어의 bill을 일본인들이 자기들의 불완전한 음운체계에 맞추어 어색하게 표기한 것을 다시 우리가 경음화해서 받아들인 좀 이상한 외래어이다. 국어사전에는 전단(傳單) 또는 전단지라고 풀이되어 있다. 전쟁 중 일선 병사들이나 후방의 민간인들에게 살포해서 전의를 떨어뜨리고 민심을 교란하는 심리전 목적의 선전용 문건을 흔히 삐라라고 불렀다. 독재정권 치하에서 체제를 비판하기 위해 몰래 퍼뜨리는 전단도 삐라에 해당한다고 할 수 있다. 가령, 1940년대 초 나치스 시대의 독일에서 뮌헨의 대학생들이 야간에 벽보로 붙이거나 우송했던 문건이 그런 것이었다.

그러나 불특정 다수에게 비밀리에 전달하기 위해 만든 것이 아니라 집회나 시위현장에서 참가자들끼리 나누어 보려고 제작한 성명서 또는 항의문 같은 것도 삐라의 범주에 든다고 할 수 있을까. 1970년대에는 나 자신도 '자유실천문인협의회' 또는 '해직교수협의회'의 이름으로 더러 성명서를 써서 금요기도회 같은 자리에서 낭독한 적이 있지만, 그것을 삐라라고 의식한 적은 없었다. 동일한 내용의 문건이라 하더라도 공식적 경로를 통해 배포되기 위해 만들었을 경우에는 삐라라고 부르지 않는 것이 보통일 것이다. 아무튼 삐라라는 말이 갖는 살벌하고 불법적인 이미지는 이제 과거의 것이 되었다.

그런데 광복절을 앞두고 『'삐라'로 듣는 해방 직후의 목소리』(2011)라는 책이 출간되었다. 며칠 전 나는 출판사의 호의로 그 책의 가제본(假製本)을 얻어서, 한동안 거기에 빠져 해방 직후의 정치상황 속을 헤매다 나왔다. 먼저 책의 제목으로 사용된 삐라의 개념에 대해 한마디 한다면, 앞에서 내가 살펴본 내용보다 이 책 제목의 것이 훨씬 광범위하다는 점을 지적할 수 있다. 왜냐하면 이 책은 1945년 8·15해방 당일부터 3년 동안 수많은 유명·무명의 기관, 단체, 정당, 개인들이 공식·비공식으로 발표한 성명서, 선언문, 호소문, 결의문, 격문, 포고문, 포스터, 표어, 전단 등 무려 443건을 수집하여 영인하고 본문을 현대문으로 번역해놓은 자료집이기 때문이다. 편저자 중의 한 분은 한국 근대문학 전공자이니 그렇다 치더라도, 다른 한 분은 현직이 광업회사 전무이사라고 되어 있어, 복잡다단한 근현대사의 이면을 탐색하는 데에 비전문가의 노고가 때로는 이렇게 중요한 기여를 할 수도 있다는 하나의 모범사례가 될 듯싶다.

내가 보기에 여기 수합된 자료들은 그동안 현대사 학자들이 축적한 연구 내용을 실물의 제시를 통해 뒷받침하는 것이 대부분이고, 내용을 뒤집거나 결정적으로 보완할 자료는 잘 보이지 않는다. 물론 나처럼 현대문학사에 관심을 가진 사람 정도가 아니라 현대사 전문가라면 더 예리하게 파고들어 자료집의 가치를 더 확실하게 판단할 수 있을 것이다. 그러나 어쨌든 대강 알고 있는 사실이라 하더라도 그때 그 자리에 있었던 문건 자체를 통해 사실을 확인하는 것은 마치 당시에 찍은 필름을 통해 직접 현장의 사건을 보는 듯한 생동감을 느끼게 한다.

흥미로운 문건들이 많지만, 우선 눈에 들어온 것은 '조선헌병대 사령부' 명의로 발표된 「내선 관민에게 고함(內鮮官民ニ告ク)」이라는 간략한 일본어

포고문이었다. 제1항은 "정전협정은 이제부터 시작되지만 지금 바로 연합군이 진주해오는 것은 절대 아니다"라고 되어 있다. 연합군에 대한 일본제국의 '무조건항복'을 감히 '정전협정'이라고 표현하고 있을 뿐더러 연합군이 당장 진주해오는 것도 절대 아님을 강조하고 있다. 누구에게? 불안에 떨고 있는 조선 내 일본인들을 안심시키고 기고만장 들떠 있는 조선인들에게 경고를 발하고 있음은 삼척동자라도 알아들을 수 있다. 다음 제2항은 "조선이 독립한다 해도 조선총독부와 조선군이 내지로 철수하기까지는 법률과 행정 모두 현재대로이다"라고 되어 있다. 다시 말하면 미군과 소련군이 한반도에 진주하기까지는 행정과 사법의 모든 권한을 여전히 일본이 쥐고 있다는 것을 조선헌병대 사령부는 당당히 선포하는 것이다.

위의 포고문과 연관지어 눈에 띄는 문건은 '임시정부 및 연합군 환영준비회' 명의의 「급고(急告)」이다. 그것은 이렇게 시작한다: "연합군 일부가 7일에 입경할 예정이던 바 천후(天候)관계로 인하여 8일로 연기되었습니다." 9월 7일로 예정되었던 미군의 서울 진입이 날씨 때문에 하루 연기되었다는 것은 처음 안 사실이다. 이어서 문건은 다음과 같이 말하고 있다: "임시적이나마 아직 경찰력이 일본인의 장중(掌中)에 있는 것을 기화로 그들은 우리를 일본 국민의 형식으로 가두 환영행렬에 참가시키고자 탄압하고 있습니다." 다시 말하면 1945년 9월 8일 현재에도 식민지체제가 온존하고 있어서, 만약 그날 미군 환영행사에 시민들이 나간다면 그것은 억울하지만 조선인의 자격이 아니라 일본 국민의 자격일 수밖에 없다는 것을 이 문건은 알려주고 있다.

미 점령군 사령관 하지 중장의 「포고 1」이 발표된 것은 인천상륙 전인 9월 2일이고 삼팔선 이남 지역에 대한 군정선포는 9월 9일이지만, 그 포고문들은 이 책에 없다. 다만 9월 29일자 발표가 있다. 그런데 나 같은 사람의 선입견을 깨는 것은 발표문이 '조선인 제군이여!'로 시작하는 국한혼용체의 것과 '告韓國民諸彦'으로 시작하는 일본문의 것 두 가지가 있다는 사실이다. 즉, 그날의 미군 사령부 포고는 조선인뿐만 아니라 일본인에게도 해당되는 것이었다. 과연 포고문 (바)항은 "경기도는 현재 미군정하에 있으며 일본인 경찰관은 차차 파면되고 그 대신 조선인 경찰관이 배치되고 있는 중인 것"이라 하여, 그제야 경찰관이 일본인에서 조선인으로 교체되고 있음을 알려주고 있다. 그러나 잊지 말아야 할 것은 이때 배치된 조선인 경찰이 대부분 일제시대 일본인 상관으로부터 훈련받은 인력이라는 점이다.

물론 8·15 직후의 정치풍경이 이렇기만 했던 것은 아니다. 비록 일제의 경찰력이 버티고 있었다 하더라도 이미 이빨 빠진 호랑이였고, 각계각층에서 각양각색의 정치적 욕구가 활화산처럼 분출하고 있었음을 이 책은 보여주고 있다. 그 분출의 시점으로부터 66년의 세월이 지난 오늘 우리는 그때의 정치적 욕구에 어떻게 대답해왔던가, 우리가 끊임없이 물어야 할 것은 바로 그것이다.

다산포럼 2011. 8. 8.

강정마을이 우리에게 뜻하는 것

지난겨울 우리 곁을 떠난 리영희 선생의 첫 저서가 『전환시대의 논리』인 것은 잘 알려진 사실이다. 책이 출판된 1974년의 시점에서 리 선생은 자기 시대를 전환의 시대로 보고 그렇게 제목을 붙인 것이다. 그 무렵 통킹만 사건을 계기로 본격화한 베트남전쟁이 막바지에 이르고 있었고, 핑퐁외교에서 시작된 미중 관계가 1972년 닉슨의 중국 방문을 거치면서 양국 간의 국교수립으로 귀결되어가고 있었다. 중국을 아직 '중공'이라는 호칭으로 불러야 했던 경직된 냉전상황에서 리영희 선생의 저서는 동아시아에서 진행되는 역사적 전환의 의미를 선구적으로 꿰뚫고 있었다.

『전환시대의 논리』보다 꼭 30년 먼저 출간된 것이 칼 폴라니의 『거대한 전환』이다. 수십 년의 실천과 사색이 결합된 심오한 이론서를 이런 정도로 언급하는 것 자체가 예의에 벗어나지만, 그럼에도 단도직입적으로 말하면 이 책은 오랫동안 평화와 번영을 누려오던 서구 자본주의체제가 20세기 들어 왜 갑자기 세계대전과 대공황과 파시즘의 대두 같은 '거대한 변형'에 빠져들게 되었는가에 대한 역사적 분석이자 대안적 가능성의 모색이라고 할 수 있다. 2002년판 발문에서 경제학자 조지프 스티글리츠가 지적한 대로 이 책은 "산업혁명 이전의 세계로부터 산업화의 시대로 넘어가는 거대한 전환, 그리고 그에 수반되는 여러 사상과 이념, 사회적·경제적 정책들의 변화를 기술하고" 있는 바, 바로 전해에 시애틀의 격렬한 반(反)세계화 시위를 목격했던 스티글리츠에게는 "마치 폴라니가 오늘의 문제에 대해 직접 발언하고 있는 것 같은 느낌"조차 주었던 것이다.

리영희 선생이 분석했던 동아시아 질서의 재편은 그 후 미국 헤게모니의 상대적인 쇠퇴와 맞물리면서 그의 예상을 훨씬 뛰어넘는 세계사적 변화를 가져왔다. 다름 아닌 거대국가 중국의 부상이다. 그런가 하면 칼 폴라니가 문제 삼았던 자본주의 근대체제의 위기는 소련식 사회주의 실험이 실패하고 뒤이어 레이건식 자유시장주의가 바닥을 드러내면서 이제 또 다른 출구를 찾지 않을 수 없는 고비에 이르고 있다. 그런데 우리가 예의 주시하고 현명하게 대처해야 할 사안은 리영희 선생과 칼 폴라니가 통찰한 이러한 '전환'들이 다른 어느 곳에서보다 우리 한반도에서 더욱 강도 높은 위험으로 표출될 수도 있다는 점이 아닐까 한다.

역사적으로 보더라도 동아시아의 국제질서는 주기적으로 변화해왔고, 그때마다 그 변화는 한반도의 지정학적 운명에 심대한 영향을 끼쳐왔다. 중국대륙에서 당(唐)·송(宋)·원(元)·명(明)·청(淸)이 흥하고 망하는 데 따라 한반도에서는 왕조교체나 외세의 침략 또는 그에 준하는 소란이 있지 않았던가. 100여 년 전의 청일전쟁·러일전쟁만 하더라도 동아시아 패권의 변동을 둘러싼 주변 강국들 간 힘의 각축에 우리 땅과 인민이 무고하게 짓밟힌 것이었고, 오늘 우리가 겪는 분단의 고통도 근원을 캐고 보면 세계정세의 변화를 옳게 읽고 주체적으로 대응하지 못했기 때문이다.

물론 중국이 꿈꾸는 '대국굴기(大國崛起)'가 아직은 실제 현실이 아니라 텔레비전 다큐멘터리의 제목에 불과할지 모른다. 막대한 재정·무역 적자에도 불구하고 미국의 경제적·군사적·기술적 우위가 여전히 압도적이라는 것은 자타가 공인하는 바이기 때문이다. 하지만 중국의 위상이 날로 달라져가고 있음도 엄연한 현실이고, 특히 한반도에 대한 중국의 영향력은 중국이 한국 제1의 교역상대로 떠오른 사실이 웅변하듯 점점 더 강화되고 있다. 어떻든 나 같은 아마추어뿐 아니라 전문가들도 지금과 같은 추세라면 금세기 안에 중국이 세계 최대의 경제강국이 되리라는 것을 의심하지 않는 것 같다. 그리고 그 경제의 힘이 경제 바깥의 다른 영역을 향해 뻗어나가리라는 것도 명확한 일이다. 따라서 이 미묘한 전환의 시대에 미국 한 나라에만 매달리지 말고 적절하게 균형과 자주성을 견지하는 것은 우리의 앞날을 위해 사활적 중요성을 갖는다고 하지 않을 수 없다.

지금까지의 거시적 관점에서 이제 제주도 강정마을로 초점을 옮겨보자. 지도를 보면 알 수 있듯이 그곳은 서귀포시에 붙은 조그만 포구이다. 수려한 구럼비 바위해안으로 인해 아름다운 풍광을 자랑하던 곳이다. 그런데 그 강정마을이 벌써 5년째 해군기지 건설을 강행하려는 당국과 거기 반대하는 마을 주민들의 싸움으로 갈등을 겪고 있으며, 마을회장 강동균 씨는 지난 8월에 구속되었다. 새삼스러운 얘기지만, 주민들이 오랜 삶의 터전을 빼앗기지 않으려고 싸움에 나서는 것은 정당하며, 정든 땅이 접근 불가의 군사기지로 변하는 데에 본능적인 거부감을 갖는 것은 너무나 당연하다. 기지 반대운동에 마을 주민뿐만 아니라 제주도 각처에서 달려온 사람들과 문정현 신부를 비롯한 많은 평화운동가들이 동참하는 것도 자연스러운 일이다. 오늘 이 한적하고 아름다운 어촌은 마치 2006년 5월에 경기도 평택의 대추리·도두리가 그러했듯이 온 세상의 주목을 받는 문제적인 장소가 되었다.

평택 미군기지 건설과 강정마을 해군기지 건설 시도가 의미하는 것은 본질적으로 상통한다. 한마디로 그것은 중국의 부상에 대한 미국의 군사적 대응이라는 측면에서만 설명될 수 있다. 강정마을 해군기지가 어떤 규모로 건설되는지 정확히 알 수는 없지만, 나로서는 노엄 촘스키 교수와 평화운동가 매트 호이가 발표한 공동호소문의 주장: "이런 군사시설을 건설하는 목적은 미국과 중국 사이에 군사적 충돌이 일어날 경우, 중국으로 병력을 투입할 수 있는 전진기지로 사용하기 위해서다"라는 주장(인터넷 〈한겨레〉 2011. 9. 30.)에 공감하지 않을 수 없다. 장차 동아시아지역에서 중국이 미국의 일방적 패권을 더 이상 방관하지 않기로 결심하는 시점, 즉 중국이 자신의 국가적 역량에 자신감을 가지게 될 어느 시점에 양국 간 무력충돌이 일어나지 말란 법은 없다. 물론 그것은 결코 일어나선 안될 악몽의 시나리오지만, 그러나 그런 최악의 경우조차 예상하여 우리의 전략적 안전을 선제적으로 확보하는 것이 정부의 마땅한 의무이다. 그런 점에서 강정마을의 해군기지 건설 반대운동은 미래 세대를 위한 일종의 안전보장운동이다.

다산포럼 2011. 10. 10.

천안함의 미로

압록강 유역의 홍수 때문에 신의주 일대가 물바다가 된 사진이 연일 뉴스에 나왔다. 그러지 않아도 굶주린 북한 동포들로서는 설상가상의 고난이 덮친 셈이다. 여야 정치인들이 북한 수재민을 돕자고 한 목소리를 내는 것은 너무나 당연하다. 그러나 정부는 천안함 사건에 대해 북한이 사과하지 않는 한 대북 쌀지원을 고려하지 않겠다고 못박고 있다.

그런데 북한의 입장에서는 굶어죽더라도 그렇게 할 수가 없다. 사과는 범행을 전제로 하는 것인데, 북한은 시종일관 천안함 침몰사건에 자기들이 무관하다고 주장해왔기 때문이다. 그들은 심지어 남북관계를 파탄내고 죄를 자기들에게 뒤집어씌우기 위해 이명박 정권이 자작극을 벌인 것이라고까지 강변하고 있다.

과거의 유사한 사건들과 마찬가지로 천안함 침몰사건의 진실은 영원히 미제로 남을 가능성이 있다. 북한의 어뢰공격으로 천안함이 격침되었다는 민관합동조사결과가 사건 두어 달 뒤에 발표되었지만, 그것은 의문을 해소하는 데 기여하기보다 더 복잡한 의문의 미로 속으로 우리를 인도하는 측면이 더 많았다. 강태호 기자가 엮은 책 『천안함을 묻는다 — 의문과 쟁점』(창비, 2010)에서 필자들은 그 점을 꼼꼼하고도 설득력 있게 분석하고 있다. 남북의 정부가 이렇게 서로 퇴로를 막고 있다면 이제 남북관계에는 더 이상 출구가 없고,

한반도를 둘러싼 동북아 정세는 다시 냉전시대로 돌아가는 것인가.

이것은 나 같은 문외한이 이런 조그만 칼럼에서 거론하기에는 너무나 심각한 주제이다. 다만 나로서는 이 사태의 본질을 짐작하기 위해 내 머리에 얼핏 떠오르는 원근법 한 가지를 상기하고 싶다.

시간을 뒤로 돌려 2003년 봄으로 가보자. 당시는 노무현 대통령의 미국 방문을 앞둔 시점이었다. 그 무렵 주요 신문의 외신면은 한반도가 '엄청난 폭풍 속으로' 진입하고 있다는 돈 오버도퍼 교수(존스 홉킨스대 국제대학원)의 우려를 일제히 보도했다. 오버도퍼는 한미관계를 주제로 한 세미나의 기조연설을 통해 "50년 동안 한국문제를 다뤄왔지만 지금처럼 걱정한 적은 없었다"면서, "지난해 7월 한국을 방문했을 때 만난 많은 젊은 세대들이 전반적으로 북한의 위협을 느끼지 못하고 있어 놀랐다"고 했다. 그는 "노무현 대통령이 이라크전 파병 결정을 통해 한미 간의 이견을 해소하기 위한 조치를 취했지만 한미 양국은 소원해지고 있다"고 지적하면서, "한미관계가 당장 와해되지는 않겠지만 동맹관계 50년 만에 곤경에 처해 있다"고 진단하고, 그 원인은 "양국 정부와 국민이 북한에 대해 서로 아주 다른 방향으로 가고 있기 때문"이라고 분석했다.

그러나 시간을 더 거슬러서 1970년대로 가보자. 당시 미국 정부는 기회 있을 때마다 박정희 정부의 강압석 동지에 우려를 표시하고 인권상황의 개선을 촉구하는 발언을 했다. 박정희가 북한의 침략야욕을 명분으로 일전불사의 태도를 과시하고 싶어할 때에도 미국은 대체로 한국 정부의 지나치게 호전적인 언동을 만류하는 듯한 논평을 내놓곤 했다. 따라서 당시 대부분의 순진한 한국 국민들은 미국에 대해 민주화운동의 후원자요 한반도 분쟁의 억지세력으로 여기고 싶은 심리를 가지고 있었다. 1980년 봄 미국을 바라보는 광주 시민들의 심정이 그런 것이었는데, 그 기대가 무참히 배반당한 것은 우리 모두의 쓰라린 경험이다.

그러므로 박정희·전두환 시대의 미국은 평화지향적이고 김대중·노무현 시대의 미국은 대결주의적이라고 보는 것은 현실에 부합하지 않는다. 누가 미국 대통령이 돼서 어떤 미사여구를 입에 올리든 미국이 실제로 노리는 것은 언제나 자신의 국가이익의 추구이고 세계패권의 유지이다. 살벌한 국제경쟁의 무대에서 냉정한 현실주의에 입각하여 대내외정책을 실행하는 것은 실상 모든 국가의 당연한 책무라고 할 수 있다.

따라서 문제는 우리 자신이다. 지난 3월 26일 이후 오늘까지 우리가 얻은 것은 무엇이고 잃은 것은 무엇인지 이념적 편견 없이 침착하게 따져보아야 한다. 언젠가 남북이 남한의 자유민주체제로 통합될 것을 염두에 두는 사람이라면 더욱이나 배타적 종미주의(從美主義)를 극복해야 한다. 무엇보다 현 시점에서 긴급한 것은 북한 주민들의 주린 배를 채우고 마음을 어루만지는 일에 남쪽 동포들이 앞장서는 것이다. 그것만이 천안함의 미로에서 벗어나는 길이다.

교수신문 2010. 8. 30.

명실(名實)이 어긋난 시대에

한 해를 마감하기에 바쁜 요즈음 법조계로부터 한 가지 기쁜 소식과 다른 한 가지 가슴 아픈 소식이 동시에 전해져 착잡한 마음을 금치 못하게 한다.

기쁜 소식이란 1970년대 박정희 정권 당시에 서슬 퍼렇게 시민들을 떨게 했던 '긴급조치 1호'가 36년의 세월이 지난 오늘 마침내 대법원 전원회의에서 위헌판결을 받았다는 것이다. 그 당시 문인 64명은 장준하 선생이 시작한 유신헌법 개정운동에 호응하여 개헌청원 지지성명을 발표했는데, 바로 다음날 기다렸다는 듯이 '긴급조치 1호'가 발동되었다. 그 긴박했던 날들을 생생하게 기억하고 있는 사람으로서 나는 이번의 위헌판결이 어떤 실효를 행사하게 될지를 떠나 남다른 감회를 금할 수 없다.

그러나 잘못된 역사의 매듭 하나가 이렇게 풀리는 듯할 때, 이번에는 한국 사법사의 오욕이 될지 모르는 또 다른 판결 하나가 가까워지고 있다는 소식이 들린다. 작년 1년여 동안 용산철거민 참사문제의 해결을 위해 헌신적으로 일했고 그 때문에 오랜 수배생활과 잠시의 영어생활까지 겪었던 인권운동가 박래군 씨와 이종회 씨에게 각각 징역 5년과 4년의 중형이 구형되었다는 소식이 그것이다. 너무나 뜻밖이고 충격적이다.

알다시피 박래군 씨와 이종회 씨는 우리 사회가 알아주는 인권운동가들이다. 그들은 참사 후 1년여 동안 철거민들의 주검이 안치된 순천향대병원

영안실과 명동성당에서 감옥 아닌 감옥 생활을 했고, 그러느라 소위 불법시위나 집회에는 참석조차 할 수 없었다. 그들은 용산참사를 안타깝게 생각하는 모든 사람들을 대표해, 더 정직하게 말하면 시민사회의 여론에 떠밀려서 시대의 십자가를 메었던 우리 시대의 의인들이라고 할 수 있다. 대통령을 대신해 국무총리가 국민들에게 '유감'과 '위로'를 전하고 서울시가 공식 중재에 나서서 꼭 1년 만에 장례식을 치름으로써 절반의 해결에 이를 수 있었던 것은 어떤 의미에서 그들의 공로이다. 그렇기에 우리 사회는 박래군 씨와 이종회 씨에게 '5·18인권상'과 'NCC인권상', '2010 세상을 밝게 만든 사람들' 등의 상을 수여하지 않았겠는가.

생각해보면 작년 용산철거민 참사는 우리 사회의 심층적 균열을 보여주는 아픔이었다. 용산참사의 근본원인은 단순히 발화의 직접적 계기가 어디 있었느냐를 따지는 것과는 전혀 차원을 달리하는 우리 사회의 양극화 구조의 문제이다. 전국 600여 군데에서 자행되는 무분별하고 무자비한 투기 개발이 재개발·재건축의 이름으로 거듭해서 서민들의 생활터전을 파괴하는 한, 참사는 언제 어디서든 다시 일어날 개연성을 가지고 있다. 많은 뜻있는 분들의 주장대로 철거민들은 결코 무슨 '테러리스트'나 '개발이익에 눈먼 이익집단'이 아니라 20년, 30년간 우리 주위에서 생업에 종사해오던 평범한 이웃들이었다. 다만 그들은 옮겨갈 집도 비축해놓은 재산도 없었기에 결사적으로 자기들 삶의 터전을 지키고자 했던 것뿐이다.

이처럼 평범한 서민들의 생존의 문제이기 때문에 종교계와 문화예술계를 비롯한 전체 시민사회가 참사의 아픔에 동참해 나섰고, 또 그렇기 때문에 박래군·이종회 같은 인권운동가들은 이 문제를 자기 본래의 업무로 받아들이고 여기에 헌신했을 것이다. 그런데 제도권 법정은 어떻게 대응했던가.

작년 내내 용산 구속자 석방을 촉구하는 각종 모임이 계속되고 8월에는 25만 명의 탄원서가 제출되었음에도 불구하고 금년 2월의 항소심 재판부 교체라는 우여곡절을 거친 끝에 지난 11월 11일 대법원은 이충연 철거민대책위원장 등 7명에게 4~5년 징역형을 확정했다. 그리고 이제 그 철거민들의 인권과 사회적 권리를 위해 헌신했다는 이유로 이 시대의 의인들은 현실의 법정에 서서 판결을 기다리고 있는 것이다.

재개발·재건축을 비롯한 모든 사회문제에는 어느 나라, 어느 곳에서나 당연히 날카로운 이해의 충돌이 따르게 마련이다. 그런데 지금 우리나라에서는 이익과 손해가 갈라지는 경계선이 사회의 모든 층위에서 국가를 '두 개의 국민'으로 분할하고 있다. 이때 결정적인 것은 정부와 사법부와 언론이 공정한 중립의 위치에 서야 한다는 점이다. 대통령이 말하는 '친서민' '공정성' 같은 낱말이 국민을 속이기 위한 일시적 구호가 아니라 진정으로 명실(名實)이 일치하는 내용을 가질 때만이 우리의 살길이 열린다.

다산포럼 2010. 12. 20.

이성적인 것의 힘 또는 힘없음

"이성적인 것은 현실적이며, 현실적인 것은 이성적이다"라는 명제는 제법 잘 알려진 편이다. 하지만 이 명제를 제대로 이해하는 것은 쉽지 않은 일이다. 칸트를 거쳐 헤겔에 이르는 독일 관념철학의 거봉들을 뒷동산 산책하듯 준비 없이 오를 수는 없기 때문이다.

그러나 헤겔 『법철학』 서문에 나오는 이 구절의 실감이 우리에게 절실하게 다가오지 않는 것은 무엇보다 우리가 헤겔과 다른 시대를 살고 있기 때문이다. 알다시피 헤겔은 우리 나이로 약관 스무 살에 이웃 프랑스에서 대혁명이 폭발하는 것을 보았고, 장년 시절에는 나폴레옹의 집권과 몰락을 경험했으며, 일생 동안 귀족계급에서 시민계급으로 역사의 주역이 교체되는 과정을 살았다. 그의 시대가 오늘날 못지않은 격변의 시대였던 셈인데, 그러나 문제는 헤겔이 그 격변 속에서 혼돈과 비이성의 준동을 목격한 것이 아니라 반대로 격변을 관통하는 이성의 자기실현을 발견한 데에 있다. 현실세계에 대한 인간이성의 통제 가능성을 신뢰한다는 점에서 계몽의 프로젝트는 헤겔에 이르러 확고한 철학적 뒷받침을 얻었다고 할 수 있을 것이다.

물론 어느 시대에나 관찰자의 사회적 위치에 따라 사물은 다른 모습으로 보이게 마련이다. 이성과 현실의 상호규정성에 대한 헤겔의 정의가 서로 상반된 해석을 낳은 것은 그러므로 조금도 이상한 일이 아니다. 가령, 헤겔의 명제에서 "이성적인 것은 현실적이며"를 강조하면 이성의 법칙에 따라 현실의 변혁을 추구하는 혁명적 입장에 가까워졌고, 반대로 "현실적인 것은 이성적이다"를 중시하면 당면한 현실의 합법칙성을 주장하는 보수주의의 논리로 되었던 것이다. 그리하여 헤겔의 교의를 어떻게 해석하느냐에 따라 헤겔학파 자신이 좌우로 분열되었다.

생각건대 지난 한 세기의 역사는 좌우파 어느 쪽에게든 이성이라는 잣대를 가지고 현실에 접근하는 것을 불가능하게 또는 무의미하게 만들어버리는 과정이었던 것 같다. 20세기 최대의 재앙은 아마 히틀러 정권의 등장일 것이다. 그런데 놀라운 것은 스페인의 프랑코가 피비린내 나는 내전을 통해 민주주의를 학살하고 40년 독재정권을 수립한 데 비해, 히틀러는 민주적 절차를 거쳐 집권했고 독일 국민의 지지하에 끔찍한 만행을 저질렀다는 사실이다. 그러므로 제2차 세계대전 이후 역사가들을 괴롭힌 난제는 칸트와 괴테를 배출한 문화국가에서 어떻게 히틀러와 같은 야만적 불가사의가 돌출할 수 있었는지를 합리적으로 설명하는 일이었다. 헤겔의 말대로 현실적인 것이 이성적이라면, 히틀러의 독일에 의해 자행된 대규모적 파괴와 잔인한 학살의 현실은 어떤 이성의 간계라고 풀이할 것인가가 문제일 수밖에 없었다.

히틀러의 경우에 비해 스탈린의 야만성은 좀더 이성적인 무늬들로 덧씌워져 있다. 스딸린의 잔혹한 통치와 무지비한 숙청 자체를 부인하는 사람은 없다. 그럼에도 불구하고 제국주의세력의 엄중한 포위로부터 사회주의 혁명을 지키기 위해서는 스탈린체제가 불가피했다는 설명도 오랫동안 일정한 설득력을 지녔던 것이 사실이다. 그러나 트로츠키와 부하린을 비롯한 수많은 혁명동지들을 악착같이 살해하고 인민의 자유와 창의성을 극도로 제약한 스탈린의 통치는 혁명의 보위가 아니라 혁명의 파괴였음이 점점 분명해졌고, 1991년 소련의 해체가 복합적인 과정의 최종적 산물이라 하더라도 무엇보다 스탈린에 의한 혁명의 왜곡이 가장 중요한 요인임을 부정할 수 없게 되었다. 최근 우리말로 번역된 리처드 오버리(Richard Overy)라는 영국 사학자의 저서 『독재자들』은 가장 적대적이면서도 동질적이었던 두 인물, 히틀러와 스탈린의 권력작동의 메커니즘을 추적한 정치적 전기이다.

우리가 이성적인 것의 현실적인 무력 앞에 한없는 곤혹을 느끼는 것은 그러나 이와 같은 거대역사에서만이 아니다. 오히려 우리는 매일매일 비근한 생활현실에서 끊임없이 되풀이되는 이성의 패배를 목격한다. 지난 1년 동안 이 나라의 정치현실에서 일어난 사건들은 현실적인 것의 우위를 믿는 개방적 보수주의자와 이성적인 것의 실현을 추구하는 합리적 진보주의자들 모두의 지적(知的) 해석능력에 치명적 손상을 입혔다고 여겨진다. 그 점을 가장 신랄하게 보여준 최근의 사건은 아마 용산참사일 것이다. 짐작하건대 이 사건의 출발점에는 세입자 · 재개발조합 · 시행사 · 용역업체 등의 상반된 이해관계가 맞물려 있고, 그 배후에는 서울시와 정부가 있을 것이다. 금력과 권력을 등에 업은 여러 강자들 가운데 오직 세입자만이 곤핍한 생존권을 지키기 위해 고립무원의 싸움을 해야 했다. 그런데 공정한 중재자여야 할 이 나라의 국가권력은 생존권을 지키기 위해 싸우다 불의의 사고로 죽은 사람들의 영혼을 위로하고 달래주지는 못할망정 그들을 테러리스트로 모함하고 살아 있는 아들마저 구속하고 있다. 참으로 기가 막힌 일이다. 군사독재 시절에도 이렇게까지 무도하지는 않지 않았던가. 모욕당한 이성의 복권을 위해 힘과 지혜를 모을 때다.

판전(板殿), 2009. 3월호

노무현의 삶이 이룬 것과
그의 죽음이 남긴 것

   노무현 전 대통령의 갑작스런 서거에 온 국민이 커다란 충격을 받고 깊은 슬픔에 잠긴 것은 너무나 당연한 반응이다. 식민지시대와 분단시대를 살아오는 동안 수많은 참극을 보고 듣고 겪은 것이 우리 국민들이지만, 1년 3개월 전까지 국가원수의 자리에 있던 분이 스스로 목숨을 끊으리라고는 차마 아무도 상상하지 못했기 때문이다. 하지만 막상 일이 이렇게 되고 보니, 최소한의 자존심마저 유린당할 백척간두의 위기에 처하여 그가 다른 어떤 선택도 할 수 없었던 데에 아픈 공감이 간다. 투박하고 격정적인 평소의 말투와 달리 간결하고 정제된 문어로 쓰여진 그의 유서는 결심에 이르는 과정이 거의 종교적인 고뇌의 시간이었음을 말해준다.

   다들 알다시피 노무현의 삶은 역경 속에서 시작되었다. 빈농의 아들로 태어나 상업고등학교를 마친 것이 학력의 전부라는 사실이 그것을 입증한다. 하지만 그는 어려움을 딛고 일어나 고향 가까운 도시에서 유능한 변호사가 되었다. 그가 변호사로 편안하게 사는 길을 택했다면 그의 인생행로는 평범한 성공담의 하나가 되었을 것이고, 빈약한 학벌은 도리어 성공을 빛내는 후광이 되었을 것이다. 그러나 1981년 9월 소위 '부림(釜林)사건*'의 변론을 맡으면서 그는 인권·정의·민주주의 같은 보편적 가치들과 연관된 활동에 발을 들여놓게 된다. 이것이 결정적인 전기였다. 이 사건의 변론 수임을 계기로 결국 그는 우리 시대의 정치적 억압과 사회적 불의에 도전하는 가시밭길로 뛰어들게 된다.

후일 노무현은 『여보, 나 좀 도와줘』(1994)라는 자전적인 책에서, 자신이 부림사건 때 법정에서 학생들의 고문사실을 폭로하고 그로 인해 검사의 협박을 받지만 더욱 열렬하게 변론투쟁을 벌여나가게 된 일을 이렇게 회고하고 있다.

> "전두환 장군이 대통령 된 이후 어떻게 권력을 유지해나가는지 알기나 하시오? 지금 부산에서 변호사 한두 명이 죽었다고 해서 그게 무슨 대단한 일이 될 줄 아시오?" 검사의 그 협박은 오히려 나의 투지에 불을 붙여놓았다. 그 일 이후 나는 감정적으로 굉장히 격앙된 상태에서 일을 진행했다. 대단히 정열적으로 사건에 매달렸다. 법정에서도 사사건건 싸웠다.

아마 여기에는 노무현의 생애를 관통하는 정신과 태도가 압축되어 있을 것이다. 그는 검찰권력의 협박에 위축되기는커녕 오히려 더욱 투지를 불태웠고, 출세의 유혹 앞에서도 소신을 버리지 않았다. 옳다고 믿는 것을 향해 물불 안 가리고 돌진하는 외곬의 열정은 그를 국회에서 '청문회 스타'로 만들기도 했지만, 거꾸로 정치판의 주류에서 밀어내고 여러 차례 선거에서 패

---

* 부산의 학림사건이라는 의미에서 부림(釜林)이라는 명칭이 붙여졌다. 신군부 정권 초기인 1981년 9월 공안 당국이 사회과학 독서모임을 하던 학생과 교사, 회사원 등 22명을 영장 없이 체포해 불법 감금하고 고문해 기소한 사건. 당시 김광일, 문재인 변호사와 함께 변론을 맡았던 노무현 전 대통령은 이 사건을 계기로 인권변호사의 길을 걷게 됐다.

배하게 만들기도 했다.

  인권변호사로서 정계에 투신한 것을 계기로 이제 그의 모든 개인적 조건들은 그가 처절하게 싸워서 극복해야 할 장애가 되었다. 그의 고졸 학력은 학벌사회의 강고한 장벽에 번번이 부딪쳤고, 그가 속한 지역적 기반은 지역맹주의 불의한 선택과 정면으로 충돌했으며, 그의 언행에 일관되게 표출된 남다른 정의감은 그를 기득권세력의 증오의 표적으로 만들었다. 그러나 그는 타협하거나 굴복하는 대신 고집스럽게 '바보'의 노선을 택했다. 하지만 이 바보스러움은 사람들 가슴에 하나둘 전해져 점점 더 커다란 반향을 일으켜나갔다. 눈에 보이지 않게 이어진 이 감동의 연대가 노무현의 정치적 자산이자 유일한 무기였다. 이 무기를 가지고 그가 극적인 과정을 거쳐 마침내 대통령에 선출된 것은 그 자체가 우리 현대사의 살아 있는 신화였다.

  그러나 현실세계에서 대통령직을 수행하는 것은 개인적으로 이상을 추구하는 것과는 아주 다르다. 거기에는 당연히 막중한 공적 책임이 따르며, 수많은 사회집단들의 상반된 이해관계를 조정하여 앞으로 끌고나가는 통합적 리더십이 필요하다. 그런 점에서 대통령 노무현의 업적을 평가하는 것은 이 칼럼의 한계를 넘는 역사의 몫이다.

  물론 사람마다 그를 기억하는 방식에 큰 편차가 있으리라는 것은 쉽게 짐작이 된다. 아마 한 가지 분명한 사실은 국정의 최고책임자가 되어 발견하 냉엄한 현실이 재야운동가 시절의 소박한 인식과 일치하지 않는 수가 많았다는 점일 것이다. 자신의 정책방향을 '좌파 신자유주의'라는 형용모순적 개념으로 표현한 것은 어쩌면 현실정치인 노무현의 이러한 딜레마를 나타낸 것인지도 모른다. 요컨대 그는 '준비된 대통령'이라 하기에는 어설픈 구석이 많았다. 예컨대, 때를 놓친 규제의 연발 때문에 오히려 집값·땅값이 뛰어 많은 국민들로 하여금 '경제 살리기'란 구호의 사술(詐術)에 속아 넘어갈 빌미를 만든 것은 그 자신의 죽음과 연관해서 보더라도 안타까운 일이다. 임기를 마칠 무렵 그는 "부동산 빼고는 꿇릴 게 없는데……"라고 자평했지만, 그것 말고도 따져볼 사안은 적지 않을 것이다.

그러나 이런 논란의 여지에도 불구하고 그는 최고위 자리에 있을 때조차 권위주의의 타파에 앞장섰고, 보수신문의 표독한 공격에 끊임없이 시달리면서도 언론자유를 존중했다. 무엇보다도 그는 가식 없는 인간, 그 자신 소탈한 서민의 한 사람으로서 서민들의 자발적 사랑을 이끌어낼 수 있는 유일한 대통령이었다. 전국 방방곡곡을 덮은 끝없는 애도행렬이 이를 말해주지 않는가.

고통과 무력감 속에서 극단적 최후를 선택하도록 강제한 근원이 이명박 정부의 정치보복에 있음은 두말할 나위가 없다. 정권의 도덕적 기반이 워낙 취약하기에 전임자에 대한 단순한 예의조차 고려할 여유를 가질 수 없었다는 사실이 드러난 것이다. 그러나 노무현의 죽음이 남긴 교훈이 보복의 악순환이 아니라는 것은 명백하다. "누구도 원망하지 마라"는 유서의 한 마디가 깊은 울림을 갖는 것은 그것이 현실적 차원과 현실초월적 차원을 동시에 함축하기 때문이다. 역사의 발전과 민주주의의 수호에 자신의 죽음이 소신공양(燒身供養)으로 바쳐질 것을 그의 무의식은 소망했을 것이라 믿어도 좋다.

따라서 그의 죽음을 헛되지 않게 하려면 반드시 이명박 정부에 대한 민주적 제어장치가 제대로 작동할 수 있도록 망가진 부분을 손질해야 한다. 그것은 "나라의 거버넌스** 체계를 다시 짜는 일"(백낙청)을 포함하여, 장기적

** 공공행정의 새로운 패러다임으로서 종래의 전통적인 관료제 방식(Bureaucracy)인 계층제적 통제에 의한 일방적 통치가 아니라 분권화와 민영화, 시장화 등에 의하여 정부와 국민을 동반자적 관계로 보고 국민의 복지 증진, 질서 유지를 위한 방향키의 역할을 정부의 주된 임무로 인식하는 것.

으로는 편중된 부(富)의 합리적 재분배에 사회의 각 주체들이 정치적으로 원만하게 합의하는 일을 지향해야 한다. 그러나 지금 정권의 태도로 보아서는 어느 것 하나 기대하기 어려운 실정이다. 가령, 용산참사가 일어난 지 120일이 지났음에도 정부는 한마디 사과는커녕 고인의 가족을 잡아가고 경찰병력으로 현장을 봉쇄하는 것 이외에 아무런 대책도 내놓지 않고 있는데, 이러한 상황을 감안하면 중장기적인 과제를 위해서라도 우선 당장은 심폐소생술 같은 충격요법으로 이 정권의 의식마비를 깨우는 일이 시급하지 않은가 싶어진다.

이 글을 마치려는 지금 노무현 전 대통령의 분향소를 찾은 누적 추모객이 300만을 넘어설 것이라 보도한다.★ 시청 앞 광장을 차벽으로 둘러싸는 것 같은 무지한 만행에도 불구하고 이렇게 많은 인파가 전국 각지의 분향소를 향하고 있다는 사실은 잠재된 희망의 증거이다. 정부도 시민사회도 그 희망을 현실화하는 일에 주저하지 말아야 한다.

창비주간논평 2009. 5. 27.

★ 이 글을 쓴 것은 노무현 전 대통령 장례기간 중인 2009년 5월 25일인데, 최종 집계된 추모인파는 대략 500만 명이라고 한다.

스스로를 잠식하는 민주주의

어제 바깥에 나가 보니 거리의 담벼락에 국회의원 입후보자들의 선거벽보가 여기저기 나붙어 있다. 오늘은 아침부터 마이크를 단 자동차가 왕왕거리며 지나가는 소리가 들린다. 조금 전에는 동네 어귀를 걸어가는데, 똑같은 색깔의 제복을 입은 아주머니들이 일제히 "기호 몇 번 아무개 후보, 부탁합니다!"라며 머리를 조아린다. 신문과 방송들도 총선관련 보도에 열을 올리고 있다. 바야흐로 선거의 계절이 닥쳤음을 실감하게 된다.

그러나 나는 이 선거가 도무지 마땅치 않다. 글을 쓰고 있는 지금은 아직 투표일이 열흘 가까이 남았지만, 글이 책으로 인쇄되어 나올 무렵에는 아마 선거결과가 드러난 뒤일 것이다. 그러니 마음놓고 얘기할 수 있을 것 같은데, 나는 이번 선거과정을 지켜보면서 소위 선거라는 것이 민주주의의 구현에 도대체 어떤 의미를 갖는 것인가 하는 아주 기초적인 문제에 대해 회의를 갖게 되었다. 선거는 선택이라는 것이 우리의 상식이다. 무엇을 선택하는가. 미래를 선택하는 것이다. 그런데 우리의 경우 선거를 하면 할수록 정치가 민주주의의 본질에서 점점 더 멀어지는 건 아닌지 의구심이 든다.

돌이켜보면 내가 선거라는 정치행사를 처음 피부로 느낀 것은 1960년에 치러진 7·29총선 때였다. 4·19혁명으로 이승만 정권이 쓰러진 뒤 허정(許政)* 과도정부하에서 치러진 선거였다. 자유당 시절의 관권·부정선거에 길들여진 국민들로서는 과분할 만큼 자유로운 선거였다. 혁명 직후의 흥분과 자부심에 들떠 있던 대학생들은 방학을 맞자마자 전국 각지로, 특히 농촌으로 내려가 조직적인 선거계몽활동을 벌였다. 대학 초년생이었던 나도 거기에 자원을 했다. 두 사람이 한 조(組)가 되어 시골 마을을 돌아다니며 김매기가 한창인 농부들을 땡볕 아래 모아놓고, 지금 생각하면 참 낯뜨거운 일이지만, 우쭐해서 계몽연설을 했다.

1960년이라면 우리나라에 선거제도가 도입된 지 겨우 12년밖에 안된 시점이다. 그리고 그것은 한 건방진 외신기자가 한국에서 민주주의를 기대하는 것은 쓰레기통에서 장미꽃이 피기를 기다리는 것과 같다는 모욕적인 언사를 내뱉은 지 얼마 안되는 시점이다. 그로부터 적잖은 세월이 흘러, 이제 한국의 선거문화는 우여곡절을 거치면서도 어언 60년의 연륜을 쌓았고, 뿐만 아니라 한국은 언필칭 민주화와 산업화를 아울러 달성한 모범사례로 거론되고 있다. 미상불 발전한 것은 사실이다. 그러나 외형적 발전에 상응하는 내용적 전진이 우리의 삶 안에서 이루어졌는지 나로서는 의문이다.

거듭 말하지만 선거는 미래를 선택하는 정치행사이다. 따라서 선거가 선거다워지려면 국가의 현안들이 충분히 쟁점화되어 국민들이 투표를 통해 선택하는 것이 무엇인지 제대로 알아야 한다. 오늘날 우리가 부딪치고 있는 문제들이 한두 가지가 아니라는 것은 누구나 실감하고 있다. 점점 심화되는 소득과 자산의 양극화! 이명박 정부의 출범을 계기로 우리는 이 나라의 소위 상류 지배계층이 그동안 무슨 짓을 하면서 어떻게 살아왔는지 다시 한번 똑똑히 목격하였다. 국회의원 출마자들이건 고위관료들이건 그들이 입버릇처

＊ 정치가. 3·1 운동에 참가한 후에 중국으로 망명하여 대한민국 임시정부에 참여하였다. 광복 후에 3·15 부정선거의 책임을 지고 사퇴한 이승만 대통령을 이어 과도내각 수반을 지냈다.

럼 되뇌는 '경제 살리기'란 잘 들여다보면 '서민들 경제 살리기'가 아니라 다만 '자신들의 호주머니 부풀리기'인 수가 많다. 문제는 그럼에도 불구하고 이런 사실이 은폐되어 선거의 쟁점으로 부각되지 못하고 있다는 점이다.

이명박 정부와 집권당은 한미동맹을 강화하고 북한에 끌려다니는 정책을 그만두겠다고 한다. 북한이건 미국이건 또 중국이건 일본이건 어느 다른 나라에 끌려다니지 않는 것은 주권국가로서 너무나 당연하다. 그러나 남북관계는 국가 간 관계의 측면도 있지만 그와 더불어 민족내부적 관계라는 측면도 있다. 이 시점에서 성급하게 통일을 추진하는 정책은 비현실적이고 어떤 면에서는 위험하기까지 하다고 볼 수 있다. 반면에 냉전시대의 적대관계로 돌아가는 것도 마찬가지로 비현실적이고 위험하다. 그런 점에서 6·15선언은 역사적이다. 그것은 간단히 말해서 통일을 좀 뒤로 미루고 우선 남북의 공존과 협력관계에 기초한 평화를 이룩하자는 것이다. 그런데 이명박 정부는 이러한 합의를 전면적으로 파기하고 다시 1980년대 이전으로 돌아가고 있다. 이것이 바른 방향인지 아닌지, 국민이 원하는 미래에 합치되는지 아닌지를 물을 수 있는 기회가 바로 총선 아닌가.

더욱 어처구니없는 것은 한반도 대운하사업 같은 중대한 안건을 선거공약에서 빼버리고 나서 그것을 쟁점화하는 야당들을 향해 정치공세 하지 말라고 하는 점이다. 치열한 정치공방이 합법적으로 허용되는, 허용된다기보다 장려되는 공간이 다름 아닌 선거무대이다. 국가의 미래와 민족의 운명이 걸린 중대사안을 정치권에서 토론하지 못한다면 어디서 하란 말인가. 대학교수들이 나서고 스님들이 나서란 말인가. 운하사업을 통해 막대한 이익을 챙기려는 해당 지역의 토호와 투기꾼들, 건설업자들, 그리고 그 주변의 부패관료와 정치꾼들을 제외하면 대다수 국민들은 한반도 대운하사업이 후손들의 미래에 치명적 결과를 초래할지 모른다는 것을 막연하게나마 느끼고 있다. 그럼에도 불구하고 투표가 곧 운하사업에 대한 찬성 또는 반대의 의사표시로 연결되어 있지 못한 것이 오늘의 정치현실이다.

후일의 역사에 가장 희극적인 에피소드로 기록될 이번 총선의 부산물은 이른바 친박연대라는 것일 게다. 특정인에 대한 어느 지역 민심의 무조건적 편향은 그 자체가 해당 지역의 정치적 후진성을 입증하는 것이라고밖에 여겨지지 않는다. 물론 김대중, 이회창, 박근혜 같은 사람들을 동렬에 놓고 논할 수는 없다. 그들은 정치적 이력이 다르고 민족사에 대한 경륜이 다르며 이 나라의 민주주의를 위해 치른 희생의 값이 다르다. 그러나 그것과는 별개로, 명색 정치가라고 자처하는 사람들이 자신들이 추구해오던 이념이고 정책이고를 떠나 특정인의 인기 또는 카리스마에 편승하여 국회의원이 되겠다고 나서는 짓은 그야말로 가소롭고 가증스럽다. 작년 말 파키스탄의 야당 지도자 베나지르 부토가 암살되었을 때조차 그녀를 따르던 정치가들이 부토연대를 결성했다는 소식을 나는 듣지 못했다. 군사독재와 경제혼란에서 벗어나지 못한 파키스탄보다 우리가 과연 정치선진국이라 말할 수 있는지 의심스러운 이유이다.

오늘의 젊은 세대들은 상상하기 어렵겠지만, 과거 1950년대의 이승만 독재 시절에는 선거 때마다 공공연한 관권개입이 자행되었고, 심지어 대리투표나 환표(換票) 같은 노골적인 부정도 서슴없이 저질러졌다. 그러나 이것은 뒤집어보면 부정한 방법을 동원하지 않고서는 정권을 유지할 수 없을 만큼 당시 국민들의 정치의식이 예각화되어 있었음을 반증한다고 볼 수 있다. 앞서 4·19 직후의 총선 때 농촌에서 선거계몽활동에 참가했었다고 얘기했지만, 그때 내가 김매는 농부들에게서 느낀 것은 놀랄 만큼 통렬한 비판 정신이었다. 다만 오랜 세월 억압되어왔기에 좀체 겉으로 드러나지 않았을 뿐이다.

 이제 이승만 시대와 같은 부정선거·관권선거는 자취를 감춘 것이 사실이다. 그 점에서 우리의 민주주의는 적어도 형식적 면에서는 한 차원 전진했다고 말할 수 있다. 그러나 국민들의 정치의식이 반세기 전보다 더 발전했는가 묻는다면 나는 선뜻 그렇다고 대답하지 못하겠다. 아니, 어떤 점에서는 퇴보했다는 것이 솔직한 내 심정이다. 주류언론과 대형종교, 대자본과 부패권력으로 형성된 강고한 기득권 연합은 이 나라의 물질적 부와 물리적 힘을 독점하고 있을 뿐만 아니라 독점에 대한 국민들의 의식과 무의식을 조종하고 있다. 그것도 민주주의의 이름으로! 그러므로 지금 이 나라에서 언론자유는 그 자신의 기능을 통해 언론의 본질을 왜곡하고 있으며, 민주주의는 그 자신의 형식적 절차를 통해 바로 민주주의의 실체를 잠식하고 있다. 그 모든 것을 추동하는 힘의 원천은 돈이다. 선거놀음도 돈의 힘이 자기를 관철하는 축제의 하나가 되었다. 우리는 지금 밤하늘에 명멸하는 돈의 불꽃놀이를 보고 있다.

사람의문학 2008. 여름호

탈락의 추억

주류언론들의 외면에도 불구하고 '석궁 테러'로 명명된 김명호 교수 사건은 우리가 지금 어떤 종류의 사회에 살고 있는지, 그리고 이런 사회에서 지식인의 처신은 어떠해야 하는지에 관한 근본적 질문으로서 우리 모두를 양심의 시험대 위에 세우고 있다. 나는 『다산포럼』 249호(2007. 1. 18.)에 발표된 정지창 교수의 글에 전적으로 공감하면서, 다만 사안의 중대성에 비추어 더 많은 사람들이 다른 각도에서도 이 사건을 조명해볼 필요가 있다고 생각하여, 내 소회의 일단을 피력하려고 한다.

알려진 대로 사건의 발단은 1995년 1월 성균관대 입시 본고사 채점 시 김명호 교수가 수학문제의 오류를 지적한 것이었다. 그 수학문제가 오류인지 아닌지, 또 어느 수준의 것인지 나 같은 사람은 조금도 판별할 능력이 없다. 그러나 공공연하게 오류가 아니라고 주장하는 사람이 없는 것으로 보아, 그리고 국내 수학교수 189명이 김 교수의 이의제기를 지지했고 국제적인 외국 학술지들도 김 교수를 옹호한 것으로 미루어 그 수학문제가 오류임은 분명한 것 같다. 그런데도 문제를 잘못 출제한 교수는 아무런 문책도 받았다는 소식이 없는 가운데, 정작 오류를 지적한 김 교수는 이듬해 '해교행위' '연구실적 부진' 등 수긍하기 어려운 이유로 재임용에서 탈락하여 교수직을 잃고 말았다.

여기까지가 사건의 제1막이다. 돌이켜보면 박정희 정권이 관계법령의 개정을 통해 교수재임용제를 공식적으로 대학사회에 도입한 것은 1975년이다. 정부가 둘러대는 명분이야 뭔가 있었지만, 진짜 목적이 지식인들의 유신체제 비판을 억압하고 교수들의 언로를 봉쇄하기 위해서였음은 누구나 짐작하고 있었다. 당시 서울의 어느 대학에 재직하고 있던 나는 그해 12월초 무슨 일로 남산(중앙정보부) 지하실에 잡혀가 1주일쯤 조사를 받았다. 풀려나는 자리에서 담당 과장(?)은 나에게 그동안 고생시켜서 미안했노라고 말한 다음, "당신 재임용은 염려 마시오"라는 망외의 언질까지 건넸다. 중앙정보부 직원에게 사립대학 교수의 재임용 문제를 거론할 자격이 있는지 없는지 따지지 못한 것은 물론이고, 순진했던 나는 그때 그 말이 바로 나에 대한 재임용 탈락통고임도 미처 깨닫지 못했다. 그로부터 겨우 한 달쯤 지난 1976년 1월, 그러니까 꼭 31년 전 이맘때, 내 앞에 마주앉은 교무처장은 아주 괴로운 표정으로 나의 구명을 위해 문교부 관리를 만난 사실까지 털어놓으면서, 나의 탈락이 문교부로서도 어쩔 수 없는 더 강력한 곳으로부터의 지시임을 암시했다.

이때 재임용에서 탈락한 교수는 국립대에서 212명, 사립대에서 104명, 총 316명이라고 한다. 엄청나게 많은 숫자인데, 그래도 정치적인 이유로 쫓겨난 것은 20여 명 정도였던 것으로 기억한다. 1978년 4월 '해직교수협의회'라는 단체를 만들었을 때 김동길(연세대), 김병걸(경기공전), 김윤수(이화여대), 노명식(경희대), 문동환(한신대), 백낙청(서울대), 서남동(연세대), 성내운(연세대), 이문영(고려대), 염무웅(덕성여대) 등 20여 명의 전직 교수들이 모였던 것이다. 웃기는 것은 강원도 원주의 S대학으로서, 이 대학은 거의 전 교수를 탈락시킴으로써 세상을 놀라게 했다. 사실인지 모르겠으나, 당시 문교부 관리가 대학 책임자를 만나 일부 교수는 구제하라고 설득했다는 설이 있다. S대학의 처사는 그러지 않아도 의혹에 싸인 교수재임용제를 더욱 희화화한다는 것이었다.

1980년대 초 신군부 집권과정에서 다시 한번 해직의 광풍이 대학을 강타하고 난 다음 이제 교수재임용문제는 정권의 손을 떠나 사학재단으로 넘어갔다. 지난 사반세기 동안 수많은 해직교수들이 부당한 재임용 탈락에 대항해 법적·행정적으로 싸웠지만, 복직에 성공한 것은 10% 미만이다. 지난날 정권에 밉보여 쫓겨난 교수들이 4년간의 해직 후에 대체로 복직이 허용된 것을 상기하면, 교수들의 밥줄을 움켜쥔 사학재단의 힘은 정치권력의 그것보다 더 집요하고 심층적이며 영속적이다. 수학처럼 참과 오류가 명백하게 갈라지는 문제에 대해서조차 학회가 입을 다물고 있어야 할 만큼 사학재단은 막강한 권력의 소유자이고 공포의 대상이다. 그렇기에 고 이수인(李壽仁) 의원은 일부 사학재단과 그 배후세력을 싸잡아 '교육 마피아'라고 부르지 않았던가.

몇 해 전 헌법재판소는 사립학교법상 교수재임용제도가 '헌법 불합치'라는 적극적인 결정을 내린 바 있다.(2003. 2. 27.) 그리고 헌재의 이런 결정에 부응하여 국회는 '대학교원 기간임용제 탈락자 구제를 위한 특별법'이라는 명칭의 법을 통과시켰다.(2005. 7. 13.) 이 법에 따라 교원소청심사 특별위원회가 구성되었고, 그 결과 289명의 탈락교수들이 재심을 청구, 그중 117명이 탈락의 부당성을 인정받았다고 한다. 그러나 이번에 심명호 교수 사건을 맡았던 항소심 재판부는 김 교수의 학자적 능력을 긍정하고 헌재의 불합치 결정 효력이 이 사건에도 소급하여 적용되어야 함을 인정함에도 불구하고 그의 '교육자적 자질'을 근거로 대학 당국의 재임용거부 결정이 유효하다고 판단하였다.

나는 개인적으로 김명호 교수에 대해 일면식도 없는 처지이지만, 판결문을 읽어보건대 그는 신중하고 타협적이며 원만한 품성의 소유자가 아닐지 모른다는 심증이 든다. 그러나 그런 외곬의 성격이 학자요 교육자로서는 오히려 더 적합한 요소일 수 있다고 나는 확신한다. 오랫동안 대학사회에서 살아온 내 경험에 의하면, 어떻게 저런 인물이 교수가 됐을까 싶은, 학문과도 거리가 멀고 교육과도 상관이 없을 듯한 사람이 대학 안에는 적잖이 있다. 그런데 그런 인물일수록 학내정치에 능해서 주요 보직을 맡기 일쑤다. 그래서 나는 교수재임용제의 폐지 자체에는 선뜻 찬성하기 어렵다. 하지만 기득권체제의 한 축으로서 사학권력이 학문과 양심 위에 군림하고 사법부가 이런 체제의 존속에 합법성을 부여하는 데 만족하는 한, 불의에 대한 국민들의 저항적 정서는 수그러들지 않을 것이다. 이런 국민감정이 납득되지 않는 판검사님들은 귀가 후 두어 시간 짬을 내서 〈쇼생크 탈출〉이라는 영화를 한번 보시기 바란다. 법과 정의의 구현이라는 이름으로 행해지는 사법절차와 행형제도가 때로는 한 성실한 인간의 삶을 얼마나 무자비한 파멸로 끌고갈 수 있는지 그 영화는 너무나 생생하게 보여준다. 그것은 결코 남의 현실이 아닌 것이다.

다산포럼 2007. 1. 25.

깐수와 그의 시대

올해(2001년) 우리나라 학계와 출판계의 두드러진 업적을 들라고 한다면 단연 정수일 박사의 책일 것이다. 그는 14세기 아랍의 여행가가 30년 동안 10만km나 순례하고 탐험하여 남긴 기록을 『이븐 바투타 여행기』라는 이름으로 영어와 불어 번역에 이은 세계 세번째의 완역으로 출판했다. 뿐만 아니라 그는 번역 아닌 자신의 저서로 『고대문명교류사』와 『씰크로드학』이라는 두툼한 책을 거의 동시에 출간하여, '문명교류학'이라는 새로운 학문체계의 수립을 시도하고 있다. 도대체 정수일이라는 사람이 누구이기에 갑자기 이처럼 폭발적인 업적을 내놓는 것인가.

관심을 가진 사람들은 이미 대체로 알고 있는 사실이지만, 정수일 박사는 다른 사람이 아니라 저 유명한 간첩사건의 주인공 무함마드 깐수이다. 그는 1934년 중국 연길에서 조선족 중국인으로 태어나 그곳 연변고급중학교를 마치고 수재들만 모인다는 북경대학 동방학부를 수석으로 졸업했다. 그리고 중국 국비장학생으로 이집트의 카이로대학에서 수학하였다. 이런 학력을 바탕으로 그는 중국 외교부에 발탁되어 모로코 주재 중국대사관에 근무하기도 했다. 여기까지가 정수일 박사의 인생에 있어 제1막에 해당되는데, 물론 이때 그의 국적은 중국이었다.

원한다면 그는 중국 외교관으로 탄탄한 장래를 보장받을 수 있었다. 또,

원한다면 학자의 길을 걸을 수도 있었다. 한국어와 중국어에 능숙한 것은 두말할 나위도 없지만, 전공인 중세아랍어에 정통했고 그밖에 영어·일본어·티벳어·위구르어·포르투갈어에도 상당한 실력이 있었으므로, 중국 최고의 엘리트 코스가 확보된 것과 다름없었다. 중국의 어느 고위층은 그의 재주를 눈여겨보고 친척뻘 되는 처녀를 소개하기도 했다고 한다. 그러나 정수일은 이 모든 편안함을 거절하고 조국으로 돌아오는 길을 선택했다. 이때 그의 조국은 당연히 북조선이었다.

북조선에서 그는 한때 평양국제관계대학 및 평양외국어대학 동방학부 교수를 지내기도 하였다. 그러나 그의 운명은 이 지점에서 거친 물살을 만나 예기치 않은 방향으로 소용돌이치게 된다. 그는 북조선의 중앙당에 의해 공작원으로 선발되어 레바논과 필리핀을 거치는 국적세탁을 받은 끝에 아랍인 2세 무함마드 깐수가 되어 남한으로 침투한다. 그리고 능숙한 아랍어 실력과 동서문명의 교류에 관한 박학다식을 인정받아 단국대학교 사학과 교수가 된다. 1992년에 출간된 그의 저서 『신라—서역교류사』는 당시 학계의 주목을 받는 화제작이었다. 그러나 결국 서투른 간첩활동이 포착되어 체포·재판 끝에 1996년 국가보안법 위반으로 12년형을 선고받았다. 아마 여기까지가 정수일 인생의 제2막일 것이다.

그런데 사실은 간첩으로 체포되어 형을 선고받고 징역살이를 하면서부터 정수일이라는 인간의 진정한 위대함이 발현되기 시작한 것 같다. 물론 그동안에도 그가 남다른 학문적 재능과 민족적 양심을 보여온 것은 부인할 수 없다. 그러나 그가 감방이라고 하는 혹독한 조건 속에서 수행한 성실하고도 치열한 학문작업은 실로 경이에 값하는 것이었다. 참고자료도 변변치 않고 불빛도 흐릿한 좁은 독방에 앉아 한여름의 숨막히는 더위와 겨울의 모진 추위를 감내하면서 많지 않은 책과 그 자신의 기억에만 의존하여 교도소에서 지급하는 공책으로 거의 400페이지에 이르는 저술을 그는 5년의 감방생활 동안 해냈다고 한다. 간첩으로 체포되기 전에 『고대문명교류사』 집필을 거의 마무리해가고 있었다 하더라도 올해 여러 권의 방대한 저서들이 한꺼번에 나올 수 있었던 것은 이처럼 감옥이라는 폐쇄된 공간이 그에게 학문적 집중을 강제했기 때문이었다.

그러나 내가 지금 이 자리에서 정수일 박사를 거론하는 것은 그의 초인적인 노력과 뛰어난 업적을 기리기 위해서가 아니다. 그의 전공인 이슬람문화와 동서문명의 교류사에 대해 거의 백지나 다름없는 나로서는 그의 학문의 깊이와 독창성에 대해 뭐라고 말할 자격도 없는 셈이다. 그러나 그가 수많은 고난을 겪으며 비상한 용기를 가지고 뚫고 살아온 20세기의 한반도 현실은 동시대인들의 삶 전체와 깊이 연관되어 있을 뿐더러 우리 민족의 앞날을 설계함에 있어서도 불가결한 전제를 이루고 있다. 따라서 그의 삶의 역정이 오늘 우리에게 던지는 의미가 무엇인지 따져보는 것은 우리의 의무이다.

지난 1987년 6월항쟁의 도화선이 되었던 박종철 군의 죽음이 있었을 때 당시 치안본부장은 기자들 앞에서 수사관이 책상을 탁 치니까 박 군이 억 하고 쓰러졌다고 태연히 발표하였다. 박 군은 단지 참고인으로 세칭 남영동이라는 곳에 끌려간 것이었으므로 치사상태에 이를 만큼 고문을 당하리라고는 아무도 상상하지 못했다. 그러니 그는 이런 상식적 판단과 달리 혹독한 물고문으로 살해되었음이 결국 드러나고 말았다.

서울대 법대 최종길 교수 역시 피의자 아닌 참고인으로 남산(중앙정보부)에 끌려간 것이었다. 아우가 정보부 직원이었으므로 그는 더욱 마음을 느긋하게 놓았을 것이다. 그러나 며칠 후 그는 정보부 건물 유리창을 부수고 뛰어내려 자살한 것으로 발표되었다. 이 발표의 진실성에 대해서는 그동안 줄

기차게 의문이 제기되어왔다. 그러다가 28년이 지난 최근에야 실체적 진실의 일부가 드러나고 있다. 단언하기는 어려우나, 당시 정보부 담당관은 고문으로 망가진 최 교수의 몸뚱이가 공개되어 비난을 받고 책임을 지기보다 건물 계단에서 그를 밀어뜨려 살해하기로 작심했던 것 같다.

또, 최근 언론에 자주 보도되는 '수지 김' 사건은 어떤가. 위대한 민족주의자 장준하 선생은 어떤 죽음을 맞이했던가. 인혁당 사건으로 사형선고를 받은 사람들은 왜 대법원 확정판결 바로 다음날 사형이 집행되었고, 최소한의 인도적 조치, 즉 가족들에게 시신인도도 거부된 채 즉각 화장되고 말았던가. 경북 경산의 폐코발트 광산에 버려진 3000명의 유골은 누구의 것이며 무슨 죄목으로 처형되었던가. 지난 반세기 우리 역사는 이유가 밝혀지지 않은 수많은 의문의 죽음과 억울함을 풀지 못한 무수한 원혼들의 아우성으로 가득하다. 탁 치니 억 했다? 양심의 가책을 못 이겨 투신했다? 월북을 기도하다 실패했다? 등산길에 실족했다? 권력기관의 이 모든 공식발표는 우리의 상식과 이성을 여지없이 유린하였다. 우리의 인간다운 삶에 필수적으로 요망되는 최소한의 품위와 자존심을 어디에서 찾아야 할지 현대사의 이면을 들여다보는 우리의 눈길은 오직 망연자실할 따름이다.

간첩 깐수 사건은 어떤 점에서는 이 거대한 절망의 동토에서 찾아낸 작은 희망의 불씨라고 말할 수 있다. 체포 당시 정수일 박사는 방대한 자료와 각주가 붙은 『고대문명교류사』 원고의 마지막 부분을 손질하고 있었다고 한다. 그런데 잡히자마자 그가 간 곳은 무지막지한 고문실이 아니고 관세법 위반자를 다루는 조사실이었다. 이것은 말할 수 없이 큰 행운이었다. 그의 국적이 필리핀이었기 때문이다. 취조하던 검사는 그의 학문적 열정을 알아보고 관계기관에 수소문하여 압수된 원고를 찾아다가 정리할 수 있도록 배려하였다. 다른 사건도 아니고 간첩사건에서 이것은 예전에는 상상도 할 수 없는 일이었다. 그 검사는 공판정에서 정수일 박사에게 사형을 구형하면서 눈물을 흘렸다고 한다. 그 검사의 절절한 안타까움이 우리의 가슴에 그대로 전해져오지 않는가!

현행 국가보안법은 폐지되어야 한다는 것이 나의 소신이다. 인간의 양심과 신념에 제약을 가하는 법이 존재하는 사회는 어떤 의미에서도 결코 문명사회가 아니다. 그러나 그러한 악법이라 하더라도 오용되거나 남용되지 않고 공정하게 지켜진다면 폐해를 최소화할 수는 있다. 그 점을 깐수 사건은 입증하고 있다. 민족의 역량과 재능이 제대로 발휘될 기회도 얻지 못한 채 더러운 권력욕과 무자비한 이념대결에 희생되어 사라지는 것을 우리는 한사코 막아야 한다. 탁 치니까 억 하고 쓰러졌다는 따위의 공식발표들이 좀 더 세련되고 그럴 듯한 모습으로 오늘도 여전히 권력세계의 관행이 되고 있다는 사실을 우리는 똑똑히 알아야 한다.

다음으로 내가 깐수 사건에 대해 풀지 못하는 의문은 북한 당국이 왜 정수일을 공작원으로 남파했을까 하는 점이다. 그 후의 경과에서 알 수 있듯이 그는 성실함과 끈기에다 10여 개 외국어에 능통한, 학자로서 갖추어야 할 조건을 고루 갖춘 드문 인재이다. 그러나 그런 만큼 그는 세상 물정에는 좀 어두운 사람이고 간첩으로서는 말하자면 실격이었다. 물론 그가 남다른 민족감정의 소유자였던 것은 분명하다. 그러기에 그는 조선족 출신 중국인으로서의 보장된 미래를 마다하고 조선 국적을 선택하지 않았겠는가. 따라서 그의 조국은 그의 능력과 소질이 가장 훌륭하게 꽃필 수 있는 일거리를 그에게 주는 것이 마땅하다. 그런데 이 뛰어난 학문적 재능의 소유자에게 얼토당토않은 공작원의 소임을 맡겨 죽음의 땅으로 내몰다니! 어떤 미사여구를 가지고서도, 그리고 어떤 상황적 조건을 이유로 들더라도 국가권력의 이 무참한 횡포를 변명하지는 못할 것이다.

마지막으로 깐수 사건의 전 과정에 걸쳐 관세음보살 같은 존재가 배후에 숨어 있음을 놓쳐서는 안된다. 그것은 바로 정수일 박사의 부인이다. 나는 개인적으로 정수일 박사와도 만나본 적이 없고 당연히 그의 부인도 만난 일이 없다. 듣자하니 그의 부인은 정 박사가 단국대 교수로 있을 때 연구실 조교로 있다가 서로 친해져 결혼에 이르렀다 한다. 소설가 황석영 씨의 증언에 의하면 감옥에 와서 정 박사는 자기 아내에게까지 자신의 신분을 밝히지 않은 것을 못내 미안하게 생각했다고 한다. 그런데 이때 신분이란 것이 북한 공작원의 신분을 말하는 것인지 또는 필리핀 국적의 아랍인 2세라는 신분을 말하는 것인지는 확실치 않다. 분명한 것은 그의 부인에게 있어 정수일이라는 사람은 공작원이든 아니든, 또 한국인이든 아랍인이든, 나아가 국적이 무엇이든 본질적으로 중요한 것이 아니었다는 점이다. 정수일이 외부적으로 어떻게 규정되었건, 심지어 북한에서 파견한 간첩이라고 떠들썩하게 발표된 다음에조차도 그녀는 그 모든 것에 구애받지 않고 변함없는 애정과 신뢰를 남편에게 보여주었다. 그녀는 힘든 시련에도 굴하지 않고 남편이 부탁하는 책과 자료를 구하여 감방 안으로 들여보냈다. 그리고 정수일 박사는 이 옥바라지에 힘을 얻어 놀라운 학문적 업적을 쌓을 수 있었다.

그의 부인이 국적과 사상과 신분의 차이를 뛰어넘어 그의 남편 정수일에게서 본 것은 무엇이었던가. 죽음과 어둠의 신이 지배한 20세기의 고통과 좌절을 극복할 수 있는 희망의 씨앗이 있다면 그것은 틀림없이 정수일 박사의 부인의 깊은 눈에 띄었던 그 인간적 가치일 것이다. 민족이니 조국이니 하는 20세기적 화두보다도 정 박사 부인이 발휘한 것과 같은 더 부드럽고 더 근원적인 힘이 우리를 이끌고 가도록 21세기의 역사는 바뀌어야 한다.

대구사회비평 2002. 1~2월호

3

현존에 집착하는 것은 허상에 매달리는 것이 될 수 있다. 그러므로 얽매임에서 벗어나지 않으면 안된다. 하지만 제대로 벗어나자면 제대로 얽매여야 된다. 속박을 통과하지 않고서는 해탈에 이를 수 없다. 어떤 근본적인 법칙성에 순응하고 그것에 복종하는 것이야말로 참으로 자유로워지는 길인 것이다.

여전히 싱그러운 국화 향내
— 만해 선생과의 인연을 돌아보며

"그들에게는 세 갈래 길이 주어져 있었다. 고개를 쳐들고 앞으로 나아갈 것이냐, 눈을 감고 절망에 빠져 버릴 것이냐, 굽신거리며 타협하고 항복 배반할 것이냐, 이 세 가지가 그것이었다."

이 문장은 재일동포 작가 김달수의 장편소설 『현해탄』에 나와 있는 것이다. 위의 인용문에서 그들이란 일제 식민지 치하의 조선인을 가리킨다. 좀 더 엄밀하게 말하면 조선인들 중에서도 일반 대중보다는 지식인을 가리킨다고 할 것이다. 그러니까 식민지시대에 있어 이 나라의 지식인은 일제에 저항을 하거나 투항을 하거나 그렇지 않으면 절망에 빠지는 길밖에 없었다는 말이다.

일제에 항복하고 민족을 배반하는 것이 결코 마음 편한 것이었을 리는 없다. 또, 그렇게 친일의 길을 걸었던 사람들도 모두 똑같은 죄목으로 심판될 수는 없다. 왜냐하면, 문인을 예로 들어 살펴보더라도 이광수처럼 신념을 가지고 내선일체를 주장하면서 조선 민족의 황민화(皇民化)를 지향한 경우가 있는가 하면, 채만식처럼 신변의 안전 때문에 마지못해 거기에 끌려든 경우도 있었고, 당시에 이미 상당한 정도로 이름이 나 있어서 일제에 협력을 강요받았던 사람이 있는가 하면, 아직 무명의 신인이어서 굳이 친일활동에 나서지 않아도 되는 사람도 있었기 때문이다. 어쨌든 고통과 시련이 뒤

따를 것이 분명함에도 불구하고 일제에 굴복하지 않고 항거의 삶을 살았던 지사들의 생애는 영원히 빛을 발한다.

1970년대 들어 나를 만해 선생에게 이끈 일차적 이유는 다름 아닌 그 저항성 때문이었다. 박정희 군사독재의 정치적 암흑을 비판하는 하나의 상징적 지표가 만해에게 있다고 믿어졌던 것이다. 그 무렵 나는 신구문화사라는 출판사의 한 귀퉁이에 앉아 계간지 『창작과비평』을 편집하고 있었다. 이 잡지에 「만해 한용운론」(1972)을 발표한 것이 인연이 되어 만해의 제자인 김관호 선생과도 인사를 나누었고, 그 후에도 가끔 만나뵈었다. 그런가 하면 만해전집(萬海全集)이 몇 번 기획되었다가 무산된 것을 알고 신구문화사에 이를 간행하도록 적극 권유하기도 했다. 당시 신구문화사에 근무하던 정해렴(丁海廉) 형과 함께 관철동 제헌의원 사무실로 가서 최범술(崔凡述) 선생으로부터 원고 보따리를 인수받아 끙끙거리며 돌아온 일이 지금도 기억난다.

전집이 간행된 다음 해는 만해가 입적한 지 30주년이 되는 해였다. 그래서 창작과비평사는 이를 계기로 만해문학상을 제정했고, 제1회 수상자로 『농무』의 시인 신경림을 결정했다. 당시만 하더라도 신경림은 아직 우리 문단에서 대중적 명성을 가진 시인이 아니었다. 김광섭, 김정한 등 대선배들 틈에 젊은 내가 심사위원으로 끼었던 것은 분에 넘친 영광이었다. 그때 시상식 자리에 만해의 따님 한영숙 여사가 대전에서 올라와 참석했던 것이 기억에 남아 있다.

그러나 만해문학상은 제3회 수상자를 선정할 시점에 이르러 시상이 중단되었다. 당시 가장 유력한 수상후보로 거론된 사람은 시인 김지하와 조태일이었는데, 김지하는 긴급조치 위반으로 감옥에 있었고 조태일은 시집 『국토』가 판매금지 처분을 받은 상태였다. 김지하는 물론이고 조태일을 수상자로 결정하더라도 유신체제에 대한 저항으로 받아들여질 상황이었으므로 당분간 시상을 중단하기로 했던 것이다. 1987년 6월항쟁 이후에야 만해문학상은 다시 복원되었다.

그런데 요즘 나에게는 시대적 현실에 대한 단순한 저항과는 다른, 만해 정신의 더 깊은 곳에서 흘러나온 듯한 소리가 만해의 이름으로 들려온다. 가령, 젊은 시절의 내가 만해가 주장한 자유의 절대성에 열광했었다면 지금의 나는 "이름 좋은 자유에 알뜰한 구속을 받지 않느냐"는 그의 질책에 더 숙연해진다. 군사독재 시절 만해의 시가 정치적 비유로 읽혔다면 오늘날에는 존재의 근원적 모순을 드러내는 좀더 깊고 복합적인 불교적 역설의 표현으로 받아들여진다.

사랑의 속박은 단단히 얽어매는 것이 풀어주는 것입니다.
그러므로 대해탈은 속박에서 얻는 것입니다.
　—「선사(禪師)의 설법(說法)」 중에서

남들은 자유를 사랑한다지만 나는 복종을 좋아하여요.
자유를 모르는 것은 아니지만 당신에게는 복종만 하고 싶어요.
복종하고 싶은데 복종하는 것은 아름다운 자유보다도 달콤합니다.
그것이 나의 행복입니다.
　—「복종」 중에서

또 다른 글에서 만해는 이렇게 말한다.

선(禪)은 선이라고 하면 곧 선이 아니다. 그러나 선이라고 하는 것을 떠나서는 따로 선이 없는 것이다. 선이면서 선이 아니요, 선이 아니면서 선인 것이 이른바 선이다. …… 달빛이냐? 갈꽃이냐? 모래 위에

> 갈매기냐?
>
> —「선」 중에서

　이중·삼중의 부정을 통해 만해가 말하고 있는 바를 현실로 옮겨온다면 어떻게 될까. 가령 우리는 그것을 식민지적 현실과 만해의 관계로 생각해볼 수 있다. 억압적 상황에 처하여 자유를 갈구하는 것은 당연하다. 그러나 불교적 사유는 이 당연한 요구를 좀더 근원적인 존재의 법칙에 연관 짓는다. 그렇다고 해서 당면한 실제적 요구가 외면되거나 부정되는 것은 아니다. 불교적 발상에 의하면 눈앞에 현존하는 것을 떠나 따로 어떤 궁극적인 것이 존재하는 것은 아니다. 그러나 현존에 집착하는 것은 허상에 매달리는 것이 될 수 있다. 그러므로 얽매임에서 벗어나지 않으면 안된다. 하지만 제대로 벗어나자면 제대로 얽매여야 된다. 속박을 통과하지 않고서는 해탈에 이를 수 없다. 어떤 근본적인 법칙성에 순응하고 그것에 복종하는 것이야말로 참으로 자유로워지는 길인 것이다.

　시집 『님의 침묵』 맨 뒤에 붙인 글에서 만해는 자기의 시를 후손들에게까지 읽히고 싶지 않다고 하였다. 후손들의 시대에는 자기 시를 읽는 것이 "늦은 봄의 꽃수풀에 앉아서 마른 국화를 비벼 코에 대는 것과 같을지" 모르겠다고 그는 예언하였다. 그러나 불행히도 그의 예언은 적중하지 못했다. 왜냐하면 그의 시는 오늘 조금도 시들지 않은 빛깔과 향내를 지니고 여전히 강렬한 생동감을 발하고 있기 때문이다. 이것은 그가 살았던 시대로부터 거의 한 세기가 지난 오늘에도 우리 민족의 역사가 그의 낙관적 예감과 달리 여전히 짙은 어둠에 덮여 있음을 말해준다고 하겠다.

유심 2001. 봄호

'10월유신'을 돌아보며

꼭 30년 전 이맘때 한창 가을이 무르익어갈 무렵 나는 막 어둠이 깔리는 서울 청진동 뒷길을 걷고 있었다. 그런데 갑자기 주위가 수런거리더니 근처 라디오에서 대통령 박정희의 카랑카랑한 쇳소리가 울려나오기 시작했다. 참으로 놀라운 내용이었다. 그 시각을 기해 전국에 비상계엄을 선포하고 국회를 해산하며 정치활동을 중지시킨다는 대통령의 특별선언이 발표되고 있었던 것이다. 순간적으로 등줄기를 훑어내리던 공포와 전율을 나는 지금도 잊지 못한다.

얼마 뒤 이 조치는 '10월유신'이라고 명명되었다. "급변하는 국내외 정세에 효율적으로 대처하여 통일기반을 다지고……" 운운하는 둔사가 동원되었지만, 그것은 자기들 스스로도 믿지 않는 속임수에 불과했다. 간단히 말해서 유신이라는 것은 박정희의 절대권력과 영구집권을 보장하기 위한 헌법유린 행위, 즉 친위 쿠데타였다.

그런데 꽤 오랜 세월이 지난 오늘의 시점에서 돌이켜보면 10월유신이 박정희 개인의 권력욕과 인권탄압을 표상하는 단순상징으로 굳어져버린 것은 아닌지 반성한다. 다시 말해 미국의 세계전략이라든지 남북 분단구조의 틀에서 좀더 심층적인 해석이 가능할 수도 있을 것이란 생각이 이제야 든다.

한국 같은 나라에서 10월유신과 같이 중대한 정치적 변동이 진행될 때 미국이 멀리서 그저 구경만 하고 있었으리라고는 상상할 수 없기 때문이다.

일제가 물러나고 미군이 남한에 진주한 이후 미국이 우리에게 어떤 존재였던가를 말해주는 수많은 사건들, 증언과 증거들이 있지만, 그중 5·16쿠데타와 관련된 김종필 씨의 최근 발언은 우리의 눈과 귀를 끌기에 족하다. 그는 지난해(2001년) 1월 25일 전직 총리와 장관급 인사 100여 명을 호텔로 초청해 점심을 함께하는 자리에서 "5·16혁명이 일어나지 않았더라도 장면 정권은 무너지게 돼 있었다"며 "미국이 이런 정권으로는 북한과 대처할 수 없으므로 민주당 정권을 끝내려는 계획을 세워놓고 있었다"고 말했다. 이어서 그는 "얘기하지 않기로 약속했지만, 미국 사람들도 20년이 지나면 공개하는 마당에 40년이 지났기 때문에 처음 얘기하는 것"이라고 밝혔다. 《동아일보》 2001. 1. 26. 대구경북판)

김종필 씨의 이 발언은 어찌된 셈인지 언론의 주목을 별로 받지 못했다. 다들 그러려니 짐작했던 사안이라 새삼스러울 게 없다고 판단되었기 때문일지도 모르겠다. 혹은, 발언의 중대성을 뒤늦게 깨닫고 어떤 보이지 않는 손이 각 언론기관에 미리 손을 썼을지도 모른다. 어쨌든 이것은 세계 도처에서 미국 정보조직의 배후공작에 의해 발생한 허다한 쿠데타 가운데 그 주모자가 공개석상에서 행한 최초의 증언이므로 높은 뉴스가치를 인정받아야 마땅하다. 그뿐만 아니라 5·16쿠데타 당시 합법적 민간정부의 전복을 반대하는 듯이 처신했던 미국의 기만적 이중성을 입증하는 데도 지극히 유용한 자료다.

장면 정권과 극명한 대비를 이루는 것은 10월유신 이듬해 9월 11일(아, 이 끔찍한 날!)에 군부의 반란으로 장렬하게 붕괴한 칠레의 아옌데 정부이다. 이유는 각기 달랐지만 장면과 아옌데는 둘다 허약한 정부의 대표였다.

그런데 장면은 친미주의를 통해, 아옌데는 민중의 지지를 바탕으로 위기를 극복하고자 했다. 결과적으로 장면은 미국의 버림을 받았고, 아옌데는 미국의 사주를 받은 군부에 의해 참혹한 최후를 맞았다. 무릎 사이에 기관총을 장전한 아옌데 대통령이 끝까지 반란군에게 저항하다 죽음을 맞이하는 과정을 영화 〈산티아고에 비가 내린다〉에서 보면서 나는 흐르는 눈물을 어찌지 못했다.

5·16의 연장선 위에 있는 10월유신이 월남패망을 눈앞에 둔 시점에서 이루어진 미국 입김의 예방적 내부강화였는지, 아니면 미국의 기대치를 훨씬 웃도는 박정희 개인의 과욕이었는지 지금으로서는 증명할 길이 없다. 분명한 것은 그것이 박정희의 목표와 달리 그의 몰락의 시발점이 되었다는 사실인데, 그 후 광주에서 우리가 생생하게 경험한 것은 민중이 정치의 주체로 떠오르는 데 대한 미국의 완강한 거부였다.

이제 머잖아 또다시 중요한 정치변동의 계절이 다가온다. 김종필 씨의 증언이 우리에게 가르쳐주는 것은 미국이 그동안 세계 도처에서 했던 것처럼 한국에서도 마음에 들지 않는 정부를 뒤흔들기 위해 못하는 짓이 없으리라는 점이다. 지난날 장면과 수카르노, 아옌데와 박정희는 모두 미국의 공세를 견디지 못하고 결국 몰락했다. 오늘 이라크의 운명을 우리가 주시하는 것은 그것이 언젠가 우리 자신의 운명의 시금석이 될 수도 있기 때문이다. 그런 점에서 10월유신은 지금도 살아 있는 교훈이다.

한겨레 2002. 10. 13.

공식언어의 커튼을 젖히면…

안개 때문에 예정보다 두 시간 가까이 늦어진 11시 40분경 마침내 우리 일행은 인공기가 그려진 고려항공 전세기에 올랐다. 드디어 떠나는구나! 작년 봄부터 추진해온 남북작가대회가 성사되는 순간이었다. 원래 작년 8월에 열리기로 남북 간에 합의가 이루어져 모든 준비가 착착 진행되다가, 갑자기 일정이 취소되고 행사가 무기 연기되었던 것이다.

그 무렵 대학동료 한 사람은 북쪽과 일할 때면 으레 그런 예측불허의 요소가 있게 마련이니 느긋하게 기다리라고 위로하였다. 비행기가 이륙할 때까지 안심하지 말라는 것이 그의 충고였다. 그런데 그로부터 1년 가까이 지나 이제 상냥한 북쪽 여자승무원의 안내를 받으며 좌석에 앉아 그들 특유의 가성이 섞인 듯한 맑은 음색의 기내방송을 들으니, 평양행이 피할 수도 돌이킬 수도 없는 현실로 눈앞에 닥쳤음을 확신할 수 있었다.

이번 행사의 정식 명칭은 '6·15공동선언 실천을 위한 민족작가대회'이다. 그러니까 그 명칭에서 이미 대회의 성격을 분명히 드러내고 있다. 그것을 꼼꼼하게 따지는 것은 이 작은 지면이 감당할 일이 아니므로 다른 기회로 미루고, 다만 한 가지만 짚기로 하겠다. 원래 이 대회에는 남과 북의 작가들뿐만 아니라 해외의 작가들도 상당수 참가하기로 예정되어 있었다. 사실 이것은 간과되기 쉽지만 아주 중요한 사안이다.

알다시피 해외에는 700만 동포들이 살고 있으며, 우리는 중국인·유태인·이태리인에 이어 세계 제4위의 해외이주민을 가진 민족이라고 한다. 두말할 것 없이 이것은 지난 백수십 년에 걸친 쓰라린 고난의 역사의 불가피한 결과이다. 따라서 이제 민족이라고 하면 그것은 한반도의 남과 북에 거주하는 동족뿐만 아니라 세계 도처에 흩어져 살고 있는 동포를 포괄하는 개념일 수밖에 없다. '남북작가대회'와 '민족작가대회' 간에는 이런 개념적 구별이 있다고 할 것이다.

평양에 도착한 첫날 저녁 인민문화궁전에서 진행된 본 대회의 역사적 의의는 물론 막중한 것이다. 남과 북, 해외에서 달려온 이름 있는 문학인 200여 명이 한자리에 앉아 민족의 운명과 민족문학의 진로에 대하여 공동의 주제를 가지고 진지하게 발표·토론하고 또 이에 귀를 기울인다는 것 자체가 예전 같으면 상상할 수 없는 감동적인 장면이었다고 생각한다. 그러나 이날 밤 넓은 인민문화궁전을 가득 울린 언어가 말하자면 일종의 공식적인 언어였다는 것도 솔직히 인정할 필요가 있다.

물론 이렇게 말함으로써 나는 결코 공식적 언어의 허구성을 암시하려는 것이 아니다. 내가 지적하려는 것은, 공식적 언어가 제공하는 현실적 토대가 우리의 행동과 생각에 아무리 튼튼한 안정을 부여한다 하더라도 문학은 그러한 공식성의 표층 밑에 있는, 마치 지구의 깊숙한 곳에서 늘 끓고 있는 마그마처럼, 정의될 수도 없고 정형화되지도 않는 불가해의 요소들을 치열하게 끌어안으려 함으로써만 자기의 존재의의를 입증할 수 있는 언어형식이라는 점이다.

그런 면에서 나는 이번 행사의 절정은 7월 23일 새벽 백두산 정상에서 일출의 장관을 보며 남북 문인들이 연출한 '통일문학의 새벽'이었다고 생각한다. 특히 고은 시인의 열정적인 시 낭독에 이은 소설가 홍석중의 즉흥연설은 감동 그 자체였고 그야말로 역사적인 것이었다. 그의 연설은 어느 면에서 북한 사회의 체제적 한계를 뛰어넘는, 오직 분단 60년의 고통의 심연으로부터 울려나온, 남과 북과 해외의 7000만 겨레 전체의 가슴에 호소하는 통렬함과 대담성을 지니고 있었다.

홍석중은 그것을 자신의 '60년 생애의 상처'라고 명명하였다. 어쩌면 그 상처에는 그 자신의 것만이 아닌, 그의 할아버지와 아버지의 것도 포함되어 있을 것이다. 아니 더 나아가, 거기에는 분단시대의 숨막히는 질곡을 살아온 모든 동포들의 크고 작은 상처들이 나무의 실뿌리처럼 깊이 얽혀들어 있을 것이다. 민족문학이 분단극복에 기여하는 문학이라면, 우리 시대의 민족문학은 분단의 뿌리를 드러내고 상처를 치유하는 일부터 당장 시작해야 한다. 지금 우리는 큰 건물을 짓기 위해 겨우 첫삽을 뜬 데 불과하다.

문학관 2005. 가을호

금강산으로 떠나며

'국민의 정부' 출범 이후 남북화해 분위기에 힘입어 1998년 6월 현대그룹 정주영 명예회장이 소떼몰이 방북행사를 연출하고 이어서 그해 11월 18일 현대 금강호가 관광객을 싣고 첫 출항에 나선 이래 벌써 100만 명이 훨씬 넘는 남쪽 시민들이 금강산을 다녀왔다. 북녘땅을 밟는 일 자체가 국가 안보를 해치는 범법행위라고 뇌리에 입력되어 있던 우리들에게는, 비록 제한된 구역 안에서 일정한 통제를 받으며 하는 것이라 기대에 너무 못 미치기는 하지만, 금강산 관광은 단순한 관광이 아니라 지난 반세기 동안 국민의 의식을 짓눌러온 금지와 억압으로부터의 상징적 해방인 셈이다.

그런데 내일 아침 문학인 50여 명과 함께 금강산으로 떠나기에 앞서 이 글을 초하는 내 마음은 해방감보다는 중압감이 더 크다. '6·15민족문학인협회'의 결성을 위해 우리 문인들이 북한으로 간다는 사실이 보도되고 더구나 내 이름이 남쪽 대표단 단상으로 알려지자, 친척들 중에는 걱정하는 전화를 걸어오는 사람도 있고, 어떤 동료교수는 북에 가더라도 절대 춤판에는 끼지 말라고 농담을 하기도 했다. 그간의 사정을 모르는 독자를 위해 잠시 경위를 소개하면, 작년 7월 남과 북, 해외의 문학인 200여 명이 평양과 백두산 등지에서 분단 60년 만에 처음으로 '민족작가대회'라는 이름의 행사를 진행하였는데, 그때 작가대회에서 결정된 사항들 중의 하나가 남과 북

및 해외를 포괄하는 단일한 문인단체를 결성하자는 것이었다. 그러니까 우여곡절 끝에 그 결성식을 하러 금강산으로 떠나려는 것이다.

 금강산으로 향하는 발걸음이 가볍지 못한 까닭은 두말할 나위 없이 지난 10월 9일 북한의 핵실험 강행으로 조성된 새로운 한반도 정세 때문이다. 주지하는 대로 핵실험 이후 유엔 안보리는 신속하게 대북제재를 결의했고, 이에 따라 미국은 북한에 대한 다양한 압박을 시도하면서 대량살상무기의 확산 방지를 위한 해상검색에 한국이 더 적극적으로 참여할 것을 요구하고 있다. 미국은 여러 차례 북한에 대한 군사공격의 의사가 없음을 천명했지만, 북한은 전면적 제재가 사실상의 선전포고라고 주장함으로써 무력충돌의 가능성을 배제하지 않고 있다. 이런 일촉즉발의 험악한 정세 속에서 문인들이 문학단체 결성을 위해 금강산에 모인다는 것은 현실을 망각한 철부지 같은 짓이 아닌가 하는 시각이 있을 수 있다.
 다른 한편, 남쪽 문인들의 금강산행은 북한의 핵실험을 공공연히 지지하는 것은 아니라 하더라도 적어도 그것을 용인하는 것 아닌가, 설사 주관적으로는 그런 의도가 없다 하더라도 결과적으로 북의 선전공세에 이용될 가능성은 있지 않은가 하는 우려도 있을 수 있다. 과거와 같은 냉전시대라면, 북한의 핵실험을 규탄하는 목소리를 내기는커녕 거꾸로 북의 문인들과 자리를 함께하다니, 있을 수 없는 일이라고 비난을 받았을지 모른다.
 그러나 분명히 말하지만, '6·15민족문학인협회' 결성을 주도해온 남쪽 문인들은 시종일관 핵을 반대하는 입장을 밝혀왔다. 최근의 예로서, 지난 10월 16일 소설가 정도상 씨가 작성하여 '6·15민족문학인협회 결성을 위한 남측조직위원회 일동'의 이름으로 동료작가들에게 보낸 편지는 다음과 같이 조직위원회의 입장을 설명하고 있다. "북한의 핵실험은 한반도의 평화정착과 비핵화에 정면으로 역행하는 것이기 때문에 심각한 우려를 표명한다는 것이 우리의 입장입니다. 북한은 핵실험과 같은 위험한 방법보다는 미국을 비롯한 국제사회와 다양한 형식의 지속적인 대화를 통하여 평화적인 방법으로 체제안정과 한반도 평화정착을 도모해야 할 것이라고 봅니다."

물론 대화를 통해 체제안정이 보장될 것이 확실하다면 북한이 대화를 마다할 까닭이 없을 것이다. 그러나 북한이 보기에 미국의 목표는 북한의 정권교체, 다시 말해 북한체제의 붕괴이고 여러 증거들로 미루어 그것은 북한 지도부의 지나친 피해망상이 아니라고 나는 생각한다. 더욱이 1950년대 중반부터 90년대 초까지 남한 지역에 배치됐던 수많은 미군 전술핵* 때문에 핵 공포에 떨어야 했던 북한으로서는 핵 카드의 미련을 버리기 쉽지 않을 것이다. 어떻든 1990년 전후 동유럽 사회주의 국가들이 걸었던 길을 결코 걷지 않겠다는 것이 북한 당국의 불변의 결의라고 한다면, 한반도의 우리 민족 앞에는 지뢰밭을 지나가는 것 같은 위험이 상당 기간 해소되지 않을 것이 분명하다.

이런 위급한 상황에 남북의 문인들이 만나 하나의 단체를 만들고 '문학의 밤' 행사를 열어 시와 산문을 바꿔가며 낭송하는 것은, 마치 쿠데타군의 탱크 앞으로 어린 소녀가 꽃다발을 들고 나아가는 행위처럼 무모하고 천진난만해 보이지만, 그러나 오히려 그렇기 때문에 무력도발의 당사자들 모두에 대한 비폭력의 저항이고 평화에의 호소일 수 있다. 이 시점에서 남과 북의 정치체제에 대해 논하는 것은 문인들의 몫이 아닐지 모른다. 그러나 오랜 적대관계를 넘어 마침내 싹튼 남북 동포들 간의 화해와 신뢰의 불씨를 꺼트

---

* 개개의 전쟁터에서 쓰는 비교적 위력이 작은 핵무기로 보통 사정거리 500km 이하의 미사일로 발사할 수 있는 핵탄두, 핵지뢰, 핵기뢰 등이 여기에 포함된다.

리지 않는 것은 오늘 우리 문인들이 외면할 수 없는 임무이다. 그런 꿈을 갖고 이제 우리는 떠난다.

다산포럼 2006. 10. 29.

미국이 '민주주의'를 입에 올릴 때

지난 1970년대에 미국 정부는 기회 있을 때마다 박정희 정권의 강압적 통치에 우려를 표명하고 한국 인권상황의 개선을 촉구하는 논평을 내놓았다. 박 정권이 북한에 대해 강경한 적대적 태세를 과시하고 싶어할 때에도 미국은 대체로 한국의 지나친 언동을 만류하는 듯한 제스처를 취하곤 하였다. 따라서 당시 대부분의 한국인들은 미국에 대해 막연한 호감을 가지고 있었다.

그러나 미국이 무슨 이유로 어떤 미사여구를 입에 올리든 실제로 그들이 원하는 것은 언제나 자신의 국가이익의 관철이고 세계적 헤게모니의 추구였다. 살벌하기 짝이 없는 경쟁의 무대에서 그와 같은 현실주의정책을 추구하는 것은 실상 어느 국가에나 당연하고 불가피한 일이다. 다만, '자유세계의 지도국가' 미국으로서는 인권이라든가 민주주의 같은 이데올로기적 명분이 좀더 필요했을 뿐이다.

사실 말과 행동의 불일치는 국제관계의 오랜 관행이다. 1953년 이란의 모사데그 정부, 1966년 인도네시아의 수카르노 정부, 그리고 1973년 칠레의 아옌데 정부가 무너지는 과정에서 보았듯이 미국은 자신의 국가이익에 상충된다고 여겨지는 경우 가차없이 타국의 민주주의를 파괴하고 인명의 살상을 외면하였다. 1980년 5월 한국에서 벌어진 정치적 사변도 그 맥락의 연장선에서 해석될 수 있을 것이다. 다들 아는 것처럼 광주 민주화운동은 미국에 대한 우리의 이미지가 환상이었음을 드러낸 결정적 계기였다.

1987년의 민주화 이후, 특히 김대중 정부의 햇볕정책 이후 미국과 한국의 시각차이는 이제 감출 수 없이 분명해지고 있다. 더욱이 '자유의 확산' '폭정의 종식' 등 이념적 공세를 동반한 부시 행정부 2기 출범은 동북아시아의 지정학적 복잡성과 중요성을 첨예하게 부각시키는 동시에 한국 정부의 정치적 선택에 고도의 지혜와 기술을 요구하고 있다. 여기에서 중요한 것은 민족의 주체적 생존과 정당한 권리를 위해 분명히 지켜야 할 원칙은 무엇이고 타협하거나 양보해도 좋은 부차적 사항들은 어떤 것인지 올바르게 구별하는 일일 것이다.

가령, 지난 10일(2005. 3. 10.) 미 하원의 헨리 하이드 국제관계위원장은 동 위원회가 '6자회담과 북핵'을 주제로 개최한 한반도 청문회에서 "콘돌리자 라이스 국무장관이 북한을 폭정의 전초기지라고 규정한 데 대해 북한 당국이 사과를 요구하고 있으나 북한체제가 전제주의적이라는 데 이견이 있는 사람은 아무도 없을 것"이라면서, "한국과 중국 정부의 과도한 대북지원정책이 북한의 핵 협박을 오히려 부추기고 있다"고 지적하고 한국 국방백서에서 주적개념이 삭제된 것을 비판하였다. 어처구니없기는 하지만, 그의 발언은 미국 보수 정치인의 내심을 가감 없이 드러냈다는 데 의의가 있다.

북한의 정치체제를 어떻게 규정할 것인가, 그리고 그 유례없는 독특성이 어떤 역사적 연원을 가지고 있는가를 따지는 것은 간단한 일이 아니다. 오늘의 북한체제가 우리의 상식이 허용하는 민주주의의 기준에 부합하지 않는다는 데는 쉽게 동의할 수 있다. 그러나 북한이든 다른 어느 나라든 일차적으로는 그 나라 국민들의 정치적 자기결정권에 의해 체제가 선택되는 것이지, 외세에 의해 강요될 수는 없다. 그런 점에서 지금 미국 의회에 상정되어 있는 소위 '민주주의 증진법'이란 것은—그것이 미국 국내문제에 적용될 것을 목표로 하지 않는 한—미제국의 패권추구가 얼마나 가소로운 억지논리에 기초해 있는지 입증하는 자료로서 후일의 역사가들을 놀라게 할 것이다.

그런데 바로 다음날인 11일 워싱턴 브루킹스연구소의 6자회담 세미나에서 에번스 리비어 미 국무부 동아태차관보 대행은 기조연설에서 "한국은 선거에 의해 선출된 정부를 갖고 있는데다 한국에 북한은 동포이기도 하고 북한에 문제가 생길 경우 경제·사회적 부담이 모두 한국에 떨어지기 때문에 한미 간에 약간의 정책차이는 있을 수밖에 없다"며 주적 논의로부터 한발 물러서는 발언을 하고 있다. 미국사회 안에 다양한 견해들이 공존하고 있고 미국의 국가정책 자체도 복잡한 토론과정을 거쳐 수렴된다는 것을 보여준다 할 것인데, 어쨌든 우리는 미국 관리나 언론의 그때그때의 정치적 수사에 현혹되지 말아야 하며, 한반도의 평화에 위협이 된다면 강대국의 결정에도 저항할 수 있어야 한다.

경향신문 2005. 3. 14.

주한미군의 존재와 대통령의 조건

여중생 압사사건에 대한 국민들의 분노가 날이 갈수록 거세게 끓어오르는 것은 너무나 당연한 일이다. 여론에 민감한 주요정당 대통령 후보들이 입을 모아 부시의 공식 사과와 소파(SOFA, 한미행정협정) 개정을 요구하는 것 또한 당연하다.

그런데 우리가 주목해야 할 점은 국민들의 규탄열기가 전국적으로 고조된 것이 압사사건 당시가 아니라, 궤도차량 관제병과 운전병에 대한 재판이 무죄평결로 마무리된 시점이라는 사실이다. 뜻밖의 사고로 죽거나 다치는 일은 불행히도 사람 사는 곳 어디에서나 아주 없을 수는 없을 것이다. 그럴 경우 피해자는 충분한 위로와 보상을 받아야 하고, 가해자는 비록 어쩔 수 없는 실수였다 하더라도 응분의 법적·도의적 책임을 지는 것이 마땅하다. 물론 가해의 정도에 대한 올바른 판단은 공정하고 객관적인 조사와 재판과정만이 보장할 것이다. 그러나 이번 미군 병사들에 대한 재판은 국민들의 자존심을 유린한 편파적인 요식행위에 불과했고, 따라서 국민들은 대한민국 법체계 위에 군림한 미군 법정의 오만무쌍함에 대해 분기하지 않을 수 없는 것이다.

생각해보면 미군의 이런 오만함은 결코 새삼스러운 것이 아니다. 민주화와 경제발전으로 한국의 국제적 위상이 높아짐에 따라 오히려 미군의 자세는 근년에 조금씩 겸손해졌다고 보아야 할지 모른다. 과거 수많은 미군 범죄사건들이 독재정권의 반공안보적 비호 밑에 흐지부지 파묻힌 것에 비한다면, 이번 항의시위는 그래도 '할 말을 하는 한국인'의 모습을 세계에 과시하고 있다 할 것이다.

그러나 물론 근본적인 것은 주한미군의 존재 자체에 대하여, 그리고 미국과 한반도 간의 관계의 본질에 대하여 숙고하는 일이다. 다들 아는 바와 같이 미군은 1945년 9월 8일 남한에 들어와 일본군 무장해제와 행정권 접수를 실시하였다. 그보다 며칠 전 주한미군 사령관 하지는 남한 상륙에 즈음한 성명을 발표하여 "주민들에 대한 포고와 명령은 현존하는 여러 관청을 통해 하달될" 것임을 분명히 하였다. 다시 말하면 미군은 처음부터 일제 식민지 통치기구의 합법적 계승자로서 이 땅에 진주하였고, 주한미군 사령관은 식민지 총독에 준하는 위치에서 3년 동안 군정을 펼쳤던 것이다. 인천에 처음 상륙한 미군들이 환영 나온 군중을 폭도로 오인하고 총을 쏘아 사상자가 났던 일화는 이런 점에서 극히 상징적이다.

그로부터 반세기 넘는 세월이 지나는 동안 수많은 역사적 사건들이 있었고, 주한미군의 지위에도 크고 작은 변동이 있었다. 그러나 어떤 불변적인 요소가 한미관계의 역사를 관통하고 있음을 우리는 감지하지 않을 수 없다. 해방 정국의 지열한 권력투쟁 속에서 완고한 반공주의자 이승만은 어떻게 승리할 수 있었던가. 이승만·장면·박정희의 정치적 말로는 왜 그와 같은 비극의 모습을 띠었던가. 광주학살의 책임자는 무슨 까닭에 레이건 정권으로부터 그처럼 노골적인 환대를 받았는가. 왜 김대중 대통령은 "통일 후에도 한반도에 미군이 주둔해야 한다"는 말을 잊을 만하면 되풀이하는가.

그것은 한마디로 이 나라에서 미국이 보이지 않는 일종의 거부권을 가지고 있음을 말해주는 것이다. 그러니까 대권에 야심을 품은 정치가들이 '통일후 미군주둔' 론을 입에 담는 것은 투표권을 가진 국민들에게 하는 것이 아니라 거부권을 가진 미국에게 하는 것이다. 통일이 너무나도 요원하게 여겨지는 과업이므로 정치가들로서는 그 아득한 시점에서의 미군주둔 여부를 국민들이 지금부터 고민할 이유가 없다고 판단한 것인지 모른다.

그러나 이제부터 이 나라의 대통령이 되려는 사람들은 어느 외국에 대해서가 아니라 바로 이 나라의 국민들에게 자신의 견해를 말하고 동의를 구해야 한다. 주한미군의 존재가 활용하기에 따라서는 동아시아 평화의 지렛대가 될 수 있다고 생각한다면, 솔직하게 그렇다고 말하고 그렇게 될 수 있는 구체적인 방법론을 제시해야 한다. 대안 없는 미군철수 주장보다는 그것이 더 합리적일 수 있다. 어떻든 결정권을 국민에게 돌려줘야 하며, 어떠한 외부의 거부권도 이제는 거부되어야 한다. 이것이 21세기 주권국가 대통령의 조건이라고 나는 생각한다.

한겨레 2002. 12. 8.

동질성과 이질성

　베이징에서 6자회담이 진행되고 대구에서 유니버시아드가 개최되면서 우리 국민들에게 새삼 부각된 것은 통일의 당위성과 한반도 평화의 절박성일 것이다. 무엇보다도 우리의 주목을 끌었던 것은 이른바 보수정서의 중심지라고 하는 대구에서 민족화합의 목소리가 널리 울려 퍼졌다는 사실이다.
　생각해보면 영남지역이 보수주의의 본산처럼 여겨지게 된 데는 역사적인 이유가 있다. 우리나라는 오랫동안 중국 문화의 주변부에 위치해 있었기 때문에 자연히 우리의 토착적인 고유문화는 경상도 지역에 더 깊이 뿌리내리고 있었으리라 생각된다. 결국 이것이 이 지역을 좀더 배타적이고 보수적인 정서의 온상으로 만들었을 것이다.
　그러나 이런 의미의 전통주의는 결코 부정적인 것이 아니다. 19세기 이후 외래문화가 범람해 들어올 때 민족적 주체를 지키는 힘은 바로 이런 보수적 태도에 연관될 수 있는 것이었다. 따라서 그것은 역사의 진보를 거부하는 반동적 자세와는 단연 구별되는 것이다. 한때 대구가 사회주의 운동이 가장 왕성한 도시였던 것은 이런 맥락에서 이해된다.
　물론 1960년대 이후 30년 동안 이 지역은 군사독재자들의 고향으로서 그들의 충실한 정서적 후방기지 역할을 해왔다. 그리고 그 결과 대구는 정치적으로 부정적인 이미지를 가지게 되었다. 아마도 더 중요한 것은 지역 출신의 보수정치인과 기득권세력들이 민심을 그러한 방향으로 유도하고 이용해왔다는 사실일 것이다.

이번 유니버시아드 기간 중에 보여준 대구 시민들의 열린 자세와 뜨거운 민족애는 소위 'TK정서'라고 하는 것이 사실은 실체가 없으며 보수 기득권층의 날조에 불과하다는 사실을 입증했다. 작년 아시안게임에서 보여준 부산 시민들의 반응이나 이번 대구 시민들의 반응이나 모두 아무런 정치적 저의를 갖지 않은 순수한 민족감정의 발로라고 보아야 하지 않겠는가.

그렇다면 이것은 언젠가 실현될 통일을 위해 소중하게 가꾸고 키워나가야 할 희망의 싹이다. 그런 의미에서 남과 북이 체육행사건 문화행사건 또 다른 어떤 이름으로건 자주 만나는 것은 좋은 일이다. 이런 과정을 통해 남과 북은 불신과 적대를 버리고 신뢰와 화해를 향해 나아갈 수 있다. 그리고 이러한 남북 간의 교류와 화해가 국내정치의 민주화로 이어지도록 촉구하는 것도 긴요하다.

그러나 남과 북이 오랜 역사에 걸쳐 혈통과 문화를 함께한 하나의 민족이라고 하여 지금 당장 통일이 이루어질 것을 기대해서는 안된다고 생각한다. 비록 남북분단이 반세기 남짓한 짧은 기간에 불과하지만, 우리는 그동안 너무나 다르게 살아왔다는 엄연한 현실 또한 외면할 수 없다. 가령, 예천 진호국제양궁장으로 가는 도중 북한 최고지도자의 초상이 박힌 현수막이 비에 젖는 것을 보고 북쪽 응원단이 보인 반응을 우리 남쪽 사람들은 도저히 이해할 수도 공감할 수도 없는 것이다.

이 뉴스를 들으면서 나는 여러 해 전에 발표된 김승희 씨의 단편소설 「산타페로 가는 사람」을 떠올렸다. 그 작품에는 이런 에피소드가 나온다. 루마니아 출신의 어느 문인이 차우셰스쿠 정권 붕괴 이후 자유로운 분위기에 힘입어 중국여행을 한다. 그러다가 내친 김에 평양까지 오게 됐는데, 호텔에서 신문지로 신발을 싸두고 누워 자려다가 느닷없이 공안원에게 끌려가 밤새 혹독한 문초를 당한다. 왜 신문지로 신발을 쌌느냐는 것이 문초의 요지인데, 당연히 그는 왜 그것이 문제되는지 이해하지 못하고 공포에 사로잡힌다. 결국 김일성 주석의 사진이 실린 신문을 함부로 취급한 것이 죄였음이 드러나고, 또 호텔방 안에서도 자기가 감시받고 있음을 알게 된다.

　아마 많은 한국 독자들은 이 에피소드가 북한체제를 비방하기 위해 꾸며낸 허구일 것으로 생각할지 모른다. 그러나 예천 양궁장으로 가는 길에서 보인 북쪽 응원단의 소동으로 미루어 그것은 결코 날조가 아님을 알 수 있다. 요컨대 남과 북은 민족적 동질성을 향해 끊임없이 상대방을 이해하고 포용하려고 노력해야 하지만, 아직은 심각한 정치적·문화적 이질성이 현실 속에 존재함을 또한 인정해야 하는 것이다.

영남일보 2003. 9. 3.

전쟁의 악몽을 넘어

오는 27일은 휴전협정이 맺어진 지 꼭 50주년 되는 날이다. 유엔군 측과 공산군 측 간의 회담은 2년이 넘는 동안 159차례의 본회의를 여는 지루한 밀고당기기 끝에 1953년 7월 27일 오전 10시 양측 대표가 모두 18통으로 된 협정문서에 서명함으로써 마침내 타결되었다.

당시 이승만 대통령과 한국 정부는 모든 면에서 취약하고 불안정한 존재였다. 강도높은 전쟁으로 한반도 전체가 초토화되었으니 경제적으로 빈궁한 것은 말할 것도 없지만, 이승만의 집권욕 때문에 무리한 개헌을 강행하여 정치적으로도 분열되어 있었다. 그럼에도 불구하고 이승만 정권은 하루빨리 전쟁을 종결하고 민족의 생존권을 되찾는 일에 힘쓰지 않았다. 도리어 이승만은 미국의 뜻을 거스르면서까지 북진통일을 주장하고 무모하게도 휴전회담을 거부하였다. 그리고 국민들을 동원하여 비현실적인 휴전반대운동을 전개하였다.

1953년 봄이던가. 당시 초등학교 6학년에 재학 중이던 나는 경북 봉화군 군청 소재지의 내성초등학교 운동장에서 벌어진 휴전반대 웅변대회에 학교 대표로 참가하여 앳된 목소리를 드높인 적이 있다. 그로부터 45년의 세월이 지난 어느 날 나는 이광모 감독의 영화 〈아름다운 시절〉에서 바로 나 자신의 지난날이 생생하게 재현되는 것을 목격하고 웃을 수도 울 수도 없는 감회에 사로잡혔다.

　우리 민족에게 그토록 엄청난 희생을 강요한 6·25전쟁은 도대체 왜 일어나게 되었는가. 적화통일을 달성하겠다는 김일성의 야욕이 원인의 전부인가. 6·25전쟁이 일어나기 얼마 전에 미 국무장관 애치슨은 한반도와 대만이 미국 방위선 바깥에 있다고 선언하고 미군철수를 완료했다. 반면에 그해 6월 19일 한국을 방문한 당시의 국무부 고문 덜레스는 때마침 개원된 제2대 국회의 연설에서 어떤 일이 있더라도 물심양면 한국을 지원할 것이라고 역설했다. 애치슨과 덜레스는 마치 오늘의 파월과 럼즈펠드처럼 미국 외교의 강·온파를 대표하는 상반된 입장의 소유자였던가, 아니면 서로 짜고 남북한과 중국·소련을 농락한 것인가. 다시 말해 일부에서 주장하듯이 미국이 파놓은 함정에 공산주의자들이 걸려든 것인가. 의문은 여기서 그치지 않는다.

　전쟁발발 채 1년도 안된 시점에서 이미 미국과 소련은 은밀하게 휴전의 조건과 가능성을 상대방에게 타진하고 있었다는 증언이 나오고 있다. 그런데도 왜 전투는 한반도를 완전히 잿더미로 만들고야 말겠다는 듯이 그 후 2년 이상 계속되었는가. 2~3만 명의 희생자를 낸 제주도 4·3항쟁과 6·25전쟁 사이에는 어떤 역사적 연속성이 있는가. 경산의 폐코발트 광산에 묻힌 3000명의 사망자를 비롯하여 전쟁 초기 대략 13만 명 가까운 인명이 전국에서 학살되었다고 하는데, 이 천인공노할 만행의 기획자·명령자는 누구인가. 1947년의 그리스 내전과 6·25전쟁 및 1960년대에 본격화한 베트남전쟁, 그리고 최근의 아프간·이라크전쟁 사이에는 어떤 국제정치적 연관성이 있는가.

　이렇게 물어본다면 우리는 전쟁의 직접적 피해자로서 아직 그 후유증을 제대로 극복하지 못했음에도 불구하고 6·25의 진실에 대해 거의 아는 바가 없음이 드러난다. 그러므로 휴전 50주년을 맞이하여 우리가 먼저 해야 할 일은 파묻힌 의혹을 밝혀서 올바르게 문제화하는 것이다. 물론 이러한 작업은 자칫 잊혀가는 상처를 덧나게 하고 국민들 속에 새로운 대립과 갈등을 불러올 수 있다. 그런 의미에서 6·25는 아직 끝나지 않은 전쟁인지도 모른다.

어쨌든 '북핵위기'라는 말로 통칭되는 한반도의 전쟁가능성은 결코 피해망상이 아니다. 그것은 펜타곤의 정책 입안자들이 구체적으로 검토하는 현실적 선택들 중 하나이다. 그 민족파멸의 위험에 대처할 책임은 누구에게 있는가. 두말할 것 없이 우리 자신에게 있다. 정전협정을 평화조약으로 전환하고 한반도의 항구적 평화를 위한 다자적 보장을 다각적으로 모색하는 것이야말로 우리가 긴급히 해야 할 중대한 과업이다.

영남일보 2003. 7. 20.

예술작품에 찍힌 분단의 상흔

　대통령에 대한 국회의 탄핵결의로 정국이 요동치는 가운데 탄핵을 반대하는 국민여론이 거세게 솟아오르고 있다. 한 달 앞으로 다가온 총선에서 유리한 국면을 장악하려는 야당들의 계산된 거사는 도리어 강한 역풍에 휩쓸려 자기가 판 함정에 스스로 빠지는 꼴이 되었다. 이 정치적 갈등의 소용돌이 속에서 문학과 예술은 무엇인가 다시 묻는다.
　물론 문학과 예술은 정치의 간섭을 벗어난 자신의 독자적 영역을 가진다. 외적 속박과 금지에 대한 저항이야말로 모든 예술가의 공통된 속성이다. 그러므로 인간의 삶이 그 본연의 품위를 박탈당하고 상처입을 때 예술은 가장 신랄하게 현실에 개입할 수 있다. 1970년대의 김지하와 1980년대의 김남주 같은 시인들이 없었다면 우리 민주주의의 역사는 훨씬 더 빈약했을 것이다. 그렇다면 오늘 우리에게는 어떤 예술이 있는가.
　〈실미도〉는 역사상 처음으로 1000만 관객을 돌파한 대중적인 영화이다. 그러나 그 뒷이야기는 별로 알려져 있지 않은 것 같다. 1971년이면 바로 박정희와 김대중의 운명적 대결이 벌어진 제7대 대통령선거의 해인데, 그해 늦여름 특수부대의 진입사건으로 서울 시내는 온통 경악하였다. '실미도 사건'으로 명명된 이 사건은 그러나 더 이상 자세한 진상이 밝혀지지 않은 채 망각의 저편으로 사라졌다. 그 자신이 북파공작에 참가했던 시인 신대철 씨는 최근 영화 〈실미도〉에 관한 글(「실미도에 대한 명상」, 『창작과 비평』 2004. 봄호)에서 영화가 담지 못한 진실의 일단을 적나라하게 술회하고 있어 우리의 가슴을 시리게 한다.

남에서 북으로 파견한 간첩, 즉 북파공작원의 실상은 잘 알려져 있지도 않을 뿐더러 어쩌면 제대로 된 기록이나 보고서도 없을지 모른다. 어쨌든 분명한 것은 정부의 약속을 믿고 북파되었던 그들이 귀환 후 응분의 보상을 받기는커녕 도리어 사회에 적응하지 못하는 소외와 고통의 삶을 살아왔다는 사실이다.

민족분단의 현실 속에서 북파공작원과 정반대 방향에서 고난의 일생을 보낸 것이 남파간첩들, 흔히 비전향장기수라고 불린 사람들이다. 그들의 존재가 문학 속에서 최초로 본격적 조명을 받은 것은 젊은 작가 김하기에 의해서였다. 1989년 데뷔작 「살아 있는 무덤」부터 이듬해 「노역장 이야기」까지 그의 소설들은 한 평도 안되는 좁은 감방에서 20년, 30년 죽음 같은 삶을 보내는 분단의 희생자들을 감동적으로 증언했다. 6월항쟁으로 민주화가 진전되고 그 넓어진 자유의 공간에서 이런 작품이 발표될 수 있었다는 것은 정치와 예술의 관계를 숙고하게 만드는 사례이다.

최근 비전향장기수의 짓밟힌 삶은 영상을 통해 다시 우리에게 역사의 의미를 묻는다. 작년 10월 개봉되었던 홍기선 감독의 〈선택〉은 실화를 바탕으로 만들어진 영화인데, 혹독한 폭력과 잔인한 회유의 악마적 조건 속에서 미치고 자살하고 전향하는 남파공작원들의 모습을 그림으로써 분단현실의 반인간성을 압축적으로 보여주었다. 이 영화는 작년 12월 13일 영남대 강당에서 있었던 민족예술인대회에서 민족예술상을 받았다.

이달 19일 개봉 예정인 김동원 감독의 〈송환〉은 석방된 장기수들의 어설픈 생활, 남북 공동성명, 그리고 2000년 9월 2일 장기수 63명의 북한 송환을 추적한 다큐멘터리 영화이다. 이 영화는 개봉되기도 전에 제20회 선댄스 영화제 '표현의 자유상'을 수상하고, 2003년 한국독립영화협회 선정 '올해의 독립영화'로 뽑혀 우리의 관심을 자극하고 있다. 오랜 기간의 노력과 진지한 문제의식이 결합된 영화인 만큼 당연한 보답이다. 사족처럼 여기 내가 덧붙이고 싶은 것은 이러한 예술적 성취가 정치적 민주화와 필연적으로 긴밀하게 연관되어 있다는 사실 그것이다.

영남일보 2004. 3. 16.

죽음으로부터의 통신

　이념적 편견이나 현실적 이해득실을 떠나 맑은 마음으로 읽는다면 누구에게나 깊은 울림을 전해줄 거라고 생각되는 책들이 권정생의 『우리들의 하느님』(1996)이고 현기영의 『지상에 숟가락 하나』(1999)이다. 그런데 잘 알고 있듯이 지난 여름 이 책들은 국방부로부터 불온서적 딱지가 붙어 군부대 반입이 금지되었다. 어느 인터뷰에서 현기영 씨가 농담 삼아 말했듯이 검열 담당자가 더위를 먹은 탓인지, 아니면 국방부가 이명박 정부에 자발적인 코드 맞추기를 했던 것인지, 그것도 아니라면 꽤 오래전에 출간되어 잊혀져가던 그 책들을 그런 방식으로라도 언론에 다시 띄워주고 싶어서였는지, 우리로서는 알 길이 없다.

　그런데 최근에는 국방부가 교육과학기술부에 공문을 보내, 고교 교과서의 한국 근·현대사 서술내용을 일부 고칠 것을 요구하여 논란이 일고 있다. 그 중에는, 가령 제주도 4·3사건에 관하여 "공산당 조직이 배후에 있고 경찰발포는 군중투석에 따라 시작됐는데, 발포사실만을 지적해 사건을 왜곡시키고" 있으므로 "대규모 좌익세력의 반란진압 과정 속에 주동세력의 선동에 속은 양민들도 다수 희생된 사건"으로 기술하도록 요구했다든지, 5공 통치와 관련하여 "전두환 정부는 권력을 동원한 강압정치를 하였다"는 내용을 "전두환 정부는 민주와 민족을 내세운 일부 친북적 좌파의 활동을 차단하는 여러 조치를 취하지 않을 수 없었다"로 고치도록 요구했다는 것이다.
(《경향신문》 2008. 9. 18.)

알다시피 현기영은 고향이 제주도이고, 그의 주요 작품들은 대부분 어린 시절 고향에서 경험했던 참혹한 비극과 연관되어 있다. 그의 이름을 문단에 각인시킨 소설 「순이 삼촌」(『창작과비평』 1978. 가을호)을 원고로 처음 읽었을 때 받은 충격과 두려움을 나는 지금도 생생히 기억한다. 단어 하나 문장 하나에도 심혈을 기울이는 깐깐한 집필자세로 인해 결코 다작(多作)일 수 없는 현기영의 문학세계에서 4·3항쟁은 운명과도 같은 무게를 갖는다. 그러나 그는 작품의 어느 페이지에서도 섣부르게 이념적 또는 당파적 입장을 취하지 않는다. 그는 진압군의 편도 아니고 반란자의 편도 아니며, 오직 죽은 자들의 편, 다시 말하면 고향사람들의 편이다. 그의 문학이 주는 감동의 원천은 거기에 있다.

그러고 보면 우리 근현대사는 너무나도 많은 억울한 죽음들의 비명소리로 채워져 있다. 그 절정은 두말할 것 없이 6·25전쟁이지만, 전쟁 이전에도 이후에도 살육의 광기는 남북을 가리지 않고 이 땅을 핏빛으로 물들였다. 4·3사건은 그 시발점이었고, 전쟁발발 직후 남한 전역에서 자행된 좌익혐의자 집단학살은 아직 진상조차 다 밝혀지지 않은 상태다. '한국판 마타하리'라는 언론의 명명 속에 간첩죄로 처형된 김수임 사건은 일나 대중들의 호기심을 자극할 요소가 많았기에 그래도 어느 정도 밝혀진 셈이다.

그런데 최근 AP통신은 '여간첩 김수임 사건의 조작 의혹'을 새삼스레 보도하고 있다.(인터넷 《조선일보》 2008. 8. 18.) 통신에 따르면, "최근 비밀이 해제돼 미 국립문서보관소에서 입수한 1950년대 비밀자료 기록들을 분석한 결과" 김수임에게 씌워진 간첩이적 혐의는 대부분 고문에 의한 허위 자백일

가능성이 높다는 것이다.(그러나 비밀자료를 근거로 김수임 사건의 진실을 파고든 것은 미군 헌병장교와의 사이에서 태어난 김수임의 아들 김원일이고, 그 정황은 2005년 KBS의 〈인물현대사〉에서 잘 다루어진 바 있다. 조작 의혹이 뒤늦게 다시 AP통신에 보도된 것은 첫돌 조금 지나 잃은 어머니의 한을 평생 간직하고 살아온 아들 김원일의 사무친 비통함이 통신사를 움직였기 때문일 것이다.)

이해할 수 없는 죽음의 또 다른 예는 올해 탄생 100주년을 맞는 임화의 최후이다. 그는 시인으로서는 동시대의 정지용이나 백석에 비해 한 수 아래라고 해야겠지만, 비평가·문학사가로서는 독보적인 경지를 개척한 인물로 평가된다. 무엇보다도 그는 일제강점기의 좌파문예단체인 카프의 서기장으로서, 그리고 해방 후에는 조선문학가동맹의 중앙집행위원으로서 탁월한 조직적 역량을 발휘하였다. 심지어 그는 초창기 영화에 출연해 '조선의 발렌티노*'란 별명을 얻은 배우이기도 했다. 이런 다방면적인 활동을 한 사람의 길지 않은 생애 안에 통합한 예를 임화 말고 딴 데서 찾기는 어렵다.

그는 1947년에 그 무렵의 많은 청년·지식인들이 그랬듯이 북으로 넘어갔다. 만약 그대로 남아 있었다면 아마 그는 국문학자 김태준(金台俊), 시인 유진오(俞鎭五)와 같은 길을 걸어 동일한 운명을 맞았을 가능성이 높다. 그런데 그는 1953년 북한에서 정권전복 음모와 반국가적 간첩테러 행위 등의 죄목으로 총살형에 처해지고 말았다. 그가 박헌영 계열의 핵심인물 중 하나였음을 감안하면 이러한 결말이 전혀 뜻밖인 것은 아니다. 그러나 임화의 소위 법정진술을 읽어보면 그가 단순히 정치적으로 패배한 데에 그치지 않

---

* 루돌프 발렌티노(Rudolph Valentino). 이탈리아계 미국의 영화배우. 무성 영화시대 초기의 최대 스타이자 최초의 섹스 심벌이었다. 인기 절정 중이던 1926년 31세의 나이에 패혈증으로 사망하였다.

고 인격적인 파멸의 상황으로 내몰지 않았던가 의심하게 된다.

검사는 심문한다 : "일제시대에 피고가 해왔던 문학운동은 계급적 문학운동이었던가?" 임화는 대답한다 : "아닙니다. 그것은 일제의 어용문학이었습니다." 대체 이런 문답을 어떻게 해석해야 되는가. 임화의 답변은 절망적 자포자기의 표현일 수도 있고, 극도의 공포감 때문에 상대방이 원하는 내용을 뱉은 것일 수도 있으며, 반대로 명백한 허위를 말함으로써 후일의 역사를 위해 법정 전체의 허구성을 입증하는 알리바이를 남긴 것일 수도 있다. 어떤 경우이든 임화의 이러한 죽음은 그의 치열한 삶에 합당한 품위 있는 등가물은 아니다.

지난 시대에 우리는 국가권력의 이름으로 행해지는 강제와 폭력에 순종하도록 길들어왔다. 오늘도 지구촌 곳곳에서는 억울한 죽음의 신음들이 그치지 않고 있다. 폭력을 행사하는 쪽이나 당하는 쪽이나 좌우의 구별이란 다만 이념적 분식(粉飾)이거나 기만적 명분에 불과한 것 같다. 진실로 해방된 삶은 언제 가능할지, 아득하기만 하다.

다산포럼 2008. 9. 22.

이념적 성숙을 위하여

여러 차례의 귀국시도가 좌절된 끝에 드디어 송두율 교수가 가족과 함께 환한 얼굴로 공항에 모습을 드러냈을 때 그것은 많은 사람들에게 적지 않은 감동으로 다가왔다. 스물서너 살 새파란 나이에 떠난 고국을 머리털 희끗한 예순 가까운 몸으로 돌아온다는 그 세월의 중량감 때문에만 그런 것은 아니었다. 1970~80년대에 독일에서 한국 정부에 대한 비판활동을 주도했을 뿐더러 십수 차례 북한을 내왕하며 친북적인 언행도 마다하지 않던 인물의 입국을 대한민국 정부가 허용했다는 사실의 역사적 상징성이 우리에게 어떤 자신감과 뿌듯함으로 다가왔던 것이다.

그러나 그가 국정원 조사를 받게 되고 그 내용 일부가 아주 선동적인 방식으로 언론에 보도되면서 사태는 예기치 않은 방향으로 돌아가고 있다. 심지어 국회 다수당의 대표는 송 교수를 "해방 후 최고위급 간첩"이라고 규정하면서 그의 사법처리를 요구하였고, 최대의 발행부수를 자랑하는 한 신문은 여기서 한걸음 더 나아가 송 교수를 사상적으로 좌익일 뿐 아니라 인간적으로도 음험하고 배신적인 존재로 묘사하는 데에 많은 지면을 할애하고 있다. 오랫동안 송 교수를 옹호해왔던 한 신문도 이런 분위기에 영향을 받은 탓인지 그의 처신에 문제가 있었음을 인정하고 있다.

물론 나는 그의 신분에 관한 실체적 진실을 전혀 알지 못한다. 주류언론들이 국정원 조사내용이라고 하면서 보도한 바에 따르면, 송두율 교수는 1973년 처음 입북할 때 조선노동당에 가입했고 1991년 사회과학원 강의를 위해 북한에 머무는 동안에는 김일성 주석과 서너 시간 대화를 나누면서 북측의 특별한 환대를 받았다고 한다. 그리고 이 무렵 그가 노동당 정치국 후보위원으로 지명되었다는 것이 황장엽 씨의 주장이고 최근 일부 언론의 단정이다.

만약 이러한 보도들이 사실이라면 그는 일정한 사법적 처벌을 피하기 어려울 것이다. 그런데 그는 김철수라는 가명(code name)의 사용, 후보위원 지명의 인지와 수락 및 공작금 수령에 대해 일관되게 부인하고 있다. 다만 노동당 입당에 대해서만은 1970년대 북한의 관례상 소정의 입국절차에 해당하는 것으로 여기고 입당원서에 서명했음을 시인하였다. 그러나 그는 시종일관 자신이 노동당 당원이라고 의식하거나 당원으로 활동한 적은 전무하다고 주장하고 있다.

송두율 교수가 거짓말을 하는 것인지, 아니면 보수야당과 거대언론들이 그의 국정원 진술을 악의적으로 왜곡하고 있는지 나로서는 판별할 근거가 없다. 그러나 적어도 그를 간첩으로 모는 것은 믿기 어려운 모략이라고 생각한다. 마치 공안기관 책임자가 대공사건에 대해 발표하듯이 다수당 대표가 그런 말을 하는 것은 우선 격에 어울리지 않는 일이다. 공당의 책임있는 지도자가 그런 주장을 하려면 납득할 만한 객관적 증거를 함께 제시해야 한다.

앞에서 나는 송두율 교수가 여러 차례 북한을 내왕하면서 '친북적'인 언행도 마다하지 않았다고 서술했다. 그러나 여기에는 반드시 단서가 필요하다. 왜냐하면 잘 알다시피 우리의 현실에서 '친북적'이라는 규정은 심각한 오해를 불러올 수도 있고 때로는 치명적인 재앙이 될 수도 있기 때문이다.

생각건대 송 교수의 경우 이 용어는 결코 '반한국적'이라는 개념으로 등치될 수 없을 것이다. 일찍이 1980년대 초에 그는 북한사회를 북한 자신의 논리로 해석하는 내재적 접근법을 제시하여 연구방법의 새 차원을 열었다고 평가받았는데, 사실 그의 내재적 접근법이 겨냥한 것은 북한만이 아닌 남북한 전체의 현실이었다. 다시 말하면 그는 남북의 경계선 위에 서 있는 자신의 비정형적(非定型的) 정체성을 인식하고 이 불안정한 위치, 즉 경계인의 자리를 역으로 통일운동의 매개로 활용하고자 했던 것이다. 냉전시대의 이분법으로 재단할 때 이러한 경계인의 위치라는 것 자체가 대한민국의 법체계를 건드릴 수도 있고 때로는 '친북적'으로 비칠 수 있다는 것은 아마 부인하기 어려울 것이다. 그러나 분단된 조국의 통일을 염원하는 발상에는 언제나 실정법을 넘어서는 차원이 존재하기 마련임을 잊어서는 안된다.

지난 수십 년 동안 치열한 민주화투쟁을 통해 대한민국은 놀라운 정치적 발전을 이룩했다. 불행히도 조국의 반쪽인 북한사회는 그러한 의미의 자기쇄신을 충분히 겪지 못했다고 판단된다. 적어도 나 같은 사람에게는 그동안 북한체제 내부에 어떤 의미있는 변화가 있었다는 실감이 전해오지 않는다. 그러나 그럼에도 불구하고 남과 북은 단순비교의 대상도 아니고 양자택일의 선택지인 것도 아니다. 그런 점에서는 성급한 통일의 열망을 자제하고 각자 자신의 위치에서 자유롭고 평화로운 세상을 이룩하기 위해, 또 평등과 우애와 관용이 지배하는 세계를 만들기 위해 최선을 다하는 것이 절실할 것이다. 송 교수의 귀국이 일으킨 파문이 보수 기득권세력의 정치공격 도구로 악용되지 말고 우리 사회의 이념적 성숙에 기여하는 계기로 선용될 것을 간절히 소망한다.

경향신문 2003. 10. 3.

두 개의 역사시계

　지난 23일부터 27일까지 제주도에서는 대한체육회·예총·민예총(민족예술인총연합)·제주도가 주관하고 통일부·문화관광부가 후원하는 해방 후 최초의 남북 민간교류 체육문화 행사가 '민족평화축전'이라는 이름으로 진행되었다. 이 축전에 참가하기 위해 북측 인사 190명은 고려항공 비행기 두 대에 나누어 타고 제주도에 도착하여 도민들의 따뜻한 환영을 받았다. 26일 오후 6시 폐막식이 열린 서귀포 월드컵경기장에는 통일응원단을 포함한 수많은 시민들과 남북의 선수들이 "우리는 하나다" "우리 민족끼리" "조국통일" 등의 구호를 외치며 작별을 아쉬워했다고 뉴스는 전하고 있다.
　이와 같은 축전 형식의 공식적인 민간교류는 최초인지 모르나, 사실 남북한 간에는 이미 오래전부터 다양한 방식으로 다방면적인 교류가 이루어져 왔다. 올해만 하더라도 대구 유니버시아드대회에 북한이 참가함으로써 자연스럽게 남북이 민족애를 확인하는 기회로 되었고, 얼마 전에는 정주영체육관의 개관에 참석하기 위해 남측 대규모 참관단이 평양을 방문함으로써 또 한차례 분단의 벽을 낮추는 화합의 계기가 마련되었다. 소위 북핵문제를 둘러싼 북한과 미국 간의 외교적·군사적 긴장이 상존함에도 불구하고 남북한이 이처럼 평화지향적 자세를 견지하고 있다는 것은 실로 다행한 일이다. 우리의 궁극적 목표가 통일임은 분명하지만, 그러나 그 목표를 이루기 위해서라도 우선은 이처럼 남북이 교류하고 화해하며 공존하는 평화의 조건을 창출하는 것이 무엇보다 긴요함을 깨닫게 된다.

그런데 우리의 현실을 살펴보면 한편에는 이러한 긍정적 진전의 흐름이 있는 반면에 다른 편에는 이와 양립될 수 없는 냉전시대의 살기(殺氣)와 적의(敵意)가 여전히 맹위를 떨치고 있음을 알 수 있다. 스물세 살 젊은 나이에 떠났던 조국땅을 37년 만에 밟고 나서 한 달 남짓한 동안 송두율 교수가 그 조국으로부터 받은 대접은 이 나라의 역사시계가 어느 시간대를 가리키고 있는지 심각하게 증언한다. 보수언론·극우정치인·공안세력들이 송 교수를 물어뜯고 짓씹어 마침내 구속에까지 이르도록 압력을 가하는 동안 보여준 그들의 가학적 광기와 집단 히스테리는 중세 말 근대 초에 유럽을 휩쓸었던 마녀재판의 바로 그것이다.

다들 안타깝게 여기는 바와 같이 송 교수에게 얼마간의 실수와 떳떳치 못한 점이 있었던 것은 사실이다. 그가 1973년 북한방문 시에 노동당에 입당했던 행적을 그 후 한번도 또 아무에게도 털어놓지 않은 것은 적어도 한국적 기준에서 볼 때에는 있을 수 없는 실책이다. 그러나 나는 그것이 그의 의도적인 범죄은폐라기보다 이 나라의 살벌한 현실을 오래 떠나 있었던 데서 오는 단순한 감각마비라고 해석한다.

그 밖에 보수언론과 공안세력들이 송 교수에 대해 비난한 사안들 가운데 내가 동의하는 것은 한 가지도 없다. 어떤 신문은 송 교수의 귀국을 기획입국이라고 명명했고 또 어떤 언론은 송 교수의 국내 연계세력을 수사해야 한다고 주장했다. 심지어 어떤 정치인은 아예 송 교수를 간첩이라고 지칭하였다. 참으로 기가 차고 숨이 막힌다. 도대체 기획입국이라니! 잘 알려진 것처럼 송 교수는 최근 10여 년 동안 대학강단에 서기 위해, 또는 부친상을 치르기 위해 여러번 귀국을 시도했으나 그때마다 좌절되었다. 이런 형편에 젊은 세대의 자발적 열정에 주로 힘입어 노무현 정권이 탄생하자 아마 그는 새로운 희망을 갖게 되었을 것이다. 드디어 고국땅을 밟아보게 되는구나! 그런 점에서 그의 귀국은 대담한 돌출입국이 아니라 말 그대로 순진한 기획입국일지 모른다.

2003년 10월의 한국 언론은 후일 세계인권사에 치욕의 장으로 기록될 것이다. 왜냐하면 수사 중인 사건의 내용을 편의적으로 또 악의적으로 왜곡 보도하여 아직 기소되지도 않은 피의자의 인격을 무자비하게 유린하고 명예를 훼손하였기 때문이다. 이런 잔인한 일이 벌어지는 같은 나라의 다른 어느 곳에선가, 송 교수의 감옥행에 빌미가 되었던 것과 같은 행사, 즉 북녘 사람들과 남쪽 시민들이 함께 어울려 한반도기를 흔들며 "우리는 하나!"라는 구호를 외치는 행사가 벌어지고 있다면, 이것은 비극인가 희극인가. 수십만 명의 죄없는 목숨을 빼앗은 마녀사냥이 중세로부터 근대로의 전환기에 일어났다는 것은 역사적 전환에 대한 기득권세력의 공포와 저항이 그만큼 완강하다는 것을 뜻한다. 그렇다면 우리가 사는 오늘 이 시대 또한 하나의 전환기라는 말인가!

영남일보 2003. 10. 29.

철도교통 이야기

서울 생활을 접고 대구로 내려온 지 어느덧 27년이다. 그 27년 가운데 마지막 10년은 경산에서 살고 있다. 그러다 보니 서울을 오르내리느라 기차 타는 일이 잦다. 철도교통에 대해 관찰한 것은 그런 연고 때문이다.

기차를 타러 갈 때면 산보 삼아 으레 걸어간다. 그런데 집에서 경산역으로 가자면 반드시 굴다리를 지나거나 육교를 넘어 한참 돌아야 한다. 걷는 게 건강에 좋다니까 불평 없이 다니긴 하지만, 왜 이렇게 정문 쪽에서만 역으로 드나들게 만들었을까에 의문이 미치지 않을 수 없다. 뒤쪽으로도 출입할 수 있다면 돌아가는 수고를 덜 텐데. 아니, 아예 개찰구와 집찰구를 없애고 승강장을 개방적인 공간으로 만들면 어떨까.

예전 1950~60년대에는 기차를 몰래 타는 사람들이 적지 않았다. 의자 밑에 숨어서 검표를 피한 다음 목적지 근처에서 위험하게 뛰어내리는 사람도 더러 보았다. 그런가 하면 손님들의 지갑을 노리고 기차에 오르는 재주꾼도 있었고, 심지어 야간에 적재화물을 털어가는 떼도둑도 없지 않았다. 그러니 사람들이 마음대로 왕래하는 공공장소와 기차에 타고 내리기 위한 출입구가 엄격하게 분리되는 것은 이해할 만한 일이라고도 할 수 있다.

그러나 내 생각에 이러한 분리는 1950~60년대 가난했던 시절의 유산이 아니라 말하자면 일제의 잔재이다. 주지하듯이 우리나라에 철도가 부설되기 시작한 것은 구한말이었지만, 철도교통의 기본구도가 만들어진 것은 일제강점기였다. 그때 일제 식민지 당국이 한국인들의 편의와 이익을 도모하기 위해 철도를 건설했을 리는 만무하다. 오히려 식민지 통치자들로서는 철도에 대한 한국인들의 접근을 통제하고 차단하는 것이 정책의 주요 목표였을 것이다. 기차 역사의 폐쇄적 건축구조는 그런 목표와 관련되어 있는 것이 아닐까. 물론 그럼에도 불구하고 결과적으로 철도이용의 혜택이 우리에게 돌아온 것은 부인할 수 없다.

생각해보면 철도의 노선 자체가 한반도 지배와 만주진출을 노리는 일제의 침략적 시각을 반영하고 있다. 지도를 펴놓고 들여다보면 금방 그 사실을 깨달을 수 있다. 대륙과 반도의 물적 자원을 항구를 통해 일본열도로 들여가고 그 길을 거슬러 일본인들이 대륙으로 나오기 좋도록 철로가 설계되어 있는 것이다. 따라서 일제강점기에는 철도교통의 요지가 도시발달의 중심이 될 수밖에 없었다. 1970년대 이후 산업화와 도시화에 따라 농촌 중심지로서의 과거 지방도시가 쇠퇴하고 그 대신 공단 중심의 새로운 도시가 생겨나고 수도권의 낯선 땅에 갑자기 인구가 밀집되는 것과 마찬가지다.

이 나라의 철도가 주민들의 이익과 편의를 최우선적으로 고려하지 않고 있다는 것은 환승을 하면 실감할 수 있다. 가령, 대구에 사는 사람이 전북 익산이나 강원도 영월을 기차편으로 갈 엄두를 낼까. 대구, 익산, 영월이 모두 선로로 이어져 있으니까 기술적으로 불가능한 것은 아니다. 만약 호남선 열차가 경부선과 마찬가지로 처음부터 대전역에 서도록 설계되었다면 대구에서 익산을 기차로 가는 것은 당연히 아주 간단한 일이다. 그러나 이 간선 철도의 설계자는 틀림없이 일본인 기술자였을 것이고, 그의 눈에 반도인 여행자의 불편 따위는 보이지 않았을 것이다.

대구에서 기차로 서울에 가서 지하철을 탈 때 잠시 어리둥절해지는 것 중 하나는 기차는 좌측통행인데 왜 지하철은 우측통행인가 하는 점이다. 좌측이건 우측이건 목적지를 잘 살펴보고 바르게 타면 실수가 없지만, 그러나 기왕이면 기차와 지하철 모두 한 방향으로 가도록 하는 것이 낫지 않았을까. 그런데 이 의문은 일본에서는 여전히 기차도 자동차도 다 좌측통행이라는 사실을 알고 나서 쉽게 풀렸다. 물론 내 짐작이지만, 기차는 일제 때 만들어진 그대로 좌측통행인 반면에 지하철은 1970년대에 우리 손으로 건설하면서 미국식 통행방식, 즉 우측통행을 따랐던 것이다.

근본적인 문제는 1970년대 이후 경제발전으로 우리 사회 구석구석에 남아 있는 일제 잔재를 청산할 여력이 생겨났음에도 불구하고 그것을 그대로 방치하고 있다는 데 있다. 철도역 승강장에 사람들의 자유로운 출입을 금지하는 것이 무임승차를 막기 위해서인가 아니면 사고를 예방하기 위해서인가. 그런 면도 없지 않겠지만, 내 생각에 그보다는 일제시대의 관습적 사고, 즉 주민들을 관리와 통제의 대상으로 보는 관료적 사고가 여전히 남아 있기 때문일 것이다.

환승에 대해서 말한다면, 고속철도(KTX)가 개통된 이후 새마을과 무궁화 승객을 흡수하기 위해 사정이 좀 나아진 셈이다. 그러나 경부선에서 호남선으로, 또 중앙선에서 충북선으로 갈아타는 것과 같은 의미의 환승은 아직 고려조차 되고 있지 않다고 말하는 편이 옳을 것이다. 여기서 떠오르는 것이 유럽의 철도교통이다. 유럽여행을 하면서 거미줄처럼 얽힌 복잡한 노선들의 놀라운 환승체계를 경험하고 나면, 왜 유럽의 철도노동자들이 그처럼 높은 직업적 자부심을 가지고 있는지 저절로 이해하게 된다.

미국이나 캐나다와 같이 널따란 평원에 사람들이 띄엄띄엄 흩어져 사는 나라는 다르겠지만, 우리는 당연히 유럽처럼 철도와 대중교통 중심의 교통 정책을 펴야 한다. 그런데도 지난 30여 년간 닦고 넓힌 길도 모자란다는 듯이 지금 이 나라는 국토 전체가 거대한 도로공사장이다. 석유와 자동차 및 건설업에 대한 의존을 줄이면 경제가 쓰러지는가. 그러나 그렇더라도 석유 생산이 조만간 줄어들 것은 필지의 사실이라지 않은가. 참으로 걱정이다.

다산포럼 2006. 12. 14.

'강북' '강남'의 구획이 말해주는 것

'강북이란 무엇인가'를 주제로 인문학 학술대회가 개최된다는 사실 자체가 말해 주듯이,★ 이제 강북·강남은 평범한 보통명사가 아니라 이 시대의 사회문화적 지형도를 반영하는 하나의 특별한 호칭이 되었다. 오늘날 한국에서 강남에 살고 있다고 말하는 것은 단순히 자신의 거주지를 알려주는 것 이상의 복합적 함의를 지닌다고 할 수 있다. 그것은 그의 사회적 삶의 내용에 관해서, 즉 그의 계급적 귀속과 직업의 종류, 경제형편, 정치의식과 투표성향에 관해서 일정하게 윤곽을 그리도록 만드는 일이다. 심지어 그것은 그가 무엇을 먹고 어떻게 즐기며 사는가를 포함한 자신의 생활습성에 관해서 암시하는 것이기도 하다. 어쩌다가 '강남'은 이렇게 특권화되었는가. 이 물음은 자연스럽게 강남의 대척지점에 놓인 또 하나의 시대적 기표 '강북'을 우리 앞에 불러온다.

여기서 '강남' '강북'이 단순한 지리적 구획 이상의 것을 지칭함은 굳이 설명할 필요도 없다. 동작구 사당동과 서초구 방배동은 길 하나를 경계로 맞붙어 있는 한강 이남의 인접지역이지만, 한 곳은 강남에 속하고 다른 한

★ 덕성여대 인문과학연구소 주최로 2009년 겨울에 「지역문화와 인문학」이라는 주제로 제1회 학술대회가, 그리고 2010년 6월 4일에는 「강북이란 무엇인가」를 주제로 제2회 학술대회가 열렸다. 이 글은 제2회 대회에서 발표한 기조발제를 다듬은 것이다.

구역은 강남에서 배제된다고 여겨진다. 사당동 서쪽에 위치한 노량진, 영등포, 구로동, 가리봉동, 목동은 각각 생성의 역사가 다르고 문화적 배경이 다르면서도 강남이 아니라는 공통성을 가진다. 실은 한강 이북 지역들도 서울에서 차지하는 위상이 그야말로 천차만별이다. 예컨대, 일제강점기의 종로와 명동은 임권택 감독의 영화 〈장군의 아들〉(1990)에 묘사된 것과 똑같지는 않다 하더라도 일정한 사회학적 상징성을 띤 장소였던 것이 사실이다. 그런 점에서 이태준(李泰俊)의 단편소설 「달밤」(『中央』 1933. 11월호)은 1930년대 초 서울의 한 풍속도라는 역광을 통해 오늘의 현실을 다시 들여다보게 만든다. 그 작품은 이렇게 시작한다.

> 성북동으로 이사 와서 한 대엿새 되었을까. 그날 밤 나는 보던 신문을 머리맡에 밀어 던지고 누워 새삼스럽게
> "여기도 정말 **시골**이로군!"
> 하였다.
> 무어 바깥에 컴컴한 걸 처음 보고 시냇물 소리와 쏴아 하는 솔바람 소리를 처음 들어서 가 아니라 황수건이라는 사람을 이날 저녁에 처음 보았기 때문이다. (중략)
> 그날 밤 황수건이는 열 시나 되어서 우리 집을 찾아왔다.
> "아, 이 댁이 **문안**서……"
> 하면서 들어섰다.
>
> *고딕체는 인용자.

작품의 배경인 1930년대 초가 다름 아닌 대공황의 시대임을 상기할 필요가 있다. 작품은 생활고에 내몰리는 주인공 황수건의 순직하고 우둔한 인간

성을 서정적인 필치로 그려낸 이태준의 초기 대표작 중 하나이다. 이 소설을 쓰기 직전에 이태준은 시내에 살다가 성북동으로 이사 왔으므로, 작품에는 작가의 전기적 사실이 얼마간 반영되어 있다고 할 수 있다. 만해의 심우장(尋牛莊)이나 오늘의 간송(澗松)미술관에서 멀지 않은 성북동 248번지 그의 주택에는 지금도 '수연산방(壽硯山房)'이란 간판이 붙어 있어, 이태준의 옛집이었음을 증언하고 있다.

그런데 오늘의 독자들이 실감하기 쉽지 않은 것은 그 성북동이 '시냇물 소리와 솔바람 소리'가 들리는 **시골**로 묘사되고 있다는 점이다. 알다시피 성북동은 부(富)의 중심이 강남으로 옮겨간 오늘날에도 지체 있는 부자들의 저택과 외국 대사관저가 모여 있는 진짜 고급동네로 소문나 있다. 이런 선입견을 가진 오늘의 독자들로서는 성북동에 처음 이사간 작중화자가 "정말 **시골**이로군!" 하고 탄식을 한다든가, 주인공인 황수건이 이태준 자신으로 짐작되는 작중화자에게 왜 **문안**을 떠나 이런 시골로 낙향했느냐고 묻는 것이 아주 낯설게 느껴지는 것이 당연하다.

「달밤」의 등장인물들이 주고받는 대화에 나오듯이 오랫동안 서울을 구획하는 기준은 문안과 문밖이었다. 필자가 젊었던 시절인 1960~70년대만 하더라도 서울 토박이들의 일상생활에서 문안·문밖은 서울을 가로지르는 중요한 지표였다. 돌이켜보면 조선의 건국과 정도(定都, 1394) 이후 사대문은 왕조의 수도 한성(漢城)에 배타적 권위를 부여하는 경계였다. 그러나 도성 바깥 10리까지의 지역은 '문밖'이기는 하지만 한성 관할이었다. 따라서, 예컨대 왕십리 같은 곳은 박지원의 한문단편 「예덕선생전(穢德先生傳)」에 그려진 바와 같이 문안 주민들에게 싱싱한 야채를 공급하는 근교 농업지의 하나로서, 그리고 마포는 한강을 통해 황해의 해산물을 서울에 제공하는 물류기지로서 문안에 복속되어 있었다. 역사적으로 우리나라가 중앙집권적 관료국가였음을 감안하면 문안과 문밖의 정치·문화적 격차는 상상보다 더 컸을지도 모른다. 그러므로 1930년대까지만 하더라도 문안에서 문밖으로 이사하는 것은 「달밤」의 주인공 황수건의 반응에 나타나듯 신분의 추락이나 경제적 몰락 같은 불길한 이미지로 받아들여지는 것이 당연한 일이었을 것이다.

19세기 말 이른바 식민지 근대화에 시동이 걸리면서부터 문안의 압도적 우위는 허물어지기 시작했을 것으로 믿어진다. 북대문(=숙정문, 홍지문)은 원래 북한산에 면하고 있어 일반인의 통행과는 관계가 없었지만, 서대문·서소문·동소문 등의 성문과 그 성문들을 연결하는 성벽의 많은 부분이 일제강점기에 도로확장과 도로정비의 명목으로 철거되면서 '문안'이라는 개념 자체가 흔들리게 되었다. 그러나 관청·은행·학교·병원·극장·백화점 들이 모여 있는 중심가는 여전히 문안의 기능을 수행하고 있었다.

물론 20세기 초 경인선(1899)·경부선(1904)·경의선(1906)·경원선(1914)의 잇단 개통과 한강철교(1900)·한강대교(1917)의 준공, 경인선과 경부선이 갈라지는 영등포지역의 공업화, 조선총독부의 식민통치와 일본인 이민자의 대거유입 등은 한편으로 서울의 양적 팽창을 초래했지만, 다른 한편 서울이 갖는 독립국가 수도로서의 위엄을 파괴했을 것이다. 어쨌든 1930년대 후반에는 시울 주변부에 새로운 공업지대와 주거지역이 형성되었고, 특히 1936년에는 행정구역의 확장으로 인구가 100만에 육박하기에 이른다. 그러나 이런 변화와 팽창에도 불구하고 1960년 초봄 필자가 대학입학을 위해 상경하여 처음 목격한 서울은 21세기인의 눈으로 본다면 여전히 농경시대적 풍경이 많이 남아 있는 곳이어서, 도심에도 나비와 잠자리가 날아다녔고 변화가 뒷골목을 조금만 들어가면 텃밭에서 자라는 고추와 상추를 쉽게 볼 수 있었다.

　오늘의 서울이 기획되고 추진된 것은 자타가 공인하듯이 박정희 정부의 이른바 압축적 근대화를 통해서였다. 서울의 핵심지역으로 변한 '강남'을 포함해 한강 이남의 넓은 땅이 서울에 편입된 것은 오랜 옛날이 아니라 1963년 행정구역 개편에 의해서인데, 인구 500만을 기준으로 하는 서울의 도시계획사업이 입안된 것도 이때였다.

　그러나 서울시의 그러한 각종 계획사업은 도심 재개발·구획정리·무허가주택 정비 등으로 그때그때 이름을 바꾸어 끊임없이 수정·보완되지 않을 수 없었다. 왜냐하면 1960년대 후반부터 본격화하기 시작한 농촌인구의 도시유입은 서울시가 마련한 도시계획의 합리적 시행으로는 도저히 감당할 수 없을 만큼 너무나도 폭발적이어서, 500만이라는 1963년의 계획수치는 순식간에 무의미해졌기 때문이다. 단순히 서울의 인구증가 측면만 살펴보더라도, 필자가 처음 상경한 1960년에 245만 정도이던 것이, 이호철(李浩哲)의 장편소설 『서울은 만원이다』가 발표된 1966년에는 380만에 이르렀고, 1970년에는 543만, 1980년에는 836만, 그리고 1990년에는 드디어 1000만을 돌파했던 것이다.

　이런 기하급수적 팽창의 추세 속에서 찾아진 돌파구가 강남의 특혜적 개발이었다. 그것은 농촌의 몰락과 서울의 과잉팽창이라는 국가적 위험을 미국의 서부개척에 비유될 수도 있는 강남개발을 통해 해결하려는 하나의 정치적 프로젝트이기도 했다. 어떻든 이 프로젝트에 따라 진행된 제3한강교(1969, 지금의 한남대교)의 준공과 경부고속도로(1970)의 개통, 반포아파트 분양(1974)과 강남고속터미널 운영개시(1977), 지하철 2, 3, 4호선 개통(1983) 및 아시아경기대회(1986)와 서울올림픽 개최(1988) 등은 강남발전의 역사를 기록하는 화려한 이정표일 것이다.

그러나 1970년대의 강남은 아직 건설회사의 깃발과 중장비의 굉음만 요란한 개척시대의 서부와 같았다고 할 수 있다. 1974년이던가, 나는 덕성여대 학생들을 데리고 법정 스님이 머물던 봉은사를 찾은 적이 있다. 동대문 근처에서 기동차를 타고 뚝섬까지 가서 거기서 배를 타고 한강을 건넌 다음 다시 높다란 구릉지대를 걸어 넘어서야 봉은사에 도착했는데(그 구릉 위에 오늘날 경기고등학교가 위세 좋게 서 있다), 그 여정은 그로부터 36년 뒤인 지금으로서는 상상조차 할 수 없는 추억 속의 낭만이 되었다. 또 가령, 1979년 말 완공된 대치동 은마아파트의 초기 입주자인 내 동료 한 사람은 어렵사리 마련한 집으로 출퇴근하기 위해 비 오는 날이면 반드시 장화를 준비해야만 했다. 지금 그토록 유명해진 그 아파트 주변 도로가 당시에는 아직 비포장이어서 흙먼지와 진흙탕으로 신발을 더럽혔던 것이다.

강남의 표면적 화려함과 내부적 참혹성을 누구보다 예리하게 바라본 예술가 중의 한 사람은 시인 겸 영화감독 유하일 것이다. 시집 『바람부는 날이면 압구정동에 가야 한다』(1991)와 동명의 영화(1993)는 압구정동으로 상징되는 강남지역의 소비적 욕망과 도덕적 퇴폐에 대한 미학적 탐닉뿐만 아니라 그것에 대한 통렬한 사회학적 비판도 담고 있으며, 외면적으로 학교 내 폭력을 다룬 영화 〈말죽거리 잔혹사〉(2004)는 더 들여다보면 그 영화의 시대배경인 1978년경의 말죽거리 사회사, 즉 1970년대의 강남개발사를 분노에 가득찬 시신으로 폭로하고 있다. 그린 짐에서 유하의 시와 영화는 지닌번 제1회 학술대회의 '강북지역의 상상과 인문학적 실천'에서 윤지관 교수가 논의했던 이창동·김소진 소설의 강남 버전이라고 할 수 있을지 모른다.

최근 간행된 황석영의 장편소설 『강남몽』(2010)은 강남개발과 거기 내재된 물욕과 부패의 사회사를 총체적으로 탐구하고자 한다. 주지하듯이 1995년의 삼풍백화점 붕괴사건은 강남을 무대로 30년간 지속된 한국형 개발독재의 한 축이 도달한 파산적 귀결이었다. 이것은 결코 순수한 자본주의적 욕망의 질주만을 보여주는 것이 아니다. 일제강점기의 일본군 밀정과 해방 후 미군 정보요원을 거치면서 불의한 권력과 밀착하여 축재에 성공한 재산가, 권력과 금력의 사각지대에서 암약하는 폭력조직과 투기업자들, 거기 기생하는 유흥가의 타락분자들, 부패세력에게 뜯기고 희생당하는 힘없는 노동자들, 이 모든 구성원들에게 어느 날 일시에 덮친 절망의 묵시록을 『강남몽』은 아주 경쾌한 템포로 제시해나가는 것이다.

어쩌다 보니 본론에서 너무 멀어진 것 같다. 오늘 발제 가운데 가령 안창모 교수의 「강남개발과 강북의 탄생」 같은 논문은 제목만으로도 나의 상상을 자극하는데, 문학도로서는 배우는 바가 많으리라 기대하면서, 문외한의 한두 가지 원칙론적 단상을 추가하는 것으로 나의 두서없는 발제를 마치려 한다.

강남의 특권적 개발과 관련하여 무엇보다 심각하게 고려해야 할 사항은 한국 근대화과정에서의 농촌과 도시의 본질적인 불균형 발전이라고 생각한다. 지금으로서는 잘 믿어지지 않는 일이지만, 『사상계』나 『새벽』 같은 1950년대 후반부터 1960년대 초까지의 종합지를 살펴보면, 당시 많은 필자들이 한국사회가 시급히 해결해야 할 당면문제의 하나로서 농촌의 인구과잉을 지목하고 있음을 알 수 있다.

그런데 1960년대 초부터 한 세대에 걸쳐 진행된 농촌으로부터의 인구탈출은 너무나 과도하고 급격한 것이어서, 서울-수도권으로의 과잉집중은 한국의 정치와 경제뿐만 아니라 한국인의 생활과 의식을 근저에서부터 왜곡했다고 여겨진다. 이른바 '압축적 근대화'라고 통칭되는 1970~90년대의 한국 자본주의화가 저곡가와 저임금, 즉 농촌공동체의 붕괴와 노동자의 희생을 기반으로 가능했던 것임은 많은 연구자들이 지적해온 바이다. 그리하여 이제 문안과 문밖이라고 하는 전통적 구획은 1970년대 이후 점차 강남과 강북 간의 경계로 대체되었고, 그 경계선은 이제 다시 서울-수도권과 기타 비수도권 사이를 횡단하는 국가 내부의 분단선으로 고착되어가고 있다. 이에 따라 흔히 우려하는 바와 같은 경제적 양극화 이상의 감정과 세계관의 분열이 심각하게 국민적 통합성을 위협하고 있다.

이 대목에서 떠오르는 것이 19세기 말 프랑스를 뒤흔들었던 드레퓌스 사건이다. 사건 자체는 너무나 잘 알려져 있어 새삼스러울 게 없지만, 이 사건을 소재로 삼은 당시 신문의 두 컷짜리 만화는 나에게 에밀 졸라의 명문 「나는 고발한다」보다 더 인상적이어서 지금까지 잊지 못하고 있다. 만화는 이렇게 구성되어 있다. 위쪽 그림에는 중산층 가정의 일상적 풍경이 그려져 있는데, 잘 차려진 식탁 주위에 가족들이 둘러앉아 화목하게 저녁식사를 즐기고 있다. 아래 그림도 똑같은 구도이나, 분위기는 완전히 딴판으로 변해 있다. 술잔이 엎어지고 빵 접시가 날아가 있으며 식구들은 모두 붉으락푸르락 얼굴이 비뚤어져 있다. 만화가의 뛰어난 재치를 보여주는 것은 두 그림 밑의 설명인데, '그 화제가 나오기 전' '그 화제가 나온 다음'이라고 각각 쓰여 있다. 드레퓌스 사건이 프랑스 사회의 공적 영역뿐만 아니라 개인들의 사생활까지 산산이 갈라놓고 있음을 이 만화는 어떤 장황한 논설보다 더 예리하고 설묘하게 드러내는 것이다.

프랑스의 경우 드레퓌스 사건은 심각한 사회적 분열의 촉매가 되었음에도 불구하고 사건의 수습을 통해 보수우파의 잘못된 애국주의와 황색신문의 왜곡된 선정주의를 상당한 정도 청산할 수 있었고, 그럼으로써 대혁명이 수립한 공화주의의 전통을 지킬 수 있었다. 그런 점에서 드레퓌스 사건은 프랑스공화국의 현대적 재탄생을 위한 역사적 진통이었다.

반면에 우리나라의 경우에는 1960년의 4·19혁명, 1980년의 광주항쟁, 1987년의 6월항쟁, 2008년의 촛불시위 같은 민주주의의 분출에도 불구하고 그것이 정치적 민주화를 넘어 사회적 혁명으로 확산되는 성과를 낳지 못하고 있다. 흔히 한국은 민주화와 산업화의 동시적 달성에 성공한 예외적 사례로 찬양되고 있지만, 그리고 어느 면에서 그것이 분명 우리의 자랑이기도 하지만, 한국식 산업화의 결과로서의 사회적 불평등의 심화는 정치적 민주화의 모든 성과를 잠식하여 허구적인 것으로 만들어놓고 있다.

최근 노동운동가 출신의 저술가 손낙구 씨는 『부동산 계급사회』(2008) 『대한민국 정치사회 지도』(2010) 등의 저서에서 주로 부동산이라는 프리즘을 통해 한국 사회, 특히 수도권 주민들의 투표성향과 정치의식을 심층적으로 분석하고 있는데, 그에 따르면 부동산의 소유형태는 그 소유자의 정치행위에 영향을 주는 가장 중요한 변수라는 것이다. 강남·서초·송파 등 강남 3구의 득표가 서울특별시 전체의 판세를 뒤집을 수 있다는 것을 최근 몇 차례의 선거는 입증한 바 있는데, 이것은 한마디로 민주주의의 희화화인 것이다. 그런 점에서 강남의 특권화를 극복하고 전 국토의 균형발전을 도모하는 것은 지방자치의 성공적 정착을 위해서뿐만 아니라 민주주의의 내실화를 위해서도 피할 수 없는 과제일 것이다.

다음으로 간과할 수 없는 사실은 분단현실이 압축적 근대화에 가한 부정적 영향이다. 압축적 성장이란 그 자체가 지난날의 유신체제에서 입증되었듯이 정치적 억압과 사회적 기형성을 동반할 수밖에 없는 과정인지도 모른다. 흔히 논의되는 바와 같이 경제발전과 사회변화는 당연히 상호 긴밀하게 연관되어 있으며, 정치적 강압에 의해 변화가 생략되거나 발전이 비약하는 일은 있을 수 없다는 것이 상식이다. 후발 자본주의 국가인 독일·이태리·

일본에서 시민사회의 발전이 늦어지고 민주주의가 원만하게 자리잡을 수 없었던 것이나, 사회주의혁명을 표방했던 소련에서 실제로는 국가적 기획에 의한 폭력적 산업화가 추진된 것은 국가와 시민사회, 정치와 경제 간의 상호작용이 얼마나 긴요한 것인지 입증한다.

그런데 우리나라의 경우에는 경제개발 계획을 통한 압축적 성장이라는 악조건 이외에, 발전의 방향이 원천적으로 북방의 휴전선에 가로막혀 있다는 또 다른 조건의 제약을 받아왔다. 다시 말해, 남쪽을 향해서만 일방적으로 문이 열려 있다는 지정학적 조건이야말로 오늘날 강남이 누리는 특권적 풍요, 즉 강북소외의 결정적 요인일 거라는 점이다.

돌이켜보면 1972년의 7·4남북공동성명, 1991년의 남북기본합의서 채택, 그리고 특히 IMF 외환위기 이후 2000년과 2007년의 남북 정상회담과 공동선언 발표는 이러한 난관의 타개를 위한 노력이었던 점에서도 의미 있는 진전이었다고 할 수 있다. 특히 김대중·노무현 정부는 한편으로 남북 화해의 진척을 통해 한강 이북지역에 가해지는 군사적 긴장의 강도를 완화시키려고 노력했고, 다른 한편 지방분권과 균형발전을 추구함으로써 서울–수도권에 과잉집중된 자본과 인구를 적절하게 지방으로 분산하고자 노력했다.

물론 그러한 정책은 부분적으로는 성과를 내기도 했지만, 다른 측면에서는 반작용도 만만치 않았다. 무엇보다도 지난 정부의 대북 화해정책 추구가 기득권세력에게는 특혜의 기반을 위협하는 것으로 받아들여져 결사적 반발을 낳았고, 이것이 이들 정부의 섣부른 신자유주의정책과 어울려 심각한 사회적 분열을 초래했던 것 같다. 그러나 그러한 어려움 속에서도 남북 간의 화해와 교류는 꾸준히 진행되어, 머지않은 장래에 분단체제의 해체를 예감할 수 있는 지점까지 접근해갔었다고 믿어진다. 만약 이 방향으로 변화와 발전이 더 진행되었다면, 그것은 남북 간의 분단장벽을 해소하는 길로 들어서는 것일 뿐더러 남한 내부의 사회적 분열과 정치적 갈등을 완화하는 성과에 이를 수도 있었을 것이다. 그와 동시에 북한사회 자체의 민주적 변화가 싹트고 자라날 수 있는 내부적 동력의 성장도 기대할 수 있게 되었을 것이다. 그러나 최근 2년 반 동안 이명박 정권하에서의 경험은 천신만고 끝에 조금씩 이룩했던 그런 방향의 성과들이 한꺼번에 물거품으로 돌아가고 있다는 우려를 갖게 하는데, 좁은 의미의 강북, 즉 도봉·강북·노원지역의 문화적 정체성을 새롭게 구성하고 이를 통해 지역발전과 학문활동의 사회성 제고에 기여하려면 이런 더 넓은 맥락에 대한 고려를 잊지 않아야 지역주의의 편협성에서 벗어날 수 있으리라 생각한다.

인문과학연구 제16집, 덕성여대, 2010.

4

문화는 인간의 삶 자체입니다. 어떤 강력한 독재권력도 문화의 물줄기를 마음대로 조종할 수는 없습니다. 유럽 음악과 아프리카 흑인들의 리듬과 아메리카 원주민의 정서가 만나서 어떤 새로운 음악이 만들어질지 아무도 미리 계획할 수는 없었습니다.

벼랑 끝에 선 대학교육

　이 나라 교육의 심각한 파행상태는 이제 우리가 당면한 국가적 위기의 가장 중요한 일부로 되었다. 공교육의 붕괴와 사교육의 이상비대, 살인적인 입시경쟁, 병리적인 영어열풍, 유치원생부터 중고등학생에 이르는 청소년들의 학습노예화, 조기유학과 기러기아빠들, 가정경제를 휘청거리게 만드는 엄청난 교육비용, 취업준비기관으로 전락한 대학들, 기초학문 학과들의 쇠퇴와 지방대학의 몰락, 고질적인 학벌주의, 여기에 곁들인 일부 족벌재단의 비리와 부패 등등 우리의 교육현장은 우리 사회 전체의 모순과 문제점을 확대경적으로 집약하고 있다. 그런데 이제 지난 40여 년간 가까스로 지탱되어오던 중고교 평준화체제가 사실상 끝장나고, '국제중 설립'과 '자사고 확대' 논의에서 보듯이 중등교육마저 시장만능주의의 먹이로 바쳐진다면 우리 사회는 더욱 약육강식의 정글로 변해갈 게 뻔하다.
　이 착잡한 현실에 대한 교육주체들의 반응이 전과 같지 않다는 것 또한 누구나 실감하는 사실이다. 식민지시대와 독재시대를 통과하는 동안 이 나라 저항운동의 변함없는 전위부대였던 대학생들의 변모는 무엇보다 눈에 띄는 역사적 현상이다. 그들이 어떻게 달라져 있는가를 보여준 징후적 사례의 하나는 상당수 대학의 총학생회장들이 2007년 대선에서 경제제일주의를 표방한 보수정당 후보의 지지를 선언한 사건일 것이다. 그 후보가 당선되어 대통령으로 집권 1년을 보내는 동안 드러난 사실은 그가 정상적인 의미의 경제제일주의자도 못 된다는 점인데, 그를 지지했던 총학 회장들이 이 점에 대해 어떤 반성을 표명했다는 소식도 들리지 않는다. 회장들은 그렇다 치고, 그들을 선출한 학생들조차 이렇게 무기력으로 일관해서야 땅을 칠 노릇 아닌가. 소위 일류대학이라는 데로 갈수록 신입생 중에서 차지하는 중산층 이상 기득권자 자녀들의 비율이 더 높다는 것은 누구나 다 아는 사실인데, 그 사실의 정치적 귀결을 우리는 오늘의 현실에서 목격하는 것이다. 그래도 과거에는 대학이 계급적 장벽과 경제적 불평등에 기초한 구조적 모순을 완화하는 기능도 일부 맡았지만, 오늘날 대학은 거꾸로 부와 권력의 합법적 세습을 보장하고 은폐하는 장치로 변모해 있다.

흔히 대학은 학문의 전당이라고 일컬어져 왔다. 상식적으로 생각해보더라도 현대사회에서 학문활동의 지속성을 보장하기 위해서는 대학제도의 뒷받침이 거의 필수적으로 요청된다고 할 수 있다. 날로 발전하는 현대 학문의 추세로 미루어 대학이 제공하는 인적 구성과 물적 기반을 떠나서는 학문의 존립 자체가 어려울 것이다. 알다시피 모든 학문이론들은 오랜 세월에 걸친 축적과정의 산물인데, 그렇다고 하는 것은 학문의 역사가 스승과 제자로 연결되는 전승의 역사라는 측면을 가진다는 것을 의미한다. 물론 문자의 발명과 서적의 보급에 의해 시공간적 제약을 벗어난 지식의 보존과 전달이 가능해진 것이야말로 학문적 보편성의 역사적 기반이고, 더욱이 최근 정보통신 매체의 가공할 발전은 지식의 양적 팽창뿐만 아니라 지식분과들 간의 분화와 융합을 통해 학문의 존재방식 자체를 바꾸고 있는 듯하다. 그러나 그럼에도 불구하고 강의와 질문, 발표와 토론의 직접적 상호관계를 바탕으로 하는 재래적 학습공동체의 존재는 여전히 학문의 생명력을 담보하는 기본적인 중요성을 가진다고 생각된다.

그런데 오늘 우리 대학사회 안에 그런 차원의 공동체적 기능이 살아 있는가? '전국대학 인문학연구소협의회'가 주최한 제2회 학술 심포지엄에서 한 교수는 이렇게 개탄한 바 있다.

> 학문이 가치중립적이어야 한다는 결론에 따라 많은 학자들이 몰역사(沒歷史)의 그늘에 안주하고 말았다. 그렇게 안주한 학자들이 앞다퉈 논문 편수 채우기식의 논문쓰기와 연구비 나눠먹기, 그리고 논문 결론을 정해놓고 실험결과를 유도하는 식의 지식유용에서부터 세부전공 나누어 자기 성역 쌓기, 몰래 외국자료 베끼기, 학회권력 모으기 등을 하고 있으니…….
>
> ―최종덕, 「학문의 위기와 학제간 프로그램이라는 대안」

이 교수의 비판이 지나치게 부정적이고 일면적이라고 말할 수 있을지는 모른다. 그러나 오늘의 대학사회가 진리추구를 위한 학문공동체라기보다 대학권력을 장악하기 위한 살벌한 전쟁터, 승급과 연구비를 둘러싼 적자생존의 경쟁마당으로 변했다는 것은 부인하기 어렵다. 물론 학문활동은 연구자들 간의 협동과 대결이라는 상반된 계기로 인해 늘 긴장되어 있게 마련이고, 오히려 이런 긴장을 통해 학문의 생산성과 건전성이 제고된다고 할 수 있다. 실상 학문의 영역에서는 이론투쟁 자체가 지적 협력의 한 형식이다. 그러나 오늘 우리 대학사회에 만연한 경쟁과 갈등을 진리에 다가서기 위한 열정의 산물이라고 믿는 사람은 아마 없을 것이다.

그런가 하면 인문학 전공 학과들은 존폐의 기로에 서 있다는 위기감을 날로 심각하게 느끼고 있다. 아니, 인문학뿐만 아니라 자연과학이든 사회과학이든 순수이론을 공부하는 기초학문 학과들은 너나없이 퇴출의 위기에 몰려 있다. 아직은 대학정원제와 학부제 등의 강제규정 덕분에 명맥을 유지하고 있지만, 만약 완전한 자유경쟁의 시장논리가 대학에 도입된다면 다수의 기초학문 학과들은 고사하고 말지도 모른다. 실제로 2003년부터 4년간 전국 대학에서 철학과가 12개, 독문학과와 불문학과가 각각 4개씩 폐과되었는데, 당분간 그런 추세는 계속될 것이고, 앞으로는 대학 자체가 부도를 내고 쓰러지는 일도 생길 것이다.

이러한 변화는 필연적으로 교수직의 정체성 문제에 관한 교수들의 자의식을 시험대에 올려놓게 될 것이다. 특히 인문학자들에게 시대의 변화는 실존적 불안으로 다가오지 않을 수 없다. 사실 인문학이란 학자의 인격 외부에 존재하는 객관적 대상을 가치중립적으로 연구하는 학문활동이라기보다 대상과 자아, 객체와 주체의 상관관계에 대한 의문을 기반으로 사유를 전개하는 이론작업이다. 그런 의미에서 인문학의 학문성(學問性) 자체가 인문학적 논의의 주제라고 할 수 있고, 따라서 학자 자신의 인격 내부에 대한 실존적 성찰이 학문의 내용으로부터 분리될 수 없다는 데에 인문학의 특징이 있다고 말할 수도 있다. 이런 의미에서 오늘의 시대상황은 인문학자에게는 본질적으로 자기 존재의 근거에 대한 위협이다.

실제로 십수 년 전에 충북대 철학과의 윤구병 교수가 교수직을 버리고 농부가 되기로 했다는 말이 들려왔을 때, 비록 그것이 멀리서 벌어진 일이라 절박감이 덜하기는 했지만, 그래도 나에게는 그것이 남의 일이 아니라는 직감이 들었다. 얼마 후 내가 재직하는 대학 영문과의 김종철 교수가 사표를 던졌을 때는 아침저녁으로 자주 만나던 동료의 일이었기에 좀더 절실하게 일종의 양심의 위기로 다가왔던 것이 사실이다. 당시 김 교수는 이제 대학에서는 더 이상 할 일이 없어졌다는 말로 사직의 변을 대신했는데, 그것은 대학과 대학

교수의 존재이유에 대한 더할 수 없이 통렬한 문제제기였던 것이다.

 돌이켜보면 한국 대학교육의 역사에서 1980년은 하나의 분수령과도 같은 의미를 지닌다. 당시 권력을 장악한 신군부세력은 소위 '교육개혁 조치'라는 이름으로 일체의 과외를 금지하고 대학에 졸업정원제를 밀어붙이는 한편, 대학의 입학정원을 크게 늘이고 학과증설을 대폭 허용하였다. 이것은 그때까지의 전통적인 엘리트주의를 포기하고 대학교육의 대중화를 향해 첫걸음을 뗀 것이었다. 다시 말하면 그것은 한국 자본주의가 본격적으로 교육의 영역을 포섭하기 시작했음을 알리는 신호였던 것이다.

 그로부터 이제 대학교육은 양적 팽창을 거듭하게 된다. 1980년대 초 50만 명 정도이던 대학생 숫자가 1990년대 중반 200만 명에 육박할 만큼 늘어났고, 대학 진학율도 우리의 경제능력에 걸맞지 않게 유럽을 능가하는 세계 최고수준이 되었다. 아마 이보다 더 중요한 변화는 대학에서 순수학문이 몰락하고 현실적응력이 높은 실용적 학과목들만 득세하게 된 경향일 것이다. 그런 변화를 촉구한 정책적 계기는 1995년 문민정부의 '교육개혁 방안'인데, 그것은 기업의 구조조정방식을 대학에도 적용하여 학문의 내적 논리가 아닌 시장의 필요에 따라 대학의 변화를 강제하겠다는 것이었다. 한마디로 그것은 교육이 신자유주의적 자본주의체제에 종속되는 것을 의미했다. 그 종속에 반대하는 사람은 어떻게 해야 하는가. 윤구병, 김종철 교수처럼 대학사회로부터의 자발적 퇴출을 선택할 수도 있고, '석궁 테러' 사건으로 유명한 김명호 교수처럼 기득권세력 연합의 철통같은 포위에 쫓겨 고난의 가시밭길로 내몰릴 수도 있다. 하지만 그 어느 쪽도 대학의 앞날을 위한 바람직한 선택이라 말하기 어렵다. 그렇다면 어떤 해결책이 있는가. 이것은 또 다른 논의를 이끌어내는 출발점인데, 우선 우리의 공동체적 삶이 막다른 골목을 향하고 있다는 인식을 공유하는 일부터 시작해야 한다는 것이 내 생각이다.

대산문화 2009. 봄호

교육개혁은 교육부 개혁부터

교육의 중요성은 새삼 입에 올릴 필요도 없는 자명한 사실이다. 나라의 앞날이 교육에 달려 있다는 것을 부인할 사람은 없다. 우리가 오랜 세월 강대한 외세에 부대끼면서도 이만큼 나라를 지켜온 것은 다름 아닌 교육의 힘 덕분이었다. 노동자들의 적지 않은 희생이 따르기는 했으나 짧은 기간에 커다란 경제발전을 이룩한 것도, 또 우여곡절의 고난을 겪기는 했으나 상당한 수준의 민주주의를 누릴 수 있게 된 것도 모두 교육을 통한 인적자원의 뒷받침이 있었기 때문이다.

그러나 이제 한국교육은 점점 더 심각한 위기에 처하여 더 이상 개혁을 미룰 수 없는 시점에 이르렀다. 사실 교육개혁의 목소리가 들리기 시작한 것도 어제오늘의 일은 아니다. 제대로 된 교육을 실천해보자는 현장 교사들의 노력이 '전교조' 운동으로 표출된 것만도 벌써 십수 년 전이 아닌가. 교사들, 교수들, 학부모들, 교육학자들이 개인적으로 또 단체를 만들어 수많은 개혁안을 제시하고 비판적 견해를 발표해왔음에도 불구하고 왜 우리의 교육현실은 개선되기는커녕 더욱 악화되어가는가.

교육은 나라의 장래를 결정할 뿐만 아니라 개인의 일생에도 절대적인 영향을 끼친다. 따라서 교육은 온 국민의 이해관계가 직접적으로 얽혀 있는 극히 민감한 사안이다. 널리 지적되듯이 과도한 교육열 자체가 교육의 공공성을 훼손하고 교육을 사적 이익의 실현과정으로 추락시키고 있지 않은지 숙고해볼 일이다. 그러나 생각해보면 교육열은 교육 자체의 문제가 아니라 우리가 사는 세상의 왜곡된 욕망의 문제이다. 뒤집어보면 교육은 사회 전체의 구조와 복잡하게 얽혀 있기 때문에 단독적으로 일거에 개혁될 수는 없다.

그러나 이러한 원칙론을 강조한다고 해서 당장의 시급한 개혁을 미루거나 외면해도 좋다는 것은 결코 아니다. 그 시급한 개혁은 무엇인가. 우선 가능하고 요긴한 것부터 말한다면 첫째로 그동안 이 나라 교육행정을 주물러온 교육부 역대 관료들의 실상을 철저히 조사하여 응분의 책임을 묻는 일이다.

물론 교육관료들만이 이 나라 교육현실의 부정적 측면을 전적으로 책임져야 하는 것은 아니다. 작고한 이수인 의원이 '교육 마피아'라고 불렀던 집단의 또 다른 축은 악질적인 사학재단들이다. 교육관료와 사학재단의 유착이 교육현장을 얼마나 참혹하게 파괴하는지 알고자 한다면 한려대학교 해직교수인 박성호 씨의 「교육관료: 마피아가 장악한 대학」이란 글을 읽어보기 바란다.(『당대비평』, 2000. 여름호) 나는 이 글을 읽다가 몇 번이나 책을 덮을 수밖에 없었는데, 왜냐하면 이 글에 묘사된 것과 같은 야만의 시대에 내가 살고 있다는 것이 너무도 고통스러웠기 때문이다.

금년 들어 노무현 정부를 준비하는 인수위원회가 가동되고 여러 분야에서 개혁과 변화가 모색되고 있다. 철옹성 같던 정치와 언론 분야조차 약간의 꿈틀거림이 감지된다. 그런데 교육행정만은 요지부동이다. 지난달 13일 인수위에 대한 교육부의 보고를 보면, 교육부 핵심관료들이 기득권에 안주하여 현실변화를 조금도 눈치채지 못하고 있음이 드러난다. 대통령이 바뀌고 교육부장관이 바뀌어도 실무관료는 바뀌지 않는다는 오랜 관행을 믿기 때문인가, 아니면 실제로 세상 물정에 눈이 멀었기 때문인가.

인수위 보고 열흘쯤 뒤에 교육개혁시민연대가 주최한 토론회에서 많은 발제자들이 교육부의 권한을 대폭 줄여야 한다고 주장했다. 이에 대한 교육부 관리의 대답이 참으로 걸작이다. 그는 "교육부 권한을 대폭 줄일 경우 교육시장화를 더 부추기고 사립대학 등의 부패에 적절히 대응할 수 없다"면서 "교육행정 조직개편의 경우 과도기를 두는 등 신중하게 접근해야 한다"고 말했다는 것이다.(《한겨레》 2003. 1. 24.) 그러니까 교육부 산하에 대학평가 전담기구를 설치하겠다는 구상은 재정지원이라는 채찍으로 대학을 상호경쟁의 시장 울타리 안에 넣어 통제하겠다는 뜻을 드러낸 것이다. 사학의 부패에 대응한다는 말은 입에 담을 자격조차 없는 것이 교육부 관료임을 다시 한번 입증한 셈이다. 그러니 교육부의 개혁이 교육개혁의 출발이라고 어찌 말하지 않을 수 있겠는가.

한겨레 2003. 2. 3.

사립학교법의 딜레마

교육문제는 의심할 바 없이 한국 사회의 적대적 분열을 드러내는 가장 포괄적이고 첨예한 쟁점 중 하나이다. 온 국민이 거의 예외 없이 이해당사자라고 느낀다는 점에서 이보다 더 포괄적인 문제영역을 찾기 어렵고 취업, 결혼, 주거환경, 자녀양육, 의료복지 등 삶의 질을 결정짓는 주요 변수들에 불가분하게 연결되어 있다는 점에서 언제나 극도의 사회적 긴장을 유발하는 안건이다. 따라서 학교운영과 입시제도에 관한 교육부의 사소한 지침도 격렬한 논쟁을 불러올 수밖에 없는데, 사립학교법(이하 사학법)의 개정과 같은 중대한 사안이 조용히 넘어간다면 그야말로 이상한 일이다. 오히려 사학법 개정을 둘러싼 여야 및 관련단체들의 대립은 사학문제의 공론화를 위해 바람직한 현상이다.

우리나라 교육에서 사학은 중학교 23%, 고등학교 46%, 대학교 82%라는 현재의 비율로 보더라도 막중한 위치에 있지만 그 비율만으로 다 설명되지 않는 역사적 중요성을 가지고 있다. 구한말부터 일제강점기에 걸쳐 설립된 사학들(특히 종교계 사학들)은 식민지 관학(官學)에 대립되는 근대 민족교육·민족운동의 근거지였고, 해방 후 새나라 건설의 열기 속에 탄생한 학교들도 그 나름의 전통과 자부심을 가지고 있다. 1950년대 이후 다수의 사학들이 족벌경영과 경리부정으로 교육의 근본을 오염시켜왔음은 주지의 사실이지만, 그럼에도 불구하고 모든 교육개혁 논의는 기본적으로 한국 사학의 이 전통에 대한 존중을 출발점으로 하지 않으면 안된다. 이런 점에서 지난 4월 전국 2000여 개 사학에 대해 실시된 감사원의 재정 및 교육여건 실태조사는 참으로 현명치 못한 조치였다고 할 것이다. 왜냐하면 그것은 누구에게나 개정사학법 시행(2006. 7. 1.)에 저항하는 사학들을 굴복시키기 위한 정치권력의 협박으로 비쳤기 때문이다.

도대체 개정사학법에 어떤 내용이 담겨 있기에 가톨릭학교법인연합회 등 사학단체들은 법률불복종 가능성을 경고하면서 '사학법 개정은 사립학교의 권한과 명예를 탈취하는 처사이며 사학의 존재이유를 부정하는 것'이라고 주장하는가. '천주교를 비롯한 종교계 학교와 모든 사립학교의 건학이념을 근본적으로 훼손시킬 뿐 아니라 그 운영상의 자율성을 심히 위협한다'는 보수교단의 주장은 얼마나 합리적 근거가 있는가.

개정사학법과 그 시행령에서 몇 가지 핵심적인 내용을 간추려 보자. (1) 이사의 1/4 이상은 학교운영위원회·대학평의원회에서 추천한 인사 중에서 선임한다(개방이사제), (2) 이사회 회의록은 회의일로부터 10일 이내에 석 달 동안 당해 학교 홈페이지에 공개한다, (3) 이사, 감사 등 임원의 인적사항을 학교 홈페이지에 상시 공개한다, (4) 친족 이사의 비율을 1/4로 축소하고 감사 1인은 운영위원회, 평의원회의 추천을 거친다, (5) 학교법인의 이사장과 이사장의 배우자 및 직계존비속은 그 학교의 장에 임명될 수 없다, (6) 교원, 직원, 학생 대표와 동문 및 학교발전에 도움이 될 수 있는 자들로 대학평의원회를 설치하여 학칙제정, 교육과정 운영, 이사와 감사 추천 등의 사항을 심의하고 예산과 결산에 관한 사항을 자문한다.

이로써 본다면 과연 학교재단 소유자들의 권한이 대폭 제한되고, 특히 종래 분규재단들의 비리와 독선을 감시하고 제어할 수 있는 많은 장치들이 재단 내부에 마련되어 있음을 알 수 있다. 그렇다면 부정이나 비리와 거리가 멀다고 스스로 자부하는 종교계 재단들의 입장에서는 이 사학법의 어느 규정이 건학이념의 훼손 또는 자율성의 위협으로 받아들여진 것일까.

그동안 정치권에서 논란의 초점이 되었던 것은 개방이사제였다. 그래서 가령 한나라당에서는 '학교운영위원회와 대학평의원회 등'이 이사를 추천할 수 있다고 '등' 한 자를 더 넣음으로써 교직원과 학생이 포함된 상기 위원회 이외의 친(親)재단적 기구에도 이사추천권을 주고자 하였다. 그러나 설령 개정사학법에 의해 개방이사가 이사회에 진입한다 하더라도 1/4에 불과한 숫자로써 학교운영을 좌우한다는 것은 상상하기 힘들며, 더욱이 교육부의 개정사학법 및 동 시행령과 '정관 규정'에는 'ㅇㅇ교단의 신도로서 세례를 받은 자이어야 한다'라고 개방이사의 자격을 제한할 수 있도록 예시함으로써 종교재단의 우려가 지나친 피해의식의 발로임을 증명한다.

아마 개방이사제보다 더 중대한 문제는 대학평의원회의 설치 자체일 것이다. 왜냐하면 정관 규정의 예시대로 교수·직원·학생 등으로 구성된 이 평의원회가 기존의 교수회나 교무위원회보다 법률상 상위기구라고 한다면 그것은 종교·비종교재단을 막론하고 대학행정에 심각한 변화를 초래할 수도 있을 것이기 때문이다. 어쩌면 그것은 현행 이사회의 압도적 권위와 폐쇄성을 잠식하는 효과를 가져올지 모른다. 이렇게 생각해본다면 여야가 글자 한 자에 매달려 의안처리를 미루는 것은 실상을 모르는 데서 오는 희극이다.

마지막으로 사학재단의 부정과 비리는 사학법의 개정 아닌 정부의 감독·감사권만으로도 얼마든지 막을 수 있다는 일부 언론들의 주장에 대해 생각해보자. 사실 그것은 어떤 의미에서 사태의 정곡을 찌른 측면이 있다.

고 이수인 의원이 '학원 마피아'라는 극단적 용어를 쓴 적이 있지만, 이 마피아의 배후에 언제나 교육부·교육청 관료들의 비호가 있었다는 것은 공공연한 비밀이다. 그러나 참다못해 들고 일어난 학생과 교사들에 의해 비리재단의 문제가 학원분규의 형태로 사건화될 때까지 참담한 교육현실을 제대로 보도하지 않은 언론의 책임도 누구 못지않게 막중하다. 그러니까 이 쌓이고 얽힌 모든 사학의 모순을 사학법의 개정 하나로 해결하려는 시도 자체가 처음부터 무모한 짓이었는지도 모른다. 그러나 무모해 보이는 도전에 의해 역사가 전진한다는 것 또한 진실이다.

창비주간논평 2006. 7. 3.

학술운동 20년의 빛과 그림자

지난 10일자 신문을 펼쳐들고 제목에 끌려 읽기 시작했다가 곧 나는 얼굴이 화끈 달아오르는 걸 느꼈다. 부끄러움이랄까, 자책감 같은 것이 엄습했기 때문이다. 학단협(학술단체협의회) 창립 20주년 기념 심포지엄의 마지막 종합토론회를 스케치한 그 기사는 다음과 같이 시작되었다.

> 예정보다 30분을 넘겨서도 토론회는 시작되지 못했다. 200석이 넘는 회의장엔 40명 남짓만이 앉아 있었다. 토론의 발표문을 집필한 한 교수는 '급한 일'로 일본 출장을 갔다고 한다. 토론패널 중 몇몇은 아직 회의장을 찾지 못했다. 단상에 마련된 6명의 자리엔 공동발표자 1명만이 앉았다.
> ─〈중앙일보〉 2008. 11. 10.

이 기사를 내보낸 〈중앙일보〉는 자타가 공인하는 보수신문이지만, 그러나 그 기사가 학단협으로 상징되는 진보학계를 깎아내릴 의도로 작성되었다고는 믿어지지 않는다. 종합토론회의 실제 상황이 그러했다면, 그런 사실의 보도 자체는 오히려 학단협의 위상을 아직도 중시하고 있다는 증거일 수 있다. 정말로 존재가 희미해진 단체의 행사에는 아예 기자의 발길이 향하지 않을 것이기 때문이다.

고백하건대 나는 신문을 펼칠 때까지 학단협 20주년 기념 심포지엄이 열린다는 것을 모르고 있었고, 비록 그동안 자신을 학단협 구성원이라고 의식한 적이 없이 지내왔음에도 불구하고 뒤늦게야 그것을 알게 된 사실이 왠지 부끄럽게 느껴졌다. 그리고 보니 6월항쟁 1주년이 되어가던 1988년 6월 초 여러 학술단체가 공동 주최한 연합 심포지엄에 나 자신도 토론자의 한 사람으로 참가했던 기억이 떠오른다. 한양대학교에서 열린 그때의 행사는 주제별로 여러 교실에서 진행되었는데, 교실마다 열의에 가득찬 청중들로 만원이었다. 6월항쟁으로 고조된 사회적 흥분이 진보적 학술행사에까지 연장되고 있었던 것이다. 학단협은 이 심포지엄을 공동 주최한 단체들의 협의체로서 그해 11월에 발족되었고, 당연히 나는 이를 적극 지지하는 마음을 갖고 있었다.

다들 아는 바와 같이 그 무렵 민주화와 사회정의라는 목표를 공유하는 여러 운동단체들이 사회 각 분야에서 우후죽순처럼 솟아났다. 학단협과 자매관계라 할 수 있는 민교협(민주화를 위한 전국교수협의회)이 결성된 것은 바로 6월항쟁의 와중이었고, 1974년에 출범한 자실(자유실천문인협의회)이 민족문학작가회의로 조직을 정비한 것은 6월항쟁 직후였다. 문학·미술·음악·영화 등 여러 장르들을 망라한 대중적 예술인조직으로서의 민예총이 결성된 것은 1988년 연말이고, 환경운동연합의 뿌리에 해당하는 공추련(공해추방운동연합)이 간판을 내건 것도 같은 해였다. 경실련(1989, 경제정의실천시민연합)과 참여연대(1994)의 출범은 좀더 넓고 구체적인 현실 속으로 운동의 외연을 확장한 것이라 볼 수 있겠다. 저 1970년대의 자유언론실천선언으로부터 오늘의 민언련(민주언론시민연합)에 이르는 고난의 역사가 이 흐름에 동행하고 있음은 물론이다.

그런데 우리 모두 뼈저리게 느끼는 바와 같이 강산이 두 번 변하는 세월 동안 사회현실은 강산의 변화보다 더 근본적인 변화를 겪은 듯하다. 그런 일들을 거론하는 것조차 부질없게 되었지만, 자본주의의 전지구적 승리에 이어 세계화의 구호가 요란하게 울리더니 미구에 우리 삶을 덮친 IMF 외환위기 사태를 상기하는 것만으로도 변화의 일단을 실감할 수 있다. 아마 더 중요한 문제점은 일부 극우파들로부터 좌파정권이라 호칭되는 김대중·노무현 정부 10년 동안 자본의 전일적 지배를 견제할 수 있는 민중적 기반이 점점 더 훼손된 사실일 것이다.

좌우란 본래 상대적인 개념이므로 좌파정권이란 용어가 전적으로 중상모략인 것만은 아니다. 하지만 김대중·노무현 정부하의 남북관계 발전은 냉전종식 이후의 국제질서에 적응하여 추진된 이전 정부의 북방정책을 계승한 것으로 좌파적이라기보다 민족(주의)적이라고 보는 것이 옳다. 이들 정부하에서 복지 분야 및 형식민주주의 측면의 일정한 진전이 이룩된 것은 사실이지만, 그것들을 상쇄할 만한 신자유주의의 전면화 또한 진행된 것이 사실이다. 그 현실적 귀결이 이명박 정부의 탄생인데, 새 정부의 출범 이후 기득권세력이 전방위적으로 진군할 수 있었던 데는 그 이전 좌파정권의 사전준비가 일조한 것이 아닐까.

그러나 진보적 학술단체가 주최한 토론회가 예정시간을 30분이나 넘겨서도 성사되지 않은 민망한 모습을 보인 것을 이런 외부적 조건만으로 설명하는 것은 일면적이다. 진정으로 필요한 것은 토론회에서도 제기되었던 것처럼 무엇보다 처절한 자기성찰이다. 교수들이 학문활동의 전 과정에서 학진(학술진흥재단)으로 대표되는 국가권력에 종속되어 있고, 진보학계도 이에서 자유롭지 못하다는 것은 뼈아픈 지적이다.

그러나 오늘날 학자의 양심과 자유를 위협하는 것이 오로지 국가권력만은 아니다. 학문의 존립기반, 즉 자유로운 연구와 발표 및 비판적 토론을 압박하는 사회적 메커니즘에는 가정, 동료, 직장, 학회, 언론 등이 모두 포괄된다고 할 수 있다. 안정된 생활과 물질적 풍요를 갈망하는 가족들의 요구는 때로는 가장 치명적인 족쇄일 수 있다. 그 결과 다수의 교수·학자들은 고독하고 위험한 길로 들어서기보다 평탄한 제도적 관행 속으로 퇴각하는 길을 택하게 마련이다. 학술운동 자신이 제도권 내부에 공식지분을 획득함으로써 본연의 정체성을 상실하게 되었다는 비판을 받는 것은 그 때문이다.

어떤 점에서 한국의 학술운동은 작금에 이르러 새로운 자기쇄신의 기회를 맞은 것으로 보인다. 미국에서 출발한 세계적 경제위기와 이에 대한 정부의 갖가지 역방향적 대응은 학자들에게 적어도 지난 10년보다는 더 분명한 선택의 계기를 부여할 것이기 때문이다. 좌파정부로 오인될 만한 불투명성이 제거된 오늘의 반동정권하에서, 학문의 진보성이 가져야 할 내용은 역설적으로 더욱 투명해졌다고 할 것이다.

다산포럼 2008. 11. 17.

한 지역문예지의 발간 10년

찬바람이 매섭게 불던 지난 19일 저녁 대구 시내 한 음식점에서는 200여 명 가까운 시인·소설가들과 하객들이 모인 가운데 뜻깊은 행사가 열렸다. 이 지역에서 발간되는 문학계간지 『사람의문학』 창간 10주년을 기념하는 축하의 자리였던 것이다.

과거 일제강점기는 물론이고 1960년대까지만 하더라도 문학잡지가 10년 수명을 넘긴다는 것은 아주 드문 일이었다. 1920년대 중엽에 발행된 『조선문단』은 유명한 작가 이광수(李光洙)가 주재한 것으로 되어 있지만 실질적으로 그 잡지를 운영하고 재정적 책임을 맡은 것은 대중작가 방인근(方仁根)이었다. 충청도 예산 출신의 부자였던 방인근은 그 때문에 가세가 기울어졌다. 그 밖에 수많은 동인지와 문예지가 한두 호 내고 나서 더 이상 뒤를 잇지 못한 것은 한마디로 경제적 뒷받침이 허약했기 때문이다.

1955년에 창간되어 지금까지 지속되고 있는 월간문예지 『현대문학』은 1년 남짓 있으면 창간 50주년이 될 터인데, 이 기록은 아마 앞으로도 깨어지기 어려울 것이다. 이런 위업이 달성될 수 있었던 것은, 첫째 자체 인쇄소를 가진 대한교과서주식회사가 오랫동안 『현대문학』의 발행을 책임지고 있었기 때문이고, 둘째 김동리·서정주·조연현 등 한국문인협회의 주류가 이 잡지 주위에 집결하여 문단적 영향력을 독점했기 때문이다.

물론 1970년대 이후 상황은 크게 변화했다. 경제가 발전하고 사회가 다원화됨에 따라 문단에도 기존의 소위 순수문학파와는 체질을 달리하는 다양한 분파들이 출현하여 자기 자신의 매체를 가지기 시작했고, 문인의 숫자도 대폭 증가하여 그들의 발표욕구를 충족시킬 더 많은 지면이 생겨나지 않을 수 없게 되었다. 『창작과비평』『문학과지성』『세계의문학』 같은 계간지와 『문학사상』 등의 월간지, 그리고 많은 시 전문지를 중심으로 문단이 분화되고 창작이 활기를 띠게 된 것은 이러한 추세를 반영한다.

그런데 잘 살펴보면 우리나라 문학활동을 주도하는 잡지사와 출판사는 대부분 서울에 편중되어 있는 것을 알 수 있다. 정치권력이 서울에 집중되어 있을 뿐만 아니라 돈과 사람도 서울로만 몰려드는 형편이니, 지역들의 문화적 기반이 취약할 수밖에 없는 것이다. 과거 조선시대에도 중앙집권적 체제이기는 했다. 그러나 봉건적 농업경제하에서는 중앙집중이 본질적으로 한계를 가질 수밖에 없었다. 관직에 나아간 선비들도 은퇴 후에는 으레 귀향을 꿈꾸게 마련이었고, 따라서 향교와 사찰은 지역문화의 살아 있는 거점이 될 수 있었다.

오늘날 그런 역할을 맡아야 할 기관은 각 지역의 대학들이다. 그러나 우리나라의 왜곡된 자본주의는 지역대학들을 점점 더 위축시켜 문화적 구심체로서 기능할 수 있는 역량을 극도로 저하시키고 있다. 이런 점에서 자생적인 지역문화운동은 문화적 차원을 넘어서는 사회적 의의를 가신다고 할 것이다. 따라서 대여섯 명의 젊은 문인들이 10년이라는 짧지 않은 세월 동안 한 번도 거르지 않고 문예지를 발간하기 위해 정성과 노력을 기울였다는 것은 문화적으로 척박한 이 지역의 풍토를 생각할 때 높이 찬양되어 마땅하다. 그것은 『사람의문학』이 얼마나 수준 높은 잡지였느냐와는 별개의 사안이다.

지방자치제가 출범하고 나서 각 지역들은 특색 있는 문화상품을 개발하여 자기 지역의 이미지를 제고하는 데 주력하고 있다. 어떤 도시는 출판박물관을 만들었고, 또 어떤 도시는 애니메이션으로 명성을 얻었다. 광주 비엔날레, 부산 국제영화제는 이미 다른 나라에까지 명성이 알려졌고 대전 과학엑스포공원, 전주 세계소리축제, 경주 문화엑스포도 내용을 다져나가고 있다.

이에 비하면 대구는 문화의 불모지대이다. 그래서 어떤 사람들은 대구를 오페라의 도시로 만들자고 제안한다. 그러나 오페라는 아직 지역 주민의 호응을 받기 힘든 장르이고, 또 상설극장을 갖추기 위해서는 많은 예산이 든다. 그보다 훨씬 적은 재정지원만으로도 여러 개의 문예지가 튼실하게 운영될 수 있을 터인데, 이 지역의 지자체들은 문화에 대해 어떤 생각을 하고 있는지!

영남일보 2003. 12. 23.

번역은 또 하나의 창조다

한 나라의 문화에서 번역이 차지하는 비중은 아무리 강조되어도 지나치지 않는다. 번역을 통해서 우리는 외국의 문화를 받아들여 이를 자기의 살과 피로 만들 수 있다. 이런 흡수의 통로가 막히거나 비뚤어진다면 그 나라의 문화는 결국 낙후하여 몰락할 수밖에 없다.

번역판을 읽지 말고 영어나 한문으로 된 원전을 읽으면 더 좋지 않겠는가. 언뜻 이런 의문을 가질 법하다. 아닌 게 아니라 우리는 수천 년 동안 한문원전을 공부해왔고, 한글이 창제된 다음에도 지적 활동을 주로 한문에 의존해왔다.

물론 우리 선조들이 창작한 수많은 한문 문학작품과 저술들은 엄연히 민족문화의 귀중한 유산이다. 그러나 그것은 소수의 지식계급, 즉 선비들만 이해하는 표기수단으로 기록되었다는 점에서 일정한 한계를 가진다.

엄밀한 의미에서 '우리 문화'란 우리말로 된 문화라고 할 수 있다. 말과 문자의 일치를 지향한 세종대왕의 뜻에 따라 한글이 만들어졌음에도 불구하고 여전히 한문의 권위가 막강했던 것은 평민계급에 대한 양반계급의 지배가 그만큼 공고했음을 반영하는 것이다. 그리하여 일부 의약서적 이외에는 거의 언해(諺解)사업이 이루어지지 않음으로써, 오랫동안 우리말을 통해 추상적 관념을 발전시키고 사색을 전개하는 인문학적 토대는 마련되지 못했다.

일제강점기라는 과도기를 거쳐 나라가 해방된 뒤에야 비로소 우리는 모든 언어생활과 학문활동을 전면적으로 한글로 하게 되었다. 이것은 우리 민족의 역사에서 가장 획기적인 사건의 하나다. 그러나 따지고 보면 이것은 우리가 그제야 진정으로 정신적인 독립을 이룩했다는 비극이기도 하다. 이런 의미에서, 해방 후 처음으로 한글로만 학습한 것을 자랑하는 세대, 즉 '한글세대'의 존재는 반만년 역사를 자칭하는 민족의 수치일 수도 있다.

그런데 언어는 사상과 감정을 담는 단순한 그릇이 아니다. 다시 말하면 심오한 사상과 섬세한 감정이 언어 바깥에 따로 있어서 그것을 언어라는 그릇에 담는 것이 아니다. 사상의 깊이는 사상가가 구사하는 언어의 깊이 그 자체에 의해 결정된다. 문화언어로 적합지 않다고까지 여겨졌던 독일어가 미묘하고 세련된 예술적 언어로 성장한 것은 18세기 후반부터 괴테를 비롯한 수많은 뛰어난 문인들이 쏟아져 나왔기 때문이다.

언어의 발전에 있어서 외국어의 번역은 빠트릴 수 없는 과정이다. 다른 언어로 표현된 복잡한 개념과 축적된 사유를 자기 언어로 옮기는 작업은 그 자체가 하나의 창조행위이다. 서유럽 이외의 나라 가운데 서구문명을 거의 유일하게 성공적으로 받아들인 나라가 일본이라는 사실은 일본이 번역 대국이라는 사실과 표리의 관계에 있다.

최근 보도에 따르면 영미문학연구회가 학술진흥재단의 지원을 받아 2002년 8월부터 1년간 '영미고전문학 번역평가사업'을 벌인 결과 영어로 된 고전의 번역이 대부분 엉터리라고 한다. 해방 이전 발간본, 축약본, 아동용 등을 제외한 번역서 573종 가운데 310종은 남의 번역을 그대로 베끼거나 표현만 약간 바꾼 표절본이있으며, 나머지들도 신뢰성이 떨어지는 부실한 번역본이었고 겨우 61종만이 추천할 만하다고 한다.

이것은 영미문학에만 국한된 현상이 아닐 것이다. 아니, 어쩌면 영어 아닌 다른 외국어 번역은 더 한심할지 모른다. 그런데도 각 대학의 어문학부는 제대로 된 번역도 내놓지 못하는 처지에 갖가지 주제를 내걸고 이른바 학술논문을 양산하고 있다. 막대한 연구비 지원을 바탕으로 이루어진 이 업적들이 대체 어떻게 활용되어왔는지, 나는 그 문제가 논의되었다는 말을 들어본 적이 없다. 외국문학에 관해서라면, 연구 이전에 우선 제대로 된 번역이 나와야 할 것 아닌가. 『무기여 잘 있거라』 『노인과 바다』 『호밀밭의 파수꾼』 『주홍글씨』 『오만과 편견』 등 국민이 많이 읽은 책들이 엉터리 번역이라면 그 작품에 감동받고 보낸 청소년 시절이 허망하고 치욕스러워진다. 번역의 어려움을 통과한 뒤에야 독창적인 민족문화가 꽃필 수 있음을 강조하고 싶다.

영남일보 2004. 2. 17.

문학이 증언하는 역사의 진실

잘 아는 것처럼 만해 한용운 선생은 뛰어난 시인이자 기미독립선언에 참가한 민족대표의 한 분이다. 그는 육당이 기초한 선언문이 너무 온건하다 하여 '공약 3장'을 덧붙였고, 경찰에 연행된 뒤에도 가장 의연하게 조선 독립의 당위성을 주장하였다. 3년간 옥살이를 하고 나와 백담사에 머물며 간행한 시집이 유명한 『님의 침묵』이다. 이 시집에 수록된 「당신을 보았습니다」라는 작품은 그렇게 널리 읽히는 편이 아니지만 다음과 같은 구절이 있어 우리의 주목을 끈다.

"나는 집도 없고 다른 까닭을 겸하여 민적(民籍)이 없습니다."

민적이란 오늘의 호적이다. 일제 식민지 당국은 1912년 법령을 공포하여 호적을 정비하고 모든 조선인을 물샐틈없는 근대적 통치의 그물 안에 가두어넣으려 하였다. 만해를 비롯한 적지 않은 민족지사들은 이를 거부하고 차라리 법의 테두리 밖에서 사는 길을 선택했다. 해외에 망명한 수많은 독립투사들도 당연히 호적에 오르지 않았다.

그런데 그로부터 오랜 세월이 흐른 이 대한민국 땅에서는 어떤 일이 벌어지고 있는가. 이완용·송병준 같은 매국노들은 일제에 협력한 대가로 작위와 토지를 하사받았는데, 그 후손들은 물려받은 재산으로 지금 여유있는 생활을 즐기고 있고 국가에 수용되었던 땅을 되찾기 위해 소송까지 진행 중이다. 그래도 이들은 워낙 이름난 친일분자의 후손이기 때문에 얼굴을 드러내지 못하고 숨어 살고 있지만, 그보다 덜 유명한 많은 친일파들은 해방 후에도 사회 각계에서 실권을 장악하고 지도자 행세를 했으며 기득권의 세습을 통해 부와 명예를 유지하고 있다.

반면에 독립지사의 후예들은 어떻게 되었는가. 얼마전 보도에 따르면 이분들의 70% 이상이 제대로 교육을 받지 못하였고 대부분 극심한 가난에 시달리고 있다고 한다. 만해는 호적이 없었으므로 딸을 아예 학교에 보내지 않았다. 단재 신채호 선생 역시 호적이 없었으므로 국내에 남아 있던 아들 수범 씨는 호적상 아버지 없는 기이한 존재였다. 나는 30여 년 전 사학자 홍이섭(洪以燮) 선생 댁에서 신수범 씨를 두어 번 만난 적이 있는데, 그는 해방된 조국으로부터 애국지사의 아들로 대우받기는커녕 끊임없이 핍박을 받는 처지에 있었다. 위대한 역사학자요 치열한 언론인이며 1936년 일제 감옥에서 순국한 저 신채호 선생이 이런 끔찍한 대접을 받았으니, 그 밖의 이름 없는 민족지사들은 어떠했겠는가.

지난 주말 이 나라 국회는 그동안 질질 끌어오던 '일제강점하 친일반민족행위 진상규명에 관한 특별법안'을 결국 보류하였다. 작년 이 법안이 제출될 때 발의자로 서명한 국회의원이 과반수인 155명이므로, 상식적으로 생각하면 통과되는 것이 당연하다. 더구나 이 법안은 1948년 9월에 제정된 '반민족행위자 처벌법'과 달리 그저 역사의 진상을 밝히자는 것에 불과하다. 그럼에도 불구하고 이 법안은 해당 상임위원회와 법사위(법제사법위원회)를 거치는 동안 누더기가 되었고, 그나마 본회의 상정에 제동이 걸린 것이다.

어제 3·1절 85주년 기념식에 모여 입으로 뭐라고 번지레한 소리를 지껄이던 그 사람들이 오늘은 본회의 마지막 날을 위해 의사당에 모인다. 차라리 나는 이 썩어빠진 16대 국회가 '친일진상규명법'을 통과시키지 않았으면 좋겠다. 이 국회는 그런 법안을 통과시켰다는 명예를 가질 자격이 없다.

문득 나는 1960년대 말경에 발표된 작가 최인훈의 연작소설 「총독의 소리」를 떠올린다. 이 작품은 일제가 제2차 세계대전에서 연합국에 패하자 조선 총독이 본국으로 돌아가지 않고 한반도에 남아 지하방송을 통해 미국에 항거하면서 식민지체제의 회복을 꾀한다는 가상(假想) 역사소설이다. 황당무계한 듯한 내용이지만, 식민지 잔재의 온존을 그야말로 통렬하게 풍자한 작품이라 하지 않을 수 없다. 대한민국 국회를 지하에서 은밀히 조종하는 것이 일제 총독이라는 소설적 발상의 놀라운 진실성을 오늘 누가 부인하겠는가!

영남일보 2004. 3. 2.

한 소설가의 운명 위에 드리운
두 줄기 역사

지난주 이 나라는 한 뛰어난 문학적 거인을 저 세상으로 떠나보냈다. 소설가 이문구가 바로 그 사람인데, 그는 우리 시대의 어느 문필가보다 풍부한 우리말 어휘와 아무도 흉내 낼 수 없는 독창적인 문체를 구사하였다. 이 점에서 아마 그는 홍명희·염상섭·채만식에 버금가는 문학사적 위치를 차지할 것이다.

그런데 그의 문단적 역할은 남다른 데가 있다. 그는 해방 뒤 반공우익 문단의 좌장격인 작가 김동리의 수제자로서, 김동리가 이사장으로 있던 한국문인협회 기관지 『월간문학』에서 첫 직장생활을 시작하였다. 문인협회 이사장 선거에서 김동리가 오랜 동반자 조연현에게 패한 뒤 창간한 『한국문학』에서도 이문구는 스승을 대신한 실질적 편집책임자였다.

완강한 보수 반공주의자 김동리의 명의로 발행되는 잡지사 사무실에서 애제자 이문구가 한 일은, 잡지편집이라는 본업에 곁들여, 유신체제에 비판적이고 저항적인 문인들과 함께 1974년 11월 '자유실천문인협의회' 결성을 모의하고, 이듬해 동아일보 광고탄압 사태에 즈음하여 문인들의 격려 광고를 모집한 것이었다. 이런 활동들 때문에 그는 몇 차례 정보기관에 끌려가기도 했고, 심지어 우습게도 전두환의 5공정권 출범 때는 정치활동 금지자 명단에 끼기도 하였다.

김동리가 대표하는 보수적인 입장과 동료문인들의 저항적 자세 중에서 이문구의 정체성은 어떤 것인가. 우선 대답할 수 있는 것은 그에게 진정으로 중요한 것이 보수와 진보, 반공과 용공 같은 이념적 선택이 아니었다는 사실이다. 그가 가끔 내뱉은 가장 독한 욕설은 "인간 같지 않은 것!"이었는데, 이 막연한 표현이 겨냥하는 인간으로서의 비열함 이외에 모든 다양성을 그는 기꺼이 받아들였다. 그의 교제범위는 그러니까 거의 제한이 없었다. 지난달 28일에 그의 문인장이 문인협회 · 작가회의 · 펜클럽 등 이질적인 세 문인단체 합동으로 치러진 것은 한국문학사에 처음 있는 일로서, 아마 앞으로는 다시 그런 일이 있기 어려울 것이다.

그러나 이문구와의 개인적 인연을 떠나 생각해보면 문인협회와 작가회의는 지난 역사로 따지든 미래를 내다보는 지향으로 살피든 결코 화합할 수 없는 차이를 가진다. 문인협회는 굳이 일제 식민지시대의 '조선문인협회'까지 거슬러 올라가지 않고 해방 후만 따지더라도 오욕과 굴절로 점철되어 있다. 이승만 정권 말기의 '만송족*'을 기억하는 사람이 이제는 별로 많지 않겠지만, 4 · 19혁명 전야의 암담한 현실 속에서 문학인이 얼마나 더럽게 타락할 수 있는지 그것은 여실히 보여주었다. 박정희가 유신이라는 것을 선포했을 때나 전두환이 대통령 간접선거제도를 유지하겠다고 발표했을 때, 그 밖에 독재권력이 인권을 유린하고 민주주의를 짓밟는 폭거를 저지를 때마다 문인협회를 비롯한 각종 어용단체들은 욕스럽게도 그것을 지지하는 성명서를 발표했다. 그 과거에 대한 한마디 반성과 사죄도 없이 기득권에 안주해오던 반민족 · 반민주 단체들이 이제 시대가 달라졌다 하여 화해와 단

---

* 이기붕의 아호를 따서 불리게 된 '만송족(晩松族)'은 자유당 말기에 등장한 어용집단으로 대학 · 언론 · 문화 · 예술계 등 다양한 분야의 인사들이 참여했으며, 이승만의 지침 하에 이기붕 부통령 만들기의 전위그룹으로 활동하였다.

결을 입에 올리는 것은 염치없는 짓이다.

  그의 소설에도 간간이 묘사되어 있지만, 이문구는 6·25전쟁 시기에 민족의 분열과 이념의 대립으로 인해 가정이 쑥밭으로 망가지는 것을 통절하게 체험했다. 그의 부친은 양반가문 출신임에도 평등세상을 꿈꾸는 이상주의자가 되어 파멸의 길을 걸었다. 이문구는 전쟁 중 남로당 중간간부인 부친과 형이 포승에 묶여 산 채로 고향 앞바다에 수장되는 것을 목격했다고 한다. 반면에 할아버지는 그에게 양반의 체통을 전수하고 한문적 교양을 가르친 문학정신의 뿌리였다. 작가 이문구의 자부심은 그의 할아버지를 매개로 하여 저 조선시대의 선비정신에 튼튼히 연결되어 있었다. 그는 부친의 이단적인 사상에 동조한 적이 없었지만, 그럼에도 부친이 파렴치한 일로 감옥에 가거나 죽음을 당한 것이 아니라는 데에 내심 언제나 깊은 자랑스러움을 느꼈다.

  1950년대 말 쫓기듯 고향을 떠난 그는 5~6년 동안 막노동을 하면서 젊은 날을 견디었다. 이 경험은 그의 민중감각을 강화하여 후일 풍부한 문학적 자산으로 그에게 돌아왔다. 본질적으로 보수적 성향과 양반적 체질을 지녔으되, 현대사의 비극을 통해 서민적 생활현실 한가운데를 살아갔던 작가 이문구의 분열된 삶, 그 분열과 모순 자체가 어쩌면 그의 정체성인지 모른다.

한겨레 2003. 3. 3.

노년의 문학

급속하게 진행되는 한국사회의 노령화 현상은 언론매체에 자주 오르는 단골메뉴 중 하나가 되었다. 실제로 우리나라가 조만간 초고령 사회에 진입할 것을 예측하기 위해서는 굳이 통계수치를 참조할 필요도 없다. 농촌에서 젊은이를 찾아보기 어려워진 것은 벌써 오래된 일이고, 대도시에서도 이제는 거리를 배회하는 노인들의 행렬이 자주 눈에 띤다. 대낮에 전철을 타보면 예전에 비해 노인들의 숫자가 부쩍 많아진 것을 누구나 실감할 수 있다. 노동인구와 피부양인구 간의 균형이 적절하게 유지되어야 사회의 안전성이 보장될 수 있다는 점에서 이것은 중대한 사회문제가 아닐 수 없다.

그러나 나이를 먹어가는 당사자들 입장에서는 노령화가 하나의 사회문제이기 전에 한 인간의 삶의 내용을 규정하는 실존적 문제이다. 주위를 둘러보면 예전과 달리 70, 80을 넘긴 노인들이 많은데, 그들을 한 묶음 해서 바라보는 사회학적 시선에는 인생의 황혼기를 보내는 노인들의 우울과 적막감이 섬세하게 포착될 수 없다. 개인들이 겪는 나날의 구체적인 일상과 절실한 개인적 감정들이 단순한 일반론 속에 해소될 수는 없는 것이다. 산술적 평균치로서의 일반론에서는 개별적 차원이 고려될 여지가 없는 게 당연하다.

바로 이 지점에서 우리는 문학으로 눈을 돌릴 수 있는 계기의 하나를 본다. 왜냐하면 사회학적 일반론으로 환원될 수 없는 개인들의 독특한 경험과 미묘한 정서의 세계야말로 다름 아닌 문학의 몫이라고 할 수 있기 때문이다. 그러나 문학에서도 노인들의 생활과 정서를 노인들 자신의 언어로 표현한 작품은 흔하게 찾아볼 수 있는 것이 아니다. 일제강점기에는 꽃다운 젊은 나이에 세상을 떠난 문인들이 많아서, 요절(夭折)이 문학자의 운명인 것처럼 각인되어왔다. 아닌 게 아니라 나도향·이장희·김유정·이상·윤동주는 20대에 숨을 거두었고 최서해·김소월·심훈·이효석·백신애·오장환은 30대에 삶을 마감했다.

그러나 실제로는 딴 직종에 비해 문인이 유난히 더 단명했던 것은 아니다. 나도향·김소월 등과 함께 활동을 시작했던 초창기의 문인들 중에는 주요한·박종화·김팔봉처럼 1980년대까지 생존한 분들도 적지 않았다. 이광수·김안서·박영희·김동환·정지용 같은 분들도 전쟁 중 납치되지만 않았다면 더 오래 살아서 우리에게 노작가(老作家)의 모습을 남겼을지 모른다. 그러니까 문인들도 불우한 시대를 살았던 다른 모든 국민과 마찬가지로 식민지와 분단의 고통에 시달렸고 가난과 질병에 노출되어 있었을 뿐이라고 말할 수 있다.

어떻든 우리의 눈길을 끄는 사실은 오랫동안 한국의 근대문학을 주도해온 것이 청년의 문학이었다는 점이다. 이 사실을 우리는 두 가지 측면에서 생각해볼 수 있다. 첫째는 작가의 측면에서다. 중년 또는 노년에 이르기 전에 세상을 떠난 요절작가들의 경우, 그들의 작품에 주로 젊은이가 등장하고 세계와 사물을 보는 그들의 시선이 청년의 것임은 길게 분석할 필요도 없을 것이다. 세속에 오염되지 않은 순결함과 경험의 부족에서 오는 미숙함은 동전의 양면처럼 청춘의 특징을 구성한다. 그런 점에서 일제강점기 한국문학이 청년의 문학일 수밖에 없었던 것은 당연한 일이다.

하지만 장수를 누린 작가들의 경우에도 중년의 나이가 되면 어느덧 정신의 긴장이 풀려 창작 일선에서 한발 물러서는 것이 그동안 우리 문단의 흔한 관행이었다. 이른바 조로(早老)라고 하는 것이 그것을 가리킨다. 아마 좀 더 중요한 문제는 대다수 우리나라 작가들이 나이가 든 뒤에도 자신의 당면 문제, 즉 노년의 세계를 정면에서 다루기를 기피하는 듯하다는 점이다. 일본식 사소설(私小說)이 발달하지 않은 것은 사회현실과의 대결을 중시하는 우리나라 문학의 미덕일지는 모르지만, 글쓰기의 주체에 대한 정직한 자기점검, 즉 치열한 자기분석을 찾아보기 어렵다는 것은 한국문학의 자랑이 아닐 것이다.

다른 한편, 독자의 측면에서 이 문제를 살펴볼 수도 있다. 한국에서 문학독자의 가장 중요한 구성분자는 젊은이들, 그중에서도 여학생들이라고 한다. 외국문학의 번역 중에서도 『데미안』, 『호밀밭의 파수꾼』, 『좁은 문』, 『어린 왕자』 등이 줄곧 판매 상위권을 차지해온 것은 그 작품들이 사회현실의 암흑면과 관련된 성인들의 세계보다 성장기 젊은이의 고뇌와 각성을 다루었기 때문일 것이다. 최인훈의 장편 『광장』을 단순히 청춘소설이라고 규정짓는 것은 말이 안 되지만, 그 작품이 그토록 오래 독자들의 관심을 끌어온 이유는 남북분단을 최초로 편견 없이 소설화했다는 문학사회학적 이유 못지않게 혹독한 상황에 부딪쳐 좌절해가는 청춘의 방황을 형상화했다는 성장소설로서의 매력 때문일 것이다.

반면에 우리 문학사에서 염상섭·채만식·김정한·송기숙·이문구 같은 작가들은 뛰어난 업적과 높은 명성에도 불구하고 대중독자의 애호를 별로 받지 못하는 것 같다. 작가마다 각각 다른 이유도 있겠지만, 공통적인 것은 이 작가들이 젊은 세대의 감각과 감성에 호소하는 연성(軟性)문체를 구사하지 않는다는 점, 이와 결부된 문제로서 그들이 청춘 남녀의 애정세계를 묘사하는 데 무관심해 보인다는 점 등을 지적할 수 있을 것이다.

그러나 이제 한국문학에도 서서히 변화가 감지되고 있다. 옛날에는 문인들이 50대만 되면 벌써 원로의 대접을 받으려고 했다. 이광수는 1892년생이므로 6·25전쟁 중 병사했을 때 아직 회갑도 안된 나이였다. 그러나 그는 죽기 20년 전에 이미 원로의 자리에 올라 있었다. 1913년생의 김동리도 41세에 예술원 회원, 57세에 문인협회 이사장이 되어 문단의 지도적 위치를 차지했다. 반면에 고은은 1933년생이므로 이광수가 별세했을 때의 나이보다 지금 20년 가까이 위지만 조금도 노인의 느낌을 주지 않는다. 고은은 생물학적 연령과 무관하게 왕성한 활동을 전개하고 있을 뿐더러 작품의 성격 자체가 노소(老少)의 구별을 초월하고 있다. 이것은 한국문학의 성숙을 반영하는 바람직한 현상이라고 생각된다.

그런데 노년과 더불어 찾아오는 심신의 변화, 예컨대 육신의 질병과 심리적 고독감을 정직하게 견디면서 그것을 강고하게 단련된 정신세계로 승화시킨 참된 의미의 '노년의 문학'이 태어나고 있어 주목에 값한다. 일찍이 시집 『성북동 비둘기』(1969)에서 시인 김광섭이 그 모범을 보여주었거니와, 『느릅나무에게』(2005)의 시인 김규동, 『너무도 쓸쓸한 당신』(1998)의 작가 박완서, 『아주 느린 시간』(2000)의 작가 최일남은 자신들의 노년을 새로운 문학적 발효의 시간으로 만들고 있다. 얼마전 발간된 홍윤숙의 시집 『쓸쓸함을 위하여』(2010)는 이 목록에 또 하나의 탁월한 사례를 추가했다고 믿어지는데, 잘 다듬어진 이 시집에서 '빈 항아리' 처럼 공허해져가는 노환(老患)의 나날은 너그러운 순명(順命)과 풍요로운 사색의 언어 잔치마당으로 변하고 있다. 이 시집을 통독한 감동이 이 칼럼을 적게 된 동기였음을 밝히고 싶다.

시와시 2010. 겨울호

책이 대접받는 사회

지난 6월 4일부터 9일까지 '2004 서울국제도서전'이 서울 삼성동 코엑스에서 열리고 있다. 휴전 직후인 1954년 출판사들 몇이 모여 서울도서전이란 이름으로 시작한 이 행사는 점점 규모가 커지다가 1995년 국제도서전으로 격상되어 오늘에 이르고 있다. 내년 프랑크푸르트 도서축제에 한국이 주빈국으로 초청되었기 때문에, 이번 도서전은 내년의 그 국제무대를 위한 일종의 예행연습으로서, 하나의 문화 페스티벌을 겸하게 된다고 한다.

그러나 이러한 축제적 행사에도 불구하고 오늘날 우리나라 출판계의 현실은 그리 밝은 편이 아니다. 그 이유는 첫째, 경제불황의 압력에 가장 민감하게 반응하는 것이 출판업이기 때문이다. 출판계에 종사하는 분들 얘기를 들어보면 올해 들어 인문사회 교양서적의 판매고가 작년의 절반 이하로 줄어들었다고 한다. 둘째로 지적할 수 있는 것은 대형서점이 전국적 유통구조를 장악하고 광고 마케팅의 중요성이 더욱 증대됨에 따라 베스트셀러 위주의 출판이 주류를 이루게 되었다는 사실이다. 한마디로 이것은 출판생태계의 질적 저하를 의미한다.

아마 더 근본적으로 숙고해야 할 문제점은 오늘날처럼 영상매체가 번창하고 인터넷이 보급되면 책의 역할이 불가피하게 축소될 수밖에 없지 않겠는가 하는 것이다. 지식의 생산과 정보의 전달에 있어서 활자매체의 절대적 우위가 붕괴하고 있다는 것은 명백하다. 요즘 대학생들 가운데 일간지를 정기적으로 구독하는 사람은 아마 극소수일 것이고, 텔레비전 뉴스를 규칙적으로 시청하는 사람도 많지 않으며, 절대 다수가 인터넷에 의존하는 것 같다. 학생들에게 참고문헌을 소개해도 시험에 날 듯한 부분만 복사하는 판이니, 그들이 졸업하고 사회인이 된 다음에야 책을 살 리가 없다. 기업으로서 출판산업이 위기인 것도 커다란 문제이지만, 그보다 더 심각한 것은 책을 통해 상상력을 키우고 사색의 습관을 기르는 젊은이가 사라진다면 이 나라의 다음 세대가 어찌될 것인가 하는 점이다. 내 생각에 우리나라 교육의 위기는 활자문화의 위기와 깊이 연관되어 있다.

그런데 이번 도서전에서 특히 나의 눈길을 끈 것은 '금서(禁書)로 사회와 역사를 읽는다'는 주제로 기획된 '세계금서특별전'이다. 조선시대부터 1950년대까지 100여 책, 박정희시대 이후 250여 책, 그리고 주요 외국의 금서 50여 책이 전시되어 책과 권력의 관계를 새삼 돌아보게 만들었다.

생각해보면 진시황의 분서갱유(焚書坑儒)는 비판적 지식인과 사상의 자유에 대한 국가권력의 탄압을 알려주는 고전적 사건이다. 그만큼 악명이 높지는 못하지만, 책을 통해 전파되는 이념과 지식의 위험을 강제로 제거하려는 시도는 동서고금을 막론하고 끊임없이 계속되어왔다. 히틀러 시대의 독일, 스탈린 시대의 소련처럼 억압적인 독재체제 밑에서는 책과 지식에 대한 단속과 규제가 더욱 가혹할 수밖에 없었다. 1972년 소위 유신체제의 선포부터 1988년 해금조치에 이르기까지 한국도 세계에 손꼽히는 사상적 부자유의 나라였으며, 따라서 수많은 금서들이 지하로 잠복했다. 지난 5월에 간행된 이시영(李時英)의 시집 『바다 호수』(2004)에는 다음과 같은 산문시가 실려 있어 격세지감을 자아낸다.

1982년 6월 시집 『타는 목마름으로』를 '납본필증' 없이 사전 배포했다고 하여 이틀간 안기부 조사를 받은 뒤 풀려날 때였다. 퇴계로에서부터 트럭 하나가 우리 뒤를 따라붙더니 중앙청 문공부까지 따라오는 것이 아닌가. 수사관들과 함께 어느 국장 방으로 갔더니 백지를 내밀며 '재산포기각서'를 쓰라고 했다. 그 트럭에는 시중 서점에서 압수한 1만여 권의 시집이 실려 있었던 것이다. 그날 저녁 원효로 경신제책에선 나와 수사관들이 지켜보는 가운데 지형과 함께 시집 1만 권이 분쇄되었는데, 분쇄기를 직접 잡은 김 상무의 엄지 없는 오른손이 마구 떨었다.

─「타는 목마름으로」 중에서

  시집 1만 권을 작두로 분쇄한 야만의 시대는 이제 자본이 지배하는 문화의 시대로 된 것인가!

영남일보 2004. 6. 8.

문화공간으로서의 도시

하계 유니버시아드가 임박함에 따라 각국 선수와 임원들이 속속 대구로 모여들고 있다. 국내외 보도진들도 적잖이 대구를 찾을 것이다. 이들은 말하자면 이번 대회의 당사자들이라 할 수 있는데, 이들 이외에 순수한 관람객이라 할 만한 사람은 얼마나 대구를 찾을까. 아마 그리 많지는 않을 것이다.

어쨌든 대구는 모처럼 사고와 사건의 이미지에서 벗어나 긍정적인 조명을 받게 되었다. 물론 초점은 운동경기에 있지만, 방문객들은 경기장과 관중뿐만 아니라 거리의 교통질서와 숙박시설을 포함한 대구의 도시적 환경 전체를 경험하고 돌아갈 것이다. 그런 점에서 이들에게 대구가 보여줄 수 있는 것은 무엇인가.

대구만이 아니라 우리나라의 도시들이 가진 최대의 취약점은 내 생각에 무엇보다 정체성이 결여되어 있다는 것이다. 흔히 우리가 반만년 역사를 자랑하지만, 우리나라 도시에서 반만년은커녕 단지 100년의 역사가 각인된 경관과 구조물을 찾는 것도 쉬운 일이 아니다. 그래도 예외적인 곳이라면 서울과 전주의 일부, 그리고 경주 정도가 아닐까.

도시적 정체성이라고 말할 때 그것이 단순히 고층 건물이나 지하철 같은 현대적 시설물을 가리키는 것이 아님은 물론이다. 가령, 인도의 누더기 같은 뒷골목이나 중국의 지저분한 거리는 자랑도 아니지만 부끄러움도 아닌,

바로 그것을 보기 위해 수많은 관광객이 모여드는 그 나라 도시의 고유한 풍경이다. 프라하 같은 도시는 서유럽에 비해 낙후한 체코 경제를 반영하듯 어딘가 피폐해 보이면서도 도시 전체가 중세 후기 유럽문화의 거대한 박물관이다. 그것이 다름 아닌 프라하의 정체성이다. 베를린 같은 도시는 19세기와 20세기에 독일인이 겪은 영광과 상처, 죄악과 참회의 역사를 고스란히 조형화하여 놓았다. 바로 이 점이 베를린을 유럽의 다른 도시와 구별해주는 고유한 정체성이다.

 물론 우리나라 도시들이 일방적으로 문제점만 가진 것은 아니다. 무엇보다 우리 도시들은 삶의 활력에 가득차 있다. 대개의 경우 활력이 지나쳐, 때로는 무질서와 폭력에까지 이르기도 한다. 반면 대부분의 유럽 도시는, 특히 독일의 경우에는, 도심만 북적거릴 뿐이고 조금만 도심에서 벗어나면 죽은 듯한 적막감이 감돈다. 길에서 아이들이 떠들고 뛰노는 모습을 좀체 찾아보기 어렵다. 이건 사람 사는 곳이 아니로구나 하는 개탄이 절로 든다. 그런 점에서 우리나라의 시끌벅적한 재래시장과 노점상은 단속의 대상이 아니라 홍보의 자원이고, 오늘의 화이트칼라들에게 삶의 에너지가 어떻게 발현되는지 보여주는 교육의 현장이 될 수도 있을 것이다.

 유럽의 도시들은 대체로 널따란 인공숲을 시내 곳곳에 조성해놓았다. 뮌헨의 영국공원은 대구의 국채보상운동기념공원에 비해 아마 1000배도 넘는 넓이를 자랑할 것이다. 반면에 우리나라 도시들은 거의 예외없이 인근에 아름다운 산을 지니고 있다. 이것은 도시를 관광거점으로 발전시키려는 정부의 담당관리와 지방자치단체가 함께 예의 주목해야 할 한국적 특성이고 한국 도시의 자랑이다.

 두말할 나위 없이 우리가 사회를 이루고 모여 사는 것은 남에게 보여주기 위한 것이 아니라 우리 자신의 내적 욕구를 실현하고 물질적·정서적 풍요를 향유하기 위해서이다. 그러한 목적을 달성하기 위해 마을도 생겨났고 도시도 발전했다. 우리가 다른 나라에 가서 보고 싶은 것도 그 나라 사람들의 삶이 녹아들어 있는 자연스러운 모습이지, 억지로 꾸며낸 임시적 전시물이 아니다. 요컨대 대구가 보여주어야 할 것은 삶이 자유롭게 숨쉬는 문화적 공간으로서의 도시인 것이다.

그러한 목적을 위해서도 대구는 아직 기반시설이 미비하고 시민의식도 미숙하다. 유니버시아드를 계기로 우리가 걱정해야 할 것은 대구가 오히려 실제보다 부풀려 선전되는 것이다. 유니버시아드는 잠깐 지나가는 행사에 불과하지만, 이 대구는 우리 자신과 우리 후손들이 가꾸고 살아가야 할 영원한 생활터전인 것이다.

영남일보 2003. 8. 19.

지방자치제와 전국적 네트워킹

지난 5일 문화관광부(이하 문광부)에서는 지방자치단체들이 추진하는 문화기반시설 건립사업에 대한 내년도 국고보조금 지원지침과 예산안을 각 시도에 통보하고 이를 문광부 홈페이지에 공개했다. 이 예산안에 따르면 41개 공공도서관 건립에 213억 8000만 원, 32개 공립박물관 건립에 260억 원, 14개 지방문예회관 건립에 216억 원이 지원될 예정이고 이와는 별도로 농어촌에 공공도서관 14개의 건립을 위해 112억 원이 특별회계로 배정되었다. 아직 국회의 통과절차를 남겨두고 있어 확정된 것은 아니지만, 정치적 이해관계가 걸린 사안이 아니므로 큰 변동은 없으리라 믿어진다.

그런데 우리의 주목을 끄는 것은 그동안 정부가 시행한 문화시설 조성정책과 국고지원 형태에 대해 국회, 감사원 및 기획예산처 등에서 다음과 같은 문제점을 지적하고 있다는 사실이다. 첫째, 지역의 특성과 문화수요를 고려한 전국적인 종합계획이 미비하다. 둘째, 가까운 지역에 비슷한 시설이 있는데도 다른 지자체에서 또 새로운 건물을 지어 예산을 낭비하고 이용률을 떨어뜨린다. 셋째, 전시행정성 사업추진으로 주민들의 문화적 수요와 동떨어진 대형시설의 건립에 치중한다. 넷째, 지자체마다 경쟁적으로 시설을 건립한 후 이를 알차게 운영하지 못하고 활용에 어려움을 겪는다.

매우 중요한 지적이라 생각되는데, 국회든 감사원이든 이렇게 지적하는

데 그칠 것이 아니라 이를 공론화하여 해결책을 마련하는 것이 옳다. 담당 부서인 문광부로서도 이 지적사항들을 각 시도에 알려주기만 한다면 무책임하다는 비판을 면하기 어렵다. 왜냐하면 여기 지적된 사항들 중에는 지자체 수준에서 개선할 수 있는 것도 있지만 국가 전체의 차원에서 종합적으로 검토하고 조정해야 할 것들도 있기 때문이다.

다들 아는 바와 같이 노무현 정부는 주민자치와 지방분권을 핵심적인 국정목표의 하나로 제시했다. 각 지역의 균형적 발전과 풀뿌리 민주주의의 강화를 통해 과도한 중앙집중의 모순과 폐해를 극복하자는 발상 자체는 물론 정당하다. 그러나 설사 자율과 분권이 실현된다 하더라도 모든 문제가 해결되는 것은 아니다. 오히려 지난 8년 반에 걸친 지방자치제의 경험은 난개발과 자연파괴, 지역행정의 부패와 주민들의 집단이기주의라는 부정적 측면을 더욱 노골화하였다.

그러나 이러한 과도기적 부작용에도 불구하고 자치와 분권은 돌이킬 수 없는 대세이다. 오히려 지방자치는 더 강화되어야 하고, 행정뿐만 아니라 산업과 복지, 교육과 문화의 영역에도 자율과 자치가 광범하게 도입되어야 한다.

그러나 이와 더불어 각 지역을 통일적으로 연계하는 전국적 네트워크가 활성화되어야 할 것이다. 가령, 교통은 한 지역 내부의 문제인 동시에 각 지역들을 연결하는 문제이다. 서울의 교통문제가 인천이나 경기도와의 연관을 떠나서 검토될 수는 없는 것 아닌가. 그런 점에서 대구의 지하철 건설이 인근 지역과의 연결을 고려하지 않은 것은 도대체 말도 안되는 잘못이었다.

그 밖에도 의료·교육·쓰레기처리·공단건설 등등 거의 모든 분야가 지역 간의 네트워킹, 즉 전국적 시스템의 원활한 작동이라는 관점에서 논의되지 않으면 안되는 것이다. 지역자치와 지방분권이 국가의 해체를 목표로 하는 것이 아니라면 문제의 성격에 따라 지역들을 일정한 수준에서 통합하는 체계가 반드시 필요하다.

지금까지 정부와 문화예술계의 관계는 그다지 우호적인 것이 아니었다. 군사독재시대에는 물론 일방적인 간섭과 통제만 있었을 뿐이고, 1990년대 들어 "지원은 하되 간섭하지 않는다"는 구호를 내놓은 다음에도 국고지원이 통제의 수단으로 악용되기 일쑤였다. 더욱이 지자체의 문화관련 관료들은 전문성의 부족으로 문화예술계의 실상을 제대로 파악하지 못하는 수가 많았다. 그런 점에서도 지역 단위의 문화예술위원회가 구성되어 점진적인 문화자치제를 시험해볼 시기가 무르익었다고 생각한다. 물론 앞서 지적했듯이 지역적 문화자치를 전국적으로 연결하고 조정하는 매개장치가 필요하다. 그러나 그것은 중앙통제적 권력의 형태가 아니라 상호소통적 연결고리의 기능을 수행하는 데 그쳐야 한다.

영남일보 2003. 12. 10.

전환시대의 역사분쟁

갑신정변으로 유명한 그 갑신년 새해 첫날 우리가 처음 접한 주요 뉴스는 일본의 고이즈미 총리가 일본식 전통복장을 하고서 태평양전쟁 A급 전범들의 위패가 합사되어 있는 야스쿠니 신사를 공식 참배했다는 것이었다. 이에 대해 중국은 즉각 강력한 항의를 전달한 반면 한국은 관례적인 유감을 표명하는 데 그쳤다. 단 하루이틀 사이에 지난 150년 동북아시아의 역사를 압축적으로 되새겨보게 만드는 일이 벌어진 셈이다.

돌이켜보면 19세기에 동아시아의 여러 나라들은 유사 이래 가장 힘든 시련에 직면하였다. 서세동점(西勢東漸)이라는 세계사의 새로운 물결에 대처해야 했기 때문이다. 이 위기 속에서 오직 일본만이 서구식 산업화와 근대적 국민국가의 형성에 성공하여 열강의 대열에 합류하였다. 너무나 잘 알고 있듯이 우리는 강대한 외세에 이리 차이고 저리 뜯기고 하다가 결국 식민지로 전락하고 말았다. 오래된 제국 중국도 만신창이의 상태로 19세기와 20세기 전반기를 보내야 했다.

그러나 이제 역사는 거대한 전환의 시대를 맞고 있다. 거시적인 차원에서 가장 주목되는 현상은 세계사의 무게중심이 대서양에서 태평양으로 옮겨오고 있다는 사실일 터인데, 그 주역은 두말할 나위 없이 중국이다. 지난해 중국은 평화적인 정권교체를 성공적으로 이룩하여 정치적 안정을 다졌을 뿐만 아니라 예외적으로 높은 경제성장을 달성하였다. 유인 우주선의 발사에 성공한 것도 중국인들의 자존심을 한껏 드높인 상징적 사건이다. 이와 같은 추세가 그대로 유지된다면 중국의 국력은 21세기 중엽쯤에 미국을 추월할 것이라고 예측하는 학자들이 많다.

이런 미증유의 사태를 예감하는 세계 여러 나라들이 속수무책 구경만 하고 있을 리는 없다. 20세기의 패권국가 미국은 오래전부터 중국의 위상변화를 주시하고 이에 대한 대응책을 모색해왔을 것이다. 이른바 '북핵 위기'의 심층적 목표가 중국이라고 추측하는 것은 결코 과민반응이 아니다. 미국 정부가 지금 구상중인 미군 재배치가 어떤 모습으로 나타날지 알 수 없지만, 중국의 부상에 대한 미국 헤게모니의 방어라는 큰 틀을 벗어나지 않을 것이다. 지난 반세기 동안 미국의 핵우산 아래 고도성장을 구가해오던 일본 역시 동북아의 정치적 지각변동에서 소외되고 싶지 않을 것이다. 총리의 신사참배로 표현된 일본의 우경화는 그들이 더 이상 태평양전쟁의 악몽에 구애받지 않겠다는 군사적 자주선언의 첫걸음이 될지도 모른다.

언제나 그렇듯이 문제는 우리 자신이다. 불행히도 우리는 여전히 세계 유일의 분단국가로 남아 있는데다가 남북 각각이 심각한 내부적 난제를 안고 있다. 우리는 강대한 외세에 둘러싸여 있음에도 불구하고 민족역량의 많은 부분을 남북대립과 사회적 갈등의 극복에 소모하고 있는 것이다.

작년 연말경 중국 동북공정(東北工程) 프로젝트가 보도되면서 중국이 고구려를 자기네 지방사의 일부로 편입하려는 시도가 드러났는데, 도대체 왜 중국이 이 시점에서 한국과의 마찰을 뻔히 예상하면서도 1500년 전의 역사를 다시 쓰려는 것인가. 일본은 툭하면 독도 영유권을 주장하기도 하고 삼국시대의 가야가 자기네 식민지였다고 암시하기도 하는데, 일본의 이런 궤변 밑바닥에 깔린 진정한 의도는 무엇인가.

과거는 지나간 일이지만 시간의 흐름과 더불어 사라져버리지는 않는다. 과거는 끊임없이 새롭게 기억되고 다시 해석됨으로써 미래를 예시한다. 그것이 바로 역사이다. 따라서 역사는 오늘을 살아가는 인간집단의 사회적 삶을 과거 속에 투영한 것이다.

산업혁명 이후 세계를 지배하고 있는 서구의 여러 나라들은 그리스·로마의 문명을 자기들의 공동역사로 받들고 있다. 오늘의 그리스와 이태리가 그 고대문명의 독점적 계승권을 주장한다면 그것은 정신착란으로 취급받을 것이다. 반면에 동북아시아에서는 중국의 문화적 전통이 아무리 압도적이었다 하더라도 한국과 일본은 거기에 완전히 흡수된 적이 없다. 따라서 이들 세 나라의 역사분쟁은 단지 과거의 해석에만 걸린 문제가 아니라 미래의 운명을 결정하는 문제이다. 우리 자신이 똑똑히 정신 차리고 지혜롭게 대처하지 않으면 안된다.

영남일보 2004. 1. 16.

종교들의 평화공존

자본주의와 사회주의 간의 이념대결이 세계를 둘로 나눈 시대가 있었다. 두 진영을 대표하는 미국과 소련이 사사건건 마찰을 빚었고, 1960년대 초 쿠바위기 때에는 전쟁 일보 전까지 긴장이 고조되기도 했다. 하지만 1990년을 전후해 소련을 비롯한 동유럽 공산국가들이 붕괴함으로써 냉전체제는 사실상 종말에 이르렀다.

냉전이 끝났으니 이제 지구에는 평화가 왔는가. 천만의 말씀이다. 세계대전의 위험은 사라졌는지 몰라도 지역적 분쟁은 한층 더 치열해졌다. 그런데 가만히 들여다보면 그 분쟁들의 밑바닥에는 인종 내지 민족이라는 요인과 종교적 요인이 잠복해 있음을 알 수 있다. 대표적인 사례가 발칸반도일 것이다. 강력한 카리스마를 가진 티토 대통령의 사후 유고연방은 6개 공화국으로 분열되어 인종과 종교에 따른 참혹한 유혈사태를 빚어왔다.

이라크는 어떤가. 왜 미국이 이라크를 침공했는지 간단하게 설명되지는 않는다. 석유이권만이 이유의 전부일 수는 없기 때문이다. 그러나 어떻든 이라크공화국을 무너뜨리고 후세인을 체포했음에도 불구하고 사태는 미국의 의도대로 진행되는 것 같지 않다. 짐작건대 미국이 충분히 계산하지 못한 것은 이라크가 인종적·종교적으로 복잡하게 구성되어 있다는 점일 것이다. 시아파와 수니파, 아랍인과 쿠르드족 및 수많은 부족집단들이 이리저리 얽혀 이해관계를 달리하기 때문에 합의도출이 쉽지 않은 것이다.

  심각한 갈등으로 치닫는 다른 많은 지역에 비하면 프랑스 같은 나라는 종교적으로 거의 아무런 문제가 없다고도 할 수 있다. 그러나 이 나라도 일찍이 16세기에 위그노전쟁으로 끔찍한 종교적 참극을 치렀고, 이를 교훈 삼아 정치적 자유와 종교적 관용은 프랑스공화국의 오랜 전통이 되었다. 그런데 엊그제 보도에 따르면, 프랑스 정부가 국내 공공장소에서 이슬람 여성들의 히잡(머리수건) 착용을 금지하기로 결정한 것에 대해 무슬림들의 항의시위가 요란하다. 프랑스는 오랫동안 이슬람 국가인 알제리를 식민지로 지배했기 때문에 상당수의 알제리인들이 식민모국으로 건너와 살고 있다. 이들은 가톨릭국가 프랑스에 종교적으로 통합되지 않고 있는 것이다.

  우리 자신은 어떤가. 한반도에 단일민족이 사는 것이 자랑은 아니지만 다행한 일이기는 하다. 적어도 인종분쟁의 여지는 없기 때문이다. 이것은 세계적으로도 극히 예외적인 경우라고 한다. 물론 처음부터 그랬던 것은 아닐 것이다. 1920년대에 발표된 김동환의 장시 「국경의 밤」에 보면, 고려 윤관 장군에게 정복된 함경도 지역 여진족의 후예가 주류민족인 조선인에게 동화되지 않고 수백 년간 독자적인 생활을 해오고 있음이 묘사되고 있다. 더 거슬러 고구려나 발해 시대로 올라가면 대단히 복잡한 인종적 혼혈의 역사를 추적할 수 있을 것이다. 그러나 어떻든 압록강·두만강으로 경계선이 확정된 이후 수백 년 동안 한반도는 인종적 안정성이 유지된 곳이었다. 물론 근년에 이주노동자 등에 의해 인종적 다양성이 확대되고 있는 것은 '세계화' 시대의 새로운 현실이다.

  그런데 종교적으로는 우리가 단일적인 나라가 아니다. 장구한 세월에 걸쳐 우리 민족의 심성 저변에는 샤머니즘이 깔려 있었고, 그 위에서 불교와 유교라는 고급종교가 꽃피었다. 조선왕조 시대에 집권 유교세력이 서민계층의 불교를 억압하기는 했으나, 유럽에서와 같은 잔혹한 종교전쟁으로 뻗어나가지는 않았다. 중국도 일본도 그것은 마찬가지였다.

오늘날에도 우리나라는 종교적으로 다원적인 국가이고 선교의 자유가 보장된 나라이다. 독일의 기독교민주당, 일본의 공명당처럼 종교이념을 내세운 정당이 없다는 것도 어느 면에서 다행이다. 한 가정 안에서 아버지는 유교, 어머니는 불교, 아들은 기독교를 믿더라도 그 가정이 깨지지 않는 것을 종교전쟁까지 치른 나라 사람들은 이해하지 못할지 모른다.

그러나 종교 간의 이 평화로운 공존이 언제까지 지속될 수 있을지 장담하기는 어렵다. 일부 종교인들의 지나치게 공격적인 선교, 타 종교의 상징물에 대한 모욕과 훼손, 호화스럽고 과시적인 종교건물들, 공교육에서의 특정 종교의식 강요 등은 평화를 위협하는 잠재된 위험이다. 먼 훗날에 대비하는 장기적 관점에서 적어도 종교가 민족분열의 요인이 되지 않도록 관용과 화해의 정신을 종교인들 스스로 앞장서 뿌리내려야 한다.

영남일보 2004. 1. 20.

문화의 다양성을 위하여

개인적인 일로 벌써 20여 일째 유럽여행을 하고 있습니다. 음식과 언어, 날씨와 풍토가 맞지 않아 고생스럽기도 합니다. 물론 제가 한국에서 신문을 읽다가 어떤 필자가 이런 소리를 자기 칼럼에 썼다면 한마디 비난을 했을지 모릅니다. 팔자가 좋아 외국에 나갔으면 가만히나 있을 노릇이지 웬 불평이냐고 말입니다. 저의 잘못된 선입견인지 모르지만, 우리는 아직도 외국에 대해 편안하고 자연스러운 감정을 가지기 어려운 것 같습니다.

그 첫째 이유는 아마도 우리가 너무나 오랫동안 지정학적 고립성과 종족적 단일성 안에 갇혀 살아왔기 때문일 것입니다. 그 점에서 한국과 일본은 세계에서도 아주 예외적인 나라라고 합니다. 그러니까 우리는 민족적 다양성과 문화적 다원성을 받아들이는 데에 아직 익숙하지 못합니다. 다시 말해 우리는 낯선 것과 다른 것에 대한 불안과 불편을 극복하지 못하고 있습니다.

그러나 그럴 수밖에 없는 좀더 근본적인 이유는 우리가 지난 150년의 역사를 통해 가혹한 외세의 침략과 수탈을 당했다는 사실일 것입니다. 19세기 후반에는 문명개화라는 이름으로, 그리고 오늘날에는 세계화라는 이름으로 우리의 고유한 생활방식과 전통적 가치들이 가차없이 파괴되어왔습니다. 20세기 중반에 겪은 전쟁의 참화는 아마 역사상 가장 비극적인 것이었을지 모릅니다.

그런데 외국에 나와 보면 우리뿐만 아니라 이 세계 전체가 거대한 변화의 소용돌이에 휘말려 있다는 것을 실감하게 됩니다. 저의 눈에 띈 표면적인 현상들 중 가장 대표적인 것은 여성의 육체가 억압과 규율에서 해방되고 있다는 사실이었습니다.

이것은 쉽게 짐작할 수 있듯이 여자들의 성적 자유만을 뜻하는 것은 아닙니다. 오늘날 유럽 도시의 길거리에서 여성의 풍만한 젖가슴을 구경하는 것은 아무렇지도 않은 평범한 일이 되었습니다. 그 결과 젖가슴은 도리어 성적 상징으로서의 자극성을 잃고 단순한 육체 자체로 환원되고 있습니다. 이제 여자들의 신체는 어떠한 구속이나 제한에 대해서도 거침없이 저항하려는 듯이 왕성하게 발육하여 지나친 비만증세로 나타나고 있습니다.

물론 성적 개방과 여성의 사회진출은 새삼스러운 일이 아닙니다. 또, 그것은 어떤 특정한 분야에 한정된 단독적 현상이 아니라 이 시대의 사회적 감정과 사회의식 전체가 근본적으로 변화하고 있음을 보여주는 하나의 징후입니다. 지난날 불법이고 금기이며 타락이었던 것들이 이제 당당하게 사회문화의 공식적 범주로 진입하고 있습니다. 젊은 아가씨가 공개석상에서 담배를 물고 있어도 누가 눈여겨보지 않듯이 이제는 어깨와 등줄기에 문신을 한 남녀들이 거리를 활보해도 시비거는 사람이 없습니다. 베를린에서 간행되는 꽤 수준높은 문화예술 정보지에는 영화·미술·음악 같은 전통적 장르와 더불어 동성애자들의 행사를 소개하는 별도의 항목이 자리잡고 있습니다.

문화는 인간의 삶 자체입니다. 어떤 강력한 독재권력도 문화의 물줄기를 마음대로 조종할 수는 없습니다. 유럽 음악과 아프리카 흑인들의 리듬과 아메리카 원주민의 정서가 만나서 어떤 새로운 음악이 만들어질지 아무도 미리 계획할 수는 없었습니다. 먹는 음식도 그렇습니다. 비행기에서 기내식으로 제공되는 비빔밥은 이미 세계인들의 구미를 돋우는 보편성을 획득했습니다. 지구상 어디를 가든 찾아볼 수 있는 중국음식의 놀라운 적응력은 동시에 중국인의 생활력이기도 합니다. 기독교가 아시아에 정착하고 불교가 유럽에 전파되듯이 지금 수많은 고유음식들이 고향을 떠나 새로운 변형을 겪으며 인류의 입맛과 인간의 체형을 바꾸어가고 있습니다.

 머잖아 대구에서는 세계 젊은이들의 체육축제가 벌어집니다. 이번 유니버시아드 대회가 한반도의 긴장을 완화하고 세계의 평화를 촉구하는 계기가 되기를 바라는 마음 간절합니다. 그러나 그와 동시에 국가와 민족, 종교와 성별의 차이를 넘어서는 진정한 화해의 마당이 되기를 기원합니다. 우리가 남을 이해하고 감싸 안아주는 만큼 남들도 우리를 이해하고 포용할 것입니다. 두서없는 편지글을 너그러이 용서하시기 바랍니다.

영남일보 2003. 8. 1. 독일 뷔르츠부르크에서

문예진흥기구의 전환에 즈음하여

 군사독재와 3김(金) 정치로 상징되는 구시대를 청산하고 참신한 개혁세력에 의해 새로운 정치를 펴리라 기대를 모으던 노무현 정부가 출범 열 달도 안 되어 비틀거리고 있다. 거대야당의 발목잡기와 보수언론의 트집 때문에 되는 일이 없다고 변명할지 모르지만, 내가 보기에 그것은 책임회피이고 능력의 부족일 뿐이다. 이 세상 어느 정권도 순풍에 돛단 듯 앞으로 나아가지는 못하였다. 시련과 역경이 닥치더라도 이에 굴하지 않고 의연한 자세로 이상의 실현을 추구할 때 국민들이 믿고 따라가는 법이다. 그런데 이라크 파병문제, 부동산 대책, 복지와 환경정책의 후퇴, 노동운동과 농민집회에 대한 강경진압, 그리고 최근 전북 부안에서의 핵 폐기장 강행자세 등을 보면 지난날 우리가 알고 있던 그 노무현 씨가 아닌 딴 사람이 대통령 자리에 있는 듯한 느낌도 든다.
 다행인 것은 그런 가운데서도 문화행정의 책임자가 정책의 일관성과 개혁성을 어느 정도 유지하고 있는 점일 것이다. 소설가이자 영화감독인 이창동 장관이 처음 취임했을 때 많은 사람들은 공직경험이 없는 그가 노회한 관료들에게 휘둘려 곤욕을 치르지 않을까 걱정했었다. 경직된 위계질서에 도전하는 듯한 그의 자유분방한 언행과 복장도 보수언론의 조롱거리였다.
 그러나 서민의 편에 서리라는 기대와 달리 노무현 정부가 신자유주의적 경제정책으로 재벌 쪽으로 기우는 데 비하여 이창동 장관은 우려했던 것과 달리 유능하게 관료들을 장악해가고 있는 듯하다. 가령, 영화 쿼터제만 하더라도 미국의 거센 압력과 경제부처의 개방논리에 맞서 일관된 입장을 견지했고, 그리하여 며칠전 노 대통령으로부터 현행 쿼터제 유지라는 발언을 이끌어내는 데 성공했다. 또 다른 예를 들면, 문예진흥원이나 현대미술관 같은 문광부 산하기구의 책임자에 개혁적이고 전문성 있는 인사를 발탁한 사실을 지적할 수 있다. 한때 이 문제를 가지고 기득권세력들은 민예총 계열의 특정인맥이 나라의 문화계를 온통 점령했다는 듯이 시끄럽게 비난을 퍼붓기도 했다. 문인과 예술가를 예총 소속·민예총 소속으로 나누어 보는 발상부터가 도식주의적이지만, 무엇보다 지난날의 관변 문화단체들이 일제 식민지 당국와 독재체제에 빌붙어 반민족행위를 서슴지 않았던 과오를 돌아볼 필요가 있다. 잘못된 과거를 청산하지 않는다면 새로운 미래는 창조되기 어렵다.

문광부가 현재 추진중인 일들 가운데 가장 중요한 것은 문예진흥기구의 개혁일 것이다. 알다시피 지금의 문예진흥원은 1973년 유신체제의 탄생과정에서 발족하였다. 물론 그러한 태생적 한계에 불구하고 지난 30년 동안 진흥원은 문예활동을 지원하기 위한 상당한 업적을 쌓아왔다. 그러나 사회경제적 발전에 따른 국민들의 문화적 욕구의 상승과 문화예술계 자체의 질적 변화를 감당하기에는 현행 제도의 틀이 낡았다는 점을 부인하기 어렵다.

이러한 문제의식에 입각하여 참여정부 출범 직후 '문화행정혁신위원회'라는 민간기구에 의해 연구가 진행되었고 그 결과를 바탕으로 문광부에서는 지난 7월 31일 '문화예술진흥법 중 개정법률(안) 입법예고'를 발표했다. 이를 받아서 문예진흥원은 지난 10월 22일 '문예진흥원의 위원회 전환과 예술진흥정책의 발전방향'이라는 주제의 심포지엄을 개최했다.

유신체제와 더불어 탄생된 문예진흥원이 관료적 지원기구임에 비하여, 현재 입법 예고된 문화예술위원회는 민간자율의 협의기구라 할 수 있다. 이런 전환이 실제로 성사되자면 좀더 폭넓은 의견수렴과 국회의 법률안 통과가 이루어져야 한다. 물론 문예진흥원이 문화예술위원회로 바뀐다 하여 갑자기 대단한 문예부흥을 기대할 수는 없다. 마치 지방자치제가 민주주의의 토대임에도 불구하고 아직까지 많은 폐해를 낳고 있듯이 위원회제도 역시 뜻밖의 부작용과 비효율을 동반할지 모른다. 그러나 문화와 예술을 행정적 지도와 명령으로 육성하겠다는 군사주의적 발상은 이제 극복되어야 한다. 초창기의 일시적 혼란 때문에 개혁의 큰 방향이 수정될 수는 없다. 그런 점에서 나는 이창동 장관의 초지일관한 문화정책에 기대를 걸고자 한다.

영남일보 2003. 11. 25.

5

우리가 주목해야 할 것은 자유의 확장과 더불어 폭력적 지배의 확대가 동시에 이루어졌다는 근대사의 모순적 사실이다. 우리나라의 경우 봉건적 왕조체제의 종말은 제국주의에 대한 종속의 출발, 즉 자기배반적 역설의 실현이었다. 다시 말해 근대는 우리에게 해방과 억압이라는 두 얼굴을 가지고 다가왔던 것이다.

지구적 제국체제의 해체를 꿈꾸며*

제 앞에 말씀하신 오다(小田)* 선생은 제가 대학을 다니던 1960년대부터 이름을 들었고, 또 우리말로 번역된 글도 읽은 적이 있습니다. 수십 년이 지나 이렇게 제가 재직하는 학교에서 한 자리에 앉아 얘기하게 되리라고는 상상을 못했는데, 참으로 영광스럽게 생각합니다. 또 더글라스 러미스** 선생은 제가 최근에야 『녹색평론』에 실린 에세이들을 읽고 그 날카로운 안목에 감탄을 금치 못했는데, 역시 이렇게 함께 이야기를 나누게 되어 뜻깊게 생각합니다.

이 발제문에 무슨 내용을 어떤 순서로 정리할까 고심하던 지난 주말(2003. 5. 3.) 〈조선일보〉와 〈동아일보〉 외신면의 한 기사가 제 눈을 끌어당겼습니다. "한반도, 엄청난 폭풍 속으로 진입" 중이라는 제목의 이 기사는 두 신문 모두 워싱턴 특파원이 보내온 것으로 내용은 대략 다음과 같습니다. 미국의

★ 이 글은 2003년 5월 9일 영남대 인문과학연구소 주최로 열린 '미국과 세계평화'라는 주제의 평화포럼에 발표한 내용을 정리한 것이다.
* 오다 마코도(小田実):일본의 작가, 평화운동가. 1932년 오사카 출생, 도쿄대 문학부 졸업. 1960년대 일본의 안보투쟁과 베트남전 반대운동에 앞장섰고 1970년대에는 김지하 석방운동을 주도했다. 2007년 위암으로 별세.
** 미국 출신의 정치학자로 현재 일본 오키나와에 거주하면서 집필과 강연을 중심으로 사회운동을 하고 있다. 『래디컬한 일본국 헌법』, 『헌법과 전쟁』, 『경제성장이 안 되면 우리는 풍요롭지 못할 것인가』 등의 책을 냈다.

한반도 전문가인 돈 오버도퍼(Don Oberdorfer) 존스홉킨스대 국제대학원(SAIS) 교수는 5월 1일 이 대학과 한국 언론재단이 공동 주최한 세미나에서 "한반도가 지금 엄청난 폭풍(perfect storm) 속으로 진입하고 있을지 모른다는 두려움을 느낀다"고 말하면서, 자신이 지난 50년 동안 한국문제를 다루어왔지만 "요즘처럼 걱정해본 적이 없다"고 털어놓았답니다. 그가 그렇게 걱정하는 까닭은 (1) 젊은 세대를 중심으로 많은 한국인들이 북한의 위협을 느끼지 못하고 있고 핵문제가 제기되어도 생각이 바뀌지 않는 것 같으며, (2) 북한은 확고히 핵무기를 원하고 있고, (3) 미국은 북한에 대해 타협할 자세가 아니라는 점을 꼽았다고 합니다. 특히 그는 한미 양국 정부와 국민들이 북한문제에 관해 매우 다른 방향으로 움직이고 있기 때문에 지난 50년간의 동맹관계가 곤경에 처해 있다고 진단했습니다.

나는 오버도퍼 교수에 대해 전혀 아는 바가 없고 그의 견해가 미국의 한반도 정책결정에 얼마나 영향을 끼치는지도 짐작하지 못합니다. 〈워싱턴 포스트〉 기자 출신이라고 소개되어 있는 것을 보면 그는 6·25전쟁이 종전될 무렵부터 현장에서 한국문제를 다루어온 소위 전문가인 것 같습니다. 그렇다 하더라도 미국 정부가 어떤 정책을 공식화하기 이전에 정부 당국자 자신이 직접 언급하기 어려운 예민한 사안을 학자 또는 기자의 입을 통해 미리 띄워보는 것이 관례이므로, 이 오버도퍼의 견해도 미국 정부의 입김을 반영하고 있을 것으로 판단됩니다.

나의 편견인지 모르지만, 오버도퍼 발언의 진정한 목표는 북한의 핵보유 여부나 미국 정부의 비타협적 자세를 거론하는 데 있는 것이 아니라 미국 방문을 앞둔 남한 대통령 노무현 씨에게 메시지를 보내는 데 있다고 생각됩니다. 물론 노무현 대통령을 맞은 미국이 한국 민주주의의 발전에 대해 입에 발린 찬사를 늘어놓겠지만, 한국에서 작동되는 민주주의가 미국으로서는 반드시 달가운 것만은 아닐 것입니다. 1980년 5월 광주사태가 진행되는 동안 미국 정부가 일관되게 견지했던 입장, 그리고 1981년 2월 피냄새를 채 지우지도 못하고 미국을 방문한 학살의 주모자를 환대한 레이건 행정부의 태도에서도 알 수 있듯이 민주주의 같은 것은 그들에게 진짜 관심사가 아닐 것입니다.

이게 악의적인 편견일까요. 최근의 예를 생각해봅시다. 이라크를 침공한 미국이 처음 내세우려고 애쓴 명분은 이라크가 보유하고 있다고 미국이 의심한 이른바 대량살상무기였습니다. 몇 가지 증거자료라는 걸 제시하기도 했지요. 물론 그것들은 미국 자신이 날조해낸 것임이 곧 드러났습니다. 그러자 미국의 침략명분은 강조점이 바뀌었는데, 후세인의 가혹한 독재와 호화스러운 사생활이 미국 주류언론의 주요메뉴로 떠올랐습니다. 가공할 첨단무기들이 동원된 끔찍한 살육과 파괴에 뒤이어 미군은 '자유' '해방' '민주주의' 같은 낱말들을 입에 올리며 인류문명의 발상지를 점령했습니다. 물론 미국은 이 낱말들을 반어적으로 사용할 의도를 갖고 있지 않았을 것입니다. 그러나 그 말을 듣는 우리는 '역설' '패러디' '아이러니' 같은 부정의 수사학을 떠올리지 않을 수 없습니다.

물론 여기서 내가 문제 삼으려는 것은 미국이 민주주의의 개념을 자의적으로 사용하고 있고 민주주의에 대해 이중·삼중의 잣대를 적용하고 있다는 사실이 아닙니다. 어느 경우에나 언어는 상황을 사후적으로 분식하는 것이지 그 반대가 아닙니다. 따라서 이런 경우에 개념적 일관성을 기대하는 것 자체가 비현실적일지 모릅니다. 그러나 오버도퍼의 발언에는 그냥 들어 넘길 수 없는 우리의 생존문제가 들어 있습니다. 비록 협박의 언사 속에서 나온 것이기는 하지만 한반도가 1953년 이후 가장 심각한 폭풍 속으로 들어서고 있다는 그의 암시는 우리에게 엄중한 경각심을 촉구합니다.

돌이켜보면 지난날에도 한반도 해역에 거친 파도가 몰아닥친 적이 드물지 않았습니다. 간첩선 푸에블로호가 북한군에 납치되었을 때나 '판문점 도끼만행사건'이라고 이름 붙여진 충돌이 발생했을 때도 북미관계는 험악했었고, 김신조 부대의 청와대 기습시도 사건, 아웅산묘지 폭탄사건, KAL기 폭파사건 때도 위기가 고조되었습니다. 며칠전 국방장관 럼스펠드는 미국이 1994년 북한의 영변 '핵시설'을 폭격하려는 구체적 계획을 짜고 실행에 옮기기 직전까지 갔었다고 증언했습니다. 그런데 오버도퍼는 이상의 여러 경우들에서보다 더 강력한 태풍이 한반도로 몰려오는 듯한 두려움을 느낀다고 말하고 있습니다. 대통령 당선 무렵 미국에 대해 당당한 태도를 보이던 노무현 씨가 이라크전쟁 발발 이후 급격히 온순한 자세로 돌아섰음에도 불구하고 미국은 아직 충분히 만족하지 못한 것일까요. 대체 미국은 어떤 나라이기에 이처럼 세계를 쥐락펴락 멋대로 지배하는 것일까요. 굴복에 의한 노예적 생존이 아니라 항구적인 평화체제 속에서 독립적인 삶의 길을 찾는 것은 우리에게 차단되어 있는 것일까요.

미국은 확실히 특별하고 예외적인 나라입니다. 덩치에 있어 중국, 인도, 러시아 등이 비견될 수 있겠지만, 이 나라들은 과거로부터 물려받은 역사적 부채가 너무 무거워서 당분간 눈을 바깥으로 돌릴 여유가 없을 것입니다. 그리고 영국, 프랑스, 독일, 일본 같은 나라들은 역사적으로나 지정학적으로나 국민국가적 한계를 넘어서기가 어렵습니다. 19세기에 대영제국이 세계의 바다를 장악했다고 하지만, 당시의 과학기술 발전은 아직 지구 전체를 질적으로 통합할 만한 수준이 못되었습니다.

물론 과거에도 '제국'이라는 호칭이 어울리는 체제가 있었습니다. 서양인들에게는 로마제국이야말로 그 이름을 낳은 원형이고 모범입니다. 동아시아에서는 오랫동안 중국이 그러한 위치에 있었지요. 중국인들에게 중화제국은 단순히 하나의 국가라기보다 '천하', 즉 세계 전체였습니다. 아마 로마제국에도 그런 이미지가 들어 있을 것이고, 그렇기 때문에 로마 멸망 이후 최초로 서유럽을 통일한 칼 대제에게 '로마 황제의 계승자'라는 명예가 주어졌을 것입니다. 그런 뜻에서 19세기의 영국은 경쟁자들 중의 최강자였을 뿐이지 절대적 패권의 소유자, 즉 제국은 못되었던 셈입니다. 실제로 영국은 로마제국이나 중화제국에 비해 제국으로서 충분한 조건을 갖추었다고 보기 힙듭니다. 물론 영국이 세계 도처에 광대한 식민지를 갖고 있었던 것은 사실입니다. 그러나 그 식민지들은 생각건대 '제국의 외부'로서 존재하고 있었을 뿐입니다. 프랑스가 알제리를 식민지 아닌 본토의 확장으로 간주하고자 그토록 애썼음에도 불구하고 그 노력이 1950년대에 실패로 귀결된 사례를 상기해볼 수 있습니다. 영국 또한 다른 식민지는 말할 것도 없고 인접한 북아일랜드조차 '제국의 내부'로 끌어들이는 데 곤경을 겪고 있고 스코틀랜드와 웨일즈도 수시로 딴소리를 내고 있습니다. 이에 비하여 황하 유역에서 조그맣게 시작한 중국은 이미 2000년 전에 다민족·다계급·다문화 국가로서의 제국적 면모를 갖추는 데 성공했습니다. 중국의 확장사업은 티베트의 경우에서 보듯이 20세기 중반에도 계속되고 있는 듯합니다.

오늘날 미국은 역사상 존재했던 어떤 제국보다 더 순수한, 즉 개념에 가장 충실한 제국이라고 생각됩니다. 누구나 알듯이 미국은 봉건적 과거를 갖고 있지 않습니다. 즉, 미국은 어떤 역사적 진화과정의 결과물이 아닙니다. 콜럼버스의 도착부터 500여 년, 독립혁명부터 230여 년 정도의 시간은 역사가 이루어지기에는 너무 짧은 기간입니다. 또, 미국은 진정한 의미에서 다민족국가입니다. 물론 앵글로색슨족이 주류 중의 주류라고 합니다. 그러나 같은 다민족국가인 러시아와 중국에서 러시아인과 한족이 차지하는 것 같은 압도적 비중을 어느 한 종족도 차지하지 못하고 있습니다. 소수민족들도 미국 안에서 사회학적 게토를 구성하고 있을망정 러시아와 중국에서처럼 지정학적 고유영역 안에 갇혀 있는 것은 아닙니다. 그야말로 미국은 인종들의 용광로입니다.

미국의 이러한 다민족성은 다문화적 역동성의 기반인 동시에 미국식 자유와 민주주의의 원천입니다. 그러나 이러한 다원성은 그 역방향의 벡터, 즉 국가적 통합을 유지하기 위한 강력한 구심을 인위적으로 창출하게 만듭니다. 지난날 유럽을 휩쓸었던, 그리고 그 파괴적 결과에 유럽인들 자신이 경악했던 국가주의적 열정이 오늘날 미국에서 애국주의라는 이름으로 되살아난 것을 보는 일은 우리에게 착잡하기 그지없는 노릇입니다.

무엇보다 미국은 물질적 풍요와 광적인 소비주의의 총본산입니다. 이미 미국은 20세기 초에(어쩌면 19세기 후반에) 세계 제1의 경제대국이 되었고 두 번의 세계대전을 거치는 동안 경제적 우위는 더욱 증대되었습니다. 정치적으로 미국은 1940년경 영국으로부터 그 패권적 지위를 상속받았습니다. 어떤 학자는 냉전시대에도 사실상 미국 주도의 단극적(單極的) 체제였다고 주장하며, 고르바초프의 개방정책은 미국 헤게모니의 수용이었을 뿐이라고 지적하기도 합니다. 아무튼 소련의 해체는 미국 단일패권에 대한 경쟁의 가능성을 아예 소멸시켜버렸습니다. 생각건대 미국의 이러한 패권적 지위의 바탕은 과학기술과 군사력의 절대적 우월성일 것입니다.

그리하여 소련해체 직후인 1991년 (아버지)부시 대통령은 이른바 '새로운 세계질서'를 선언하기에 이르는데, 한마디로 그것은 이제 미국이 어떠한 국제적 협약이나 외국과의 조약 따위에 얽매이지 않고 자유롭게 행동하겠다는 것, 즉 일방주의의 선언이었습니다. 그리고 이제부터 미국은 자신이 위협이라고 간주하는 대상에 대한 선제공격, 말하자면 '예방전쟁'의 권리를 가진다는 것이었습니다. 이것은 사실상 유엔체제의 종말선언이고, '지구적 제국'의 선포였습니다.

미국의 이러한 일방주의·침략주의 경향은 유럽의 약화와 소련의 붕괴로 더욱 강화되기는 했지만, 따지고 보면 미국이라는 국가의 성립과정에 잠재된 요소의 발현이라고 볼 수도 있습니다. 이미 우리의 상식이 되어 있지만, 아메리카대륙 원주민에 대한 무자비한 인종청소 없이 미국이 건설될 수는 없었을 것입니다. 또한 플로리다·텍사스·캘리포니아 등을 라틴계 국가로부터 할양받지 않았다면 오늘의 미국은 성립될 수 없었을 것입니다. 남북전쟁 이후 양차 세계대전까지, 뒤이은 그리스 내전과 6·25전쟁, 그리고 1960년대의 베트남전쟁 등 수많은 전쟁을 거치면서 미국은 자본주의적 자유민주국가로서의 내적 구조와 군사주의적 침략국가로서의 대외정책을 결합한 독특한 '제국'이 되었습니다.

지난해 미군 궤도차량의 여중생 압사사건과 올해의 이라크 침략전쟁을 계기로 마침내 한국에서도 반미정서와 반전운동이 대중화되었습니다. 최근 정부는 반전과 반미를 구별하면서 미국의 비위를 건드리지 않으려고 애쓰고 있습니다. 원칙적으로 반전과 반미는 물론 다른 것입니다. 죄를 미워하되 죄인을 미워하지 말라는 것이 옳은 말인 것처럼. 그러나 현실적으로 강도·살인을 처벌하여 사법적 정의를 구현하려 할 때 죄인으로부터 어떻게 죄를 분리한단 말입니까. 고대사회에서처럼 절도범에게서 그의 손목을 자르는 것은 절도행위에 대한 적정한 처벌 이상의 잔인한 고통을 죄인에게 안기는 것이 분명합니다. 그러나 현재의 조건에서 반미 없는 반전은 무의미한 말장난에 불과한 것이라고 하지 않을 수 없습니다.

사실 나에게 오래전부터 의문이었던 것은 자유와 민주주의 같은 보편적 가치가 어떻게 한 나라 안에서 그 침략주의적 본질과 공존할 수 있는가 하는 것이었습니다. 왜냐하면 나에게 민주주의와 침략주의는 양립할 수 없는 선택이라고 여겨지기 때문입니다. 그러나 그것은 나의 단선적 발상이었습니다. 가령, 여기서 1970년대 박정희 정권과 미국의 관계를 돌이켜보아도 좋을 것입니다. 당시 양자 사이에 크고 작은 정치적 갈등이 있었음은 잘 알려진 사실입니다. 당시 나는 유신독재에 대한 미국 정부의 비판이 가식적이고 위선적인 것이라고 생각했습니다. 그러나 지금 판단해보면 그렇지 않았던 것 같습니다. 물론 그것은 미국 정부가 한국의 진정한 민주화를 희망했다는 뜻은 아닙니다. 정치적 반대세력에 대한 박 정권의 압도적 우위체제, 즉 유신독재는 미국이 한반도를 마음대로 주무르는 데도 불편한 점이 많은 제도였습니다. 여러 정치세력에 의한 권력의 분산과 정기적인 정권교체를 내용으로 하는 절차적 민주주의는 어느 나라에서나 제대로 뿌리내리기까지 일정한 불안정을 동반할 수밖에 없는데, 바로 그것이야말로 미국이 한국정치에서 필요로 하는 것이었다고 여겨집니다. 탈레반 정권을 쫓아낸 아프간에서, 후세인 정부를 제거한 이라크에서, 그리고 그 밖의 다른 독재국가들에서 미국이 만들어내고자 하는 '민주주의'란 바로 미국이 주무르기에 알맞은 정도의 정치상황, 즉 정치적 분열과 불안정이 아닌가 나는 생각합니다.

물론 모든 것이 강자의 계획대로 되는 것은 아닙니다. 절대적으로 강하다는 것은 그 자체로서 하나의 약점입니다. 미제국이 몰락의 징후를 보이고 있다는 지적이 나온 것은 어제오늘이 아닙니다. 월러스틴 같은 믿음직한 학자도 이제 미국한테 남은 것은 군사적 우월성밖에 없다고 말합니다. 그러나 경제적 생산성에서 아직 미국은 타의 추종을 불허하며 지식분야에서도 여전히 압도적입니다. 최고의 문명과 최악의 야만이 하나의 체제 안에 통합되어 있는 지구적 제국이 미국인 셈이지요. 그 미국에서 어떤 사람은 문명을 보고 다른 사람은 야만을 볼 터인데, 나 같은 사람의 눈에는 야만이 더 많이 보입니다. 이 야만의 제국은 리영희 선생의 예측으로는 이라크에서 소비한 신무기의 보충을 위해 2년쯤 숨을 돌린 다음 북한을 향해, 그러니까 한반도를 향해 폭력의 손길을 돌릴 것이라 합니다. 그것은 상상하기도 두려운 재앙입니다. 이 악몽의 시나리오가 현실화하지 않도록 막는 길은 무엇일까요. 우리에게 그럴 힘이 있기나 한 것일까요.

여기서부터 나의 이야기는 현실성의 경계를 넘어 거의 공상 속으로 들어서는데, 지구적 제국체제라는 인류사의 이 야만문명적 단계를 극복하기 위해 가령 '지구적 연방제'가 구성될 수는 없을까 꿈꾸어봅니다. 프랑스와 독일을 중심으로 한 유럽연합은 국민국가적 근원을 단절하지 않고서도 어느 정도 독자적인 정치경제적·문화적 통합체를 이루어가고 있습니다. 중동의 이슬람 국가들도 지금 정치적으로는 사분오열되어 있지만 언젠가 통합될 수 있는 역사적 기반을 가지고 있습니다. 라틴아메리카에서 최근 연속적으로 성공하고 있는 사회민주주의의 새로운 부흥물결은 주목할 만합니다. 그 밖에 남아시아도 아세안(동남아국가연합)의 경험을 바탕으로 강대국에 대한 의존과 예속을 점차 벗어날 수 있을 것입니다.

우리의 경우 직접적인 관심사는 동북아시아에 느슨하게나마 하나로 묶이는 정치적·문화적 공동체가 형성될 수 있을까 하는 것입니다. 이미 10여 년 전에 와다 하루키(和田春樹) 교수는 '동북아시아 공동의 집' 구상을 발표했는데, 최근에 나는 와다 교수의 아이디어를 이어받은 강상중 도쿄대 교수의 저서 『동북아시아 공동의 집을 향하여』(2002)를 감명깊게 읽었습니다. 그것은 과거 제국주의 시대의 대동아공영권과는 전혀 발상을 달리하는, 분권화와 네트워크화를 향해 움직이는 새로운 세계사적 추세에 적응하는 '다극적인 안전보장 시스템'인 동시에 경제적·문화적 공생의 틀을 지향하는 새로운 동아시아공동체 구상입니다. 지구 각처의 이런 분권적·독립적 단위들이 일종의 지구연방이라 할 만한 평화체제를 구축하기 시작한다면 그것은 바로 미국 단일체제의 해체가 현실적으로 가시화됨을 뜻할 것입니다. 물론 이것은 꿈 같은 이야기입니다. 그러나 간절한 소원이 담긴 꿈은 발설하는 순간 사람들에게 감화력을 가지며, 마치 박토에 떨어진 민들레 씨앗처럼 현실 속에 뿌리내리기 시작할 것입니다. 그렇게 믿는 수밖에 달리 방도가 없지 않겠습니까.

녹색평론 2003. 5~6월호

세계를 배회하는 자유의 유령

　자유는 만물의 생명이요 평화는 인생의 행복이다. 그러므로 자유가 없는 사람은 죽은 시체와 같고 평화가 없는 자는 가장 큰 고통을 겪는 자이다. 압박을 당하는 자의 둘레의 공기는 무덤으로 변하고 쟁탈을 일삼는 자의 주위는 지옥이 되는 것이니, 우주의 가장 이상적인 행복의 실재는 자유와 평화이다. 그러므로 자유를 얻기 위해서는 생명을 터럭처럼 여기고 평화를 지키기 위해서는 희생을 달게 받는 것이다. 이것은 인생의 권리인 동시에 또한 의무이다.

　여기까지 읽은 독자들은 위의 문장을 어디선가 이미 읽어본 듯한 느낌을 받았을 것이다. 인용부호 없이 옮겨온 이 글은 바로 만해 한용운 선생의 유명한 글 「조선독립의 서」(또는 「조신독립에 대한 감상의 개요」)의 맨 앞부분이다. 주지하는 바와 같이 만해는 3·1독립선언에 민족대표의 한 분으로 참가하여 투옥된 후 그해 7월 10일 형무소 안에서 일본인 검사의 신문에 대한 답변으로 이 글을 써서 제출했다고 한다. 따라서 그가 이 글에서 강조한 자유와 평화의 개념 속에는 만해의 개인적 체험뿐만 아니라 그 시대의 절실한 역사적 상황, 즉 일제의 식민지통치 아래 억압받는 민족의 현실과 제1차 세계대전이라는 유례없는 참화를 겪고 난 인류의 비원이 그대로 녹아들어 있다고 말할 수 있다. 특히 자유는 만해를 비롯한 모든 근대 계몽사상가들이 공통적으로 추구한 핵심적인 가치였다.

그런데 만해는 「복종(服從)」이라는 시에서 뜻밖에도 다음과 같이 노래한다. 그런대로 널리 알려진 작품이지만, 이 자리에서 다시 한 대목 읽어보자.

> 남들은 자유를 사랑한다지만은 나는 복종을 좋아하여요
> 자유를 모르는 것은 아니지만 당신에게는 복종만 하고 싶어요
> 복종하고 싶은데 복종하는 것은 아름다운 자유보다도 달콤합니다
> 그것이 나의 행복입니다

이 시에서 말하는 자유가 "자유는 만물의 생명이요"라고 말할 때의 그 자유와 같은 것인가, 다른 것인가. 만물의 생명으로서의 자유는 다른 모든 것에 우선하는 가치이며, 그런 점에서 말하자면 절대적인 것이다. 이 자유가 부정되는 상태란 죽음 또는 죽음에 준하는 상태이다. 그렇기 때문에 자유를 얻기 위해서는 "생명을 터럭처럼" 여기고 필사적인 싸움에 나설 수밖에 없다. 압제의 시대에 비굴하지 않게 살고자 했던 분들의 가슴 속에는 늘 그런 비타협의 정신이 숨쉬고 있었다. 그런데 왜 만해는 이 시에서 "복종을 좋아"한다고 말하는 것인가. 이 의문을 푸는 열쇠는 시집 『님의 침묵』의 머리말(군말)에서 찾을 수 있다. 거기에서 만해는 이렇게 설파한다. "연애가 자유라면 님도 자유일 것이다. 그러나 너희는 이름 좋은 자유에 알뜰한 구속을 받지 않느냐. 너에게도 님이 있느냐. 있다면 님이 아니라 너의 그림자니라."

위대한 시집 『님의 침묵』의 핵심어가 님이라는 것은 잘 알려진 사실이다. 그리고 이 개념이 불교적 사유의 심오성과 시적 표현의 상징성을 아우르고 있어 단순 명쾌한 해석을 용납하지 않는다는 것도 널리 지적되는 바이다.

어떻든 '아름다운 자유' '이름 좋은 자유'라는 반어적 표현에서 우리는 자유가 남용되고 자유가 비자유의 명분으로까지 전도된 자기 시대에 대해 만해가 통렬한 비판적 시각을 지니고 있었음을 확인한다.

생각해보면 자유는 거스를 수 없는 시대의 대세였다. 18세기 프랑스 대혁명과 미국 독립혁명 이후 세계사는 자유의 확장의 역사인지도 모른다. 그러나 우리가 주목해야 할 것은 자유의 확장과 더불어 폭력적 지배의 확대가 동시에 이루어졌다는 근대사의 모순적 사실이다. 우리나라의 경우 봉건적 왕조체제의 종말은 제국주의에 대한 종속의 출발, 즉 자기배반적 역설의 실현이었다. 다시 말해 근대는 우리에게 해방과 억압이라는 두 얼굴을 가지고 다가왔던 것이다.

역사의 이 양면성, 그리고 그 양면 간의 복합적 연관성을 꿰뚫어보지 못할 때 현실을 제대로 인식하지도 못하고 현실에 바르게 대응하기도 어렵다. 가령, 1920년 전후의 시기에 우리나라 문화계에는 자유연애 풍조가 커다란 유행을 이루어 수많은 청춘남녀들을 사로잡았다. 유명한 작가 이광수는 이 풍조의 한가운데 서서, 중세적 억압과 봉건적 족쇄에 저항하는 개화세대의 화려한 전위가 되었다. 그런 면에서 본다면 분명히 이 시기 그의 문학은 진보의 일면을 가지고 있으며, 그것조차 부정될 수는 없다. 이광수 초기소설의 이러한 적극적 측면이 그의 3·1운동 이후의 변절과 1930년대 후반 이후의 친일행위 때문에 전면적으로 매도되는 것은 지나치다 할 것이다.

그러나 계몽주의적 자유사상의 선봉장으로 활동하던 시기에조차도 그가 그 자유의 양면성을 충분히 파악하고 있었다고 보기는 어렵다. 사실 이광수는 일생 동안 한번도 제국주의의 침략적 본질에 대한 깨달음을 보여준 적이 없었다. 그런 점에서 동시대의 만해가 "너희는 이름 좋은 자유에 알뜰한 구속을 받지 않느냐"고 일갈한 것은 식민지체제에 동화되어가던 그 시대 지식인 사회의 문화주의와 타협주의를 부드럽지만 날카롭게 반박한 것이다.

내가 새삼 만해의 글 한두 구절을 음미한 것은 「조선독립의 서」와 『님의 침묵』이 집필된 지 80여 년의 세월이 지난 오늘의 세계현실을 만해의 눈으로 읽어보기 위해서이다. 다들 아는 바와 같이 미국 대통령 부시는 세계평화와 미국안보에 대한 위협으로서의 대량살상무기를 제거한다는 명분을 내걸고 이라크를 무력 침공하여 단숨에 후세인 정권을 무너뜨리고 그 땅에서 지금 사실상의 점령통치를 하고 있다. 지난날 1945년 9월부터 3년 동안 우리도 군정통치를 받은 경험이 있지만, 그것은 그래도 이 나라가 제2차 세계대전의 패전국인 일본의 식민지였기에 승전국 미국과 소련의 전쟁종결 과정에 따른 불가피한 조치로 받아들일 만한 측면이 있었다. 그러나 오늘날 미국의 이라크 점령통치는 어떤 명분과 이유로도 정당화될 수 없는 불법무도한 침략행위일 뿐이다. 알다시피 지난 2년 가까운 동안 이라크 땅을 샅샅이 뒤졌으나 유감스럽게도(어쩌면 당연하게도) 미국이 주장했던 대량살상무기는 발견되지 않았기 때문이다.

그렇다면 그동안 미국 첨단무기에 희생된 수많은 이라크인들과 이라크 저항세력에 희생된 약간의 미군·영국군의 목숨은 도대체 어디서 보상을 구할 것이며, 전란에 휩쓸려 삶의 터전이 파괴된 전체 이라크인들의 고통은 어떻게 치유할 것인가. 내 상식으로 판단한다면 미국은 즉각 동맹군들과 더불어 이라크 땅에서 철수하는 동시에 사상자들에 대한 보상금과 치료비를 충분히 지불하고 파괴된 건물과 훼손된 재산의 복구를 책임져야 마땅하다. 그리고 그보다 먼저 전체 이라크인과 인류의 양심 앞에 무릎꿇고 사죄해야 한다. 그러나 술자리에서 농담 삼아 이렇게 말한다면 웃고 넘어가겠지만, 공식적인 자리에서 진지하게 이렇게 주장한다면 정신 나간 사람으로 손가

락질을 받을 것이다.

　물론 그 후 미국은 말을 바꾸어 대량살상무기 대신에 후세인의 독재정치 제거를 침략의 명분으로 내세웠다. 후세인이 국내적으로 강압통치를 자행하고 특히 북부 쿠르드족에게 무자비한 학살행위를 감행한 것은 용서받기 힘든 범죄이다. 그러나 전 세계 수많은 독재자들에게 미국은 어떻게 대해왔던가. 1974년 9월 11일 칠레의 아옌데 정부는 피노체트가 이끄는 군부의 쿠데타로 붕괴되었고, 이어서 군부는 끔찍한 고문과 학살, 체포와 구속 등 민간인들에 대한 악명 높은 철권통치를 강행하였다. 아옌데의 민주정부를 무너뜨린 피노체트의 배후에 미국의 키신저 국무장관과 중앙정보국이 있었다는 것은 이제 웬만큼 다 아는 사실이 되었다. 그뿐인가. 1940년대에 그리스에서, 1950년대에 이란과 한반도에서, 1960~70년대에 베트남에서 미국은 무슨 일을 저질렀던가. 후세인의 범죄적 철권통치 자체가 미국의 후원과 지지에 힘입어 양성되었다는 사실을 천하가 알고 있는 터에 그 후세인 제거를 명분으로 독재에 고통받은 이라크 인민들에게 전쟁이라는 더 큰 고통을 들씌우다니, 이라크여, 참으로 가혹한 운명이다.

　그러고 보니, 지난해 6월 말 민족문학작가회의의 초청으로 우리나라에 왔던 이라크 작가 하미드 무사(Hameed J. Musa)의 선량한 얼굴이 떠오른다. 그는 후세인 치하에서 반정부 인사로 낙인찍혀 8년인가 감옥살이를 했다고 한다. 현재 그는 후세인 정권 붕괴 이후 새로 구성된 이라크 문인협회의 대표로 활동하고 있다. 그런 그가 미군의 주둔에 반대하고 모든 외세의 철수를 주장하는 것은 참으로 설득력이 있다. 그가 원하는 것은 진정한 자유, 이라크인 스스로 자기의 미래를 선택하고 자신의 정치적 진로를 결정할 자결권을 갖는 것이지, 자유의 이름으로 강제되는 미국식 민주주의가 결코 아닌 것이다.

그러나 며칠 전 제2기 대통령 취임식에서 행한 부시의 연설은 이라크의 앞날이, 아니 이라크뿐만 아니라 전 세계의 앞날이 순탄치 않을 것임을 예고한다. 그는 연설의 끝부분에서 이렇게 말하고 있다. "우리는 영구적인 노예상태의 가능성을 용납하지 않기 때문에 영구적인 폭정의 존재도 용납하지 않는다. 폭정과 절망 속에 사는 모든 사람들은 미국이 당신들의 억압을 모른 체하지 않을 것이고 당신들의 압제자를 용서하지 않을 것임을 알고 있다. 당신들이 자신들의 자유를 위해 일어설 때 우리는 당신들 편에 서 있을 것이다." 말인즉 좋은 말이고 옳은 말이다. 17분 동안 계속된 취임사에서 서른아홉 번이나 '자유'라는 단어를(다른 보도에는 freedom이라는 단어를 27회, liberty라는 단어를 15회) 사용함으로써 부시는 향후 미국의 세계정책이 폭정의 종식과 자유의 확장에 있을 것임을 과시하였다.

또 다른 언론은 부시의 취임사가 콘돌리자 라이스 국무장관 지명자가 상원 인준청문회에서 북한, 이란, 쿠바, 미얀마, 벨로루시, 짐바브웨 등 6개국을 폭정의 전초기지(Outposts of Tyranny)로 지목하고 자유의 행진을 일으킴으로써 세계평화의 기반을 다지고 미국의 안전을 도모하겠다고 언급했던 발상과 밀접히 연관되어 있다고 분석한다. 부시는 그의 자서전에서도 이번 취임연설과 비슷한 가락으로 거의 종교적인 사명감을 토로하듯이 이렇게 말한 바 있었다. "우리는…… 세계에서 가장 위대하고 자유로운 나라인 미국의 시민으로서 수행해야 할 집단적인(개인적이라는 단어와 대조되는 개념으로서의 집단) 의무가 있습니다. 미국은 국경의 범위 안에 움츠리고 있어서는 안됩니다. 미국이 수출하는 가장 위대한 가치는 자유이며, 우리에게는 전 세계에 자유를 주창해나가야 할 도덕적 의무가 있습니다." 그러나 이라크에 수출된 자유가 그 땅의 민중들을 얼마나 끔찍한 고통과 재앙 속으로 몰아넣었는지 거듭 설명하지는 않겠다.

다시 만해의 말씀을 상기하는 것으로 글을 끝내고자 한다. 앞에 거론한 「조선독립의 서」에서 그는 18세기부터 본격화한 제국주의의 식민지 침략이 제1차 세계대전에서 독일이 패배한 것을 계기로 끝장나게 되리라고 예견한다. 그리고 그와 같은 낙관적 전망 속에서 그는 제국주의 침략국가의 기만성을 폭로하고 규탄한다. 그는 지적한다. "이른바 강대국, 즉 침략국은 군함과 총포만 많으면 스스로의 야심과 욕망을 충족시키기 위하여 도의를 무시하고 정의를 짓밟는 쟁탈을 행한다. 그러면서도 그 이유를 설명할 때는 세계 또는 어떤 지역의 평화를 위한다거나 쟁탈의 목적물, 즉 침략받는 자의 행복을 위한다거나 하는 기만적인 헛소리로써 정의의 천사국(天使國)을 자처한다." 85년이라는 긴 세월이 지났음에도 불구하고 만해의 이 지적은 바로 이 순간 자유의 확산을 통해 폭정을 종식시키겠다고 주장하는 최강대국 지도자의 광기에 가득찬 신념과 그 신념이 불러온 가공할 폭력성에도 적확하게 해당된다. 그런 점에서 만해의 시대와 우리의 시대는 외형상의 엄청난 격차에도 불구하고 본질적인 연속성을 가지고 있다고 생각된다. 불행히도 만해가 임박한 것으로 예견했던 지상의 평화는 그의 예견과 달리 더 오랜 기간의 수난과 더 많은 사람들의 피땀을 요구하는 미완성의 과업으로 남아 있는 것 같다.

유심 2005. 봄호

한반도 위기와 평화의 절박성

이제 열흘 남짓 지나면 2003년도 과거의 한 장으로 넘어갑니다. 이런 연말 분위기에 곁들여 『사람의문학』 창간 10주년을 기념하는 강연 자리에 서게 되니, 세월이 유수 같다는 옛말이 더욱 실감납니다.

돌이켜보면 작금년 우리는 민족사적으로 매우 중대한 고비를 넘기고 있는 듯합니다. 다들 아는 바와 같이 과거 냉전시대에는 한반도 위기의 근원이 남북 간의 군사적·이념적 대결에 있었습니다. 물론 이 대립의 배후에는 미국 중심의 자본주의세력과 소련을 주축으로 하는 사회주의세력의 대립, 이른바 진영모순이 있었습니다. 냉전체제가 그것입니다. 그러나 우리의 남북분단이 그러한 전 세계적 냉전체제의 단순한 압축판에 불과했던 것은 아닙니다. 그러니까 6·25전쟁은 자본주의 대 공산주의 간의 대리전에 그치는 것이 아닙니다. 그렇기 때문에 분단은 냉전체제의 성립 이전에 이미 윤곽을 드러내고 있었고, 또 1990년 이후 냉전체제가 해소된 뒤에도 여전히 지속되고 있는 것입니다.

그러나 분단이라는 동일한 상황의 지속에도 불구하고 한반도 위기의 내용에는 중대한 변화가 일어나고 있음이 분명합니다. 아마 그 결정적 계기는 남북 정상회담의 성사와 6·15공동선언의 발표일 것입니다. 내 생각에 이 선언의 핵심은 남과 북이 지금까지의 제로섬게임(먹고 먹히는 사생결단의 싸움)을 포기하고 원원게임(공존 공영하는 경쟁)을 하기로 합의한 것일 듯합니다. 즉, 상대방이 처한 현실의 역사적 불가피성을 어느 정도 인정하고 각기 현 상태의 체제를 상당기간 유지하는 데 동의한 것입니다.

이것을 낮은 수준의 연방제라고 부르든 국가연합이라고 부르든 그것은 중요한 것이 아닙니다. 그러나 남과 북이 서로를 '미수복지구' 내지 '미해방지역'이라 여기면서 '흡수통일' 또는 '적화통일'의 전략적 객체로 간주하던 오랜 강박관념에서 벗어나기 시작한 것은 의미심장합니다. 각종 체육·문화 교류, 금강산 관광, 이산가족 상봉 등도 그 나름의 상징성을 갖는 행사이지만, 무엇보다 주목해야 할 것은 남북 간에 경제적 접촉과 물자의 교역이 비약적으로 증대되고 있다는 사실입니다.

최근 보도에 따르면 금년도 북한의 대외무역에서 남한이 드디어 중국을 제치고 제1의 교역상대가 되었다고 합니다. 남북 간의 경제적 상호의존이 심화되는 것은 어떤 화려한 이념적 구호에 의해서도 달성될 수 없는 목표, 즉 남북적대의 완화와 공존체제의 구축을 가능하게 합니다. 부시 정권의 출범 이후 미국 강경파가 조성한 소위 '북핵위기' 속에서도 남북관계가 약간의 난관을 겪기는 했을지언정 크게 후퇴하지 않은 것은 남북의 정치 지도자가 현명해서라기보다 남북 간의 물질적 결합이 상당한 정도 진전되었음을 보여주는 것이라고 생각합니다.

그러나 남북 간의 이러한 긍정적 관계발전은 한반도 현실의 일면에 불과하다는 사실을 잊어서는 안됩니다. 금년 봄 미국의 어느 한반도 전문가라는 사람은 자신의 40년 경험에 비추어 가장 위험한 삼각파가 한반도를 향해 밀려오고 있다는 불길한 진단을 내린 바 있었습니다. 그러면서 그는 클린턴 정권 초기인 1994년 미 국방성이 북한의 영변 핵시설을 폭격하려는 계획을 실제로 실천하기 일보 전까지 밀고 갔음을 상기시켰습니다. 당시 워싱턴에서는 서울 시민들이 이런 긴박한 상황에 대해 너무나 둔감한 것을 매우 의아하게 여기고 있다고 보도했던 것을 읽은 적이 있습니다. 그런데 부시가 북한을 '악의 축'으로 규정하고 나서 한반도에는 그때보다 더 심각한 위험이 조성되고 있다는 것이었습니다. 그리고 이번에는 한국인들도 자못 긴장하는 기색이 역력합니다. 9·11테러라는 초유의 사태를 겪은 미국이 분풀이 삼아 무슨 끔찍한 짓을 저지를지 모른다는 우려가 정말 들었기 때문입니다. 냉전시대의 공산주의 대신에 이번에는 테러리즘이 새로운 마녀로 등장한 것입니다.

만약 한반도에서 다시 전쟁이 일어난다면 그 전쟁의 초기양상은 다음 두 가지로 요약될 것입니다. 첫째, 6·25 때와 반대로 이번에는 미국의 선제공격으로 전쟁이 시작될 것이라는 사실입니다. 실은 6·25 자체의 개전책임을 묻는 데에도 남침설·북침설·유인설 등 다양한 시각이 있지만, 직접적 계기가 북한군의 대규모 남침이었던 것은 부인하기 어렵습니다. 그러나 1980년대 들어 남북 간의 경제적 우열이 역전되고, 게다가 1990년경 소련과 기타 동구 사회주의 국가들이 붕괴함으로써 북한은 극심한 불안과 피해의식을 가지게 되었습니다. 심지어 1990년대 초에는 한때 남한에서 흡수통일론이 힘을 얻기도 하였습니다. 남북 간의 정상회담 성사와 긴장완화 진전은 이러한 현실변화의 정치적 반영일 것입니다.

그런데 문제는 이러한 남북화해의 진전이 미국의 이익에 배치된다는 사실입니다. 왜냐하면 그것은 미군 주둔의 명분을 감소시킬 것이고, 그 결과 미군이 축소되고 동북아에 좀더 자주적인 정부가 성립된다면 미국의 헤게모니는 이 지역에서 후퇴할 수밖에 없기 때문입니다. 따라서 미국은 한반도에 일정한 수준의 군사적 긴장을 항시 유지할 필요가 있고, 중동이나 아프리카에서의 정치적 지형이 변동되는 데 따라서는 그에 상응하여 상당한 강도의 국지적 전쟁도 마다하지 않을 것입니다.

둘째, 한반도에서 일어나는 전쟁은 최근 아프가니스탄과 이라크에서 목격한 것과는 전혀 다른 종류의 전쟁이 될 것이라는 사실입니다. 물론 각종 최첨단무기와 미사일과 비행기가 동원된 고도의 과학전이 되리라는 데는 이론이 없겠지요. 그러나 한반도에는 휴전선을 사이에 두고 양쪽에 유례없는 대군이 고밀도로 집결해 있을 뿐더러 휴전선으로부터 불과 100km 이내인 서울과 수도권에 거의 2000만 인구가 살고 있습니다. 그렇기 때문에 어떤 전문가는 만약 한반도에서 전쟁이 터진다면 1주일 이내에 수백만의 인명 피해가 날 것이라고 예측하고 있습니다. 뿐만 아니라 세계 15위 이내에 진입한 남한 경제는 궤멸적인 타격을 받을 것입니다.

이상을 고려할 때 이제 전쟁은 우리에게 민족파멸을 뜻한다고 보아야 합니다. 따라서 한반도에 안정적인 평화구조를 정착시키는 것은 그 어떤 이념적 가치보다도 우월한 최고의 과제입니다. 민주주의의 정착, 사회정의의 구현, 인권과 자유의 신장, 민족문화의 발전 등등 우리에게는 요긴하지 않은 것이 없습니다. 그러나 그것들은 민족의 생존이라는 절대적 조건이 보장된 다음에야 바랄 수 있는 상대적 가치들입니다.

오늘날 일부 식자층에게 민족주의는 배타적이고 폐쇄적인 차별의 논리로 인식되고 있습니다. 평등과 민주주의를 위압하는 파쇼적 획일주의가 민족주의의 탈을 쓰고 있다는 것입니다. 외국인 노동자들에 대한 정부의 조치와 국민들의 태도를 보면 왜곡된 민족주의가 지극히 파괴적일 수 있다는 우려에 공감하지 않을 수 없습니다. 그러나 그럼에도 불구하고 현 단계에서 민족주의는 폐기되어야 할 것이 아니고 다만 쇄신되어야 한다고 나는 생각합니다. '세계화'라는 이름으로 자기를 위장한 제국주의적 음모가 민족과 국가들의 경계를 허물고 초국적자본의 전일적 지배를 관철시키려 하면 할수록 지역적·민족적 고유성과 거기에 기초한 문화적 다양성은 더욱 적극적으로 옹호되어야 합니다. 그리고 현실적으로 남과 북이 교류·화해·협력의 길로 나아가려 할 때 민족이라는 역사적 공동성 이외에 달리 무엇을 근거로 삼겠습니까. 또한, 우리가 미국·중국·일본 등 오랜 은원관계를 가진 나라들과 진정으로 대등하고 우호적인 선린관계를 맺으려 할 때 민족이라는 공동의 거점 위에 서는 것 말고 또 다른 무슨 입장이 있겠습니까.

그러나 여기서 한 가지 분명히 짚고 넘어갈 것이 있습니다. 지난 1980년대 후반 우리 사회에는 치열한 이념적 내부토론이 전개되었습니다. 희미해진 기억을 되살려 간단히 요약하면, 그것은 이 남한사회의 성격을 어떻게 규정할 것이며 그에 따라 변혁운동의 방향을 어디로 잡을 것인가 하는 토론이었습니다. 소위 사구체(사회구성체) 논쟁이라고 하는 것이 그것인데, 한쪽에서는 이 사회를 식민지 반(半)자본주의라고 규정한 반면에 다른 쪽에서는 신식민지 국가독점자본주의라고 보았습니다. 이 규정에 따라 한쪽에서는 제국주의 침탈로부터의 민족해방을 당면의 기본과제로 설정한 반면에 다른 쪽에서는 민중이 주체가 되는 일종의 계급혁명을 일차적 목표로 설정했습니다. 이에 따라 자연히 한쪽에서는 민족해방의 결정적 완성으로서 통일이 최우선의 과업으로 제시되었고, 다른 쪽에서는 실질적 민주주의의 성취를 먼저 이룬 다음에 통일에 관심을 돌리자는 논리가 우세하였습니다.

지금의 시점에서 돌이켜보면 NL과 PD라고 불리어지던 두 이론(그리고 그 이론을 중심으로 뭉친 두 진영)이 모두 어딘가 관념에 들떠 있었다는 느낌을 줍니다. 백낙청 교수의 분단체제론이 그런 문제의식의 소산이지요. 그러나 두 이론이 겨냥했던 변혁의 목표 자체는 지금도 여전히 절실합니다. 어떤 점에서는 남북화해가 진전되고 한반도 전체 민중과 미 제국주의 간의 모순이 더 가시화될수록 남한 내부의 계급투쟁은 더욱 첨예화되는 듯합니다. 소박한 민족감정, 단순한 민족대단결론으로는 감싸 안을 수 없는 근본적 분열이 민족 내부의 여러 층위에 걸쳐 실재하고 있다는 것을 부인할 수 없습니다. 백무산의 「통일 이데아」 같은 시를 읽어보십시요. 민족개념이 국가주의의 도구로 전락할 위험이 여기서 다시 한번 감지됩니다.

21세기의 세계가 어떤 모습으로 전개될지 상상하기 어렵습니다. 많은 사람들은 미국 헤게모니의 쇠퇴와 중국의 부상을 지적합니다. 월러스틴 같은 학자는 벌써 꽤 오래전에 그런 지적을 했습니다. 그럴 경우 이 한반도의 운명은 어떻게 전개될 것인가. 분명한 것은 미국도 중국도 또 일본도 우리에게는 항시 경계의 대상이라는 점입니다. 따라서 우리 내부의 지역적·계급적 갈등을 원만하게 극복하고 이 세기 안에 자주 평화통일을 이룩해야 합니다. 하지만 통일로 가기 위해서도 우선은 통일의 열망을 자제하고 교류와 협력의 경험을 착실하게 축적해야 합니다. 독일통일이 동독 주민들에게 주고 있는 고통과 상처를 우리는 깊이 새겨야 합니다. 또한 통일은 단순한 휴전선의 제거가 아니라 남북 각 사회의 질적 발전을 의미합니다. 평화와 민주주의, 민족적 자주와 사회적 평등이 한반도 전역에 실질적으로 관철되는 진정으로 바람직한 상황의 실현이 통일이라 할 때, 그것은 어떤 극적인 순간의 감격을 배제하지는 않으나 그와 더불어 끊임없는 일상적 실천과 자기희생적 인내를 또한 요구할 것입니다. 나의 일과 나라의 일과 우주의 일이 한 꿰미에 묶여 있다는 느낌을 공유하면서 이 지루하고 고단한 나날을 최선을 다해 살아가야 해방과 구원과 통일이 올 거라고 믿습니다.

사람의문학 2004. 봄호

평화를 위한 우리의 선택*

1

미국 독립기념일 행사에 일부러 맞춘 듯한 시간에 실시된 북한의 미사일 발사시험은 이른바 북핵문제를 갈등의 중심에 두고 십수 년째 냉탕·온탕을 오가던 동북아 정세를 다시 심하게 요동치게 만들고 있다. 1998년 대포동 발사시험 때부터 미사일문제와 납치문제를 물고 늘어져 집요하게 반북(反北) 캠페인을 벌여오던 일본 언론과 정치인들은 이번에도 가장 격한 반응을 보여, 한때 선제공격론까지 입에 담으면서 그들의 오랜 숙원인 평화헌법 개정과 군사대국화 모색의 기회로 삼으려 하고 있으며, 이런 일본을 앞세운 미국 보수파와 부시 정부는 휴전 이후 50년 이상 계속된 북한 목조르기의 끈을 더 힘껏 틀어쥐려 하고 있다.

결국 미사일 발사 열하루 만에 중국을 포함한 유엔 안보리 회원국들은 북한을 비난하는 결의안을 만장일치로 통과시키기에 이르렀고, 이에 대해 유엔주재 북한 대표는 즉각 안보리 결의를 전면적으로 배격하는 성명을 발표

★ 이 글은 2006년 8월 19~20일 경남 거창에서 열린 제15회 전국문학인대회(민족문학작가회의 주최; 경남작가회의 주관)를 기념해 경남작가회의가 발간한 인권–평화 시선집에 수록될 예정으로 썼던 원고를 수정·보완한 것이다.

하였다. 이 와중에 그래도 예정대로 개최된 부산 남북장관급회담은 미국과 국내외 여론의 눈치를 보기에 급급한 남측과 쌀과 비료의 지원이 절실한 북측 간의 엇갈린 이해관계로 말미암아 중도에 성과 없이 끝나고 말았다.

그로부터 다시 열흘쯤 뒤에 말레이시아 쿠알라룸푸르에서 열린 아시아지역안보포럼(ARF)에 나타난 북한의 백남순 외상은 그동안 여러 북측 인사들과 북한 매체들이 보인 완강한 태도에서 한걸음도 물러서지 않은 채, 미국이 금융제재를 풀지 않으면 6자회담이건 무슨 회담이건 참가하지 않겠으며 자신들의 미사일 발사는 자위를 위한 통상적 군사훈련일 뿐이라고 강변하고, 중국 리자오싱 외교부장의 설득에도 불구하고 ARF의 10자회동에 불참하였다. 이로써 북한의 외교적 고립은 더욱 심화되고 한반도를 둘러싼 긴장의 파도는 더 높아질 것이라는 것이 언론의 대체적인 분석이다.

이상 우리가 잘 아는, 지난 7월 한 달 동안의 북한 미사일 관련 상황전개를 요약해보았다. 이 기간 동안 나의 주의를 끌었던 아주 작은 뉴스 중 하나는 워싱턴에서 날아온 것이었는데, 그것은 북한의 미사일 발사라는 충격적 사태 속에서도 한국 국민들이 별로 동요를 보이지 않고 있다고 미국 신문이 의외라는 듯 보도했다는 것이었다.

미국인들에게 있어 한국인의 뜻밖의 태연함은 일본인들의 호들갑스런 반응에 대조되어 극히 이례적으로 느껴지는 것이 어쩌면 당연할지 몰랐다. 사실 대포동 미사일의 사거리는 1998년의 1호가 최소 1500km이고 이번 2호는 최대 6000km라고 알려져 있어서, 유사시 만약 미사일이 일본 핵발전소에 떨어진다면 그것은 바로 핵폭탄 투하 그 자체이기 때문에, 지구상에서 유일하게 히로시마와 나가사키의 참상을 경험한 일본인들로서는 끔찍한 상상적 공포에 사로잡히는 것이 전혀 근거없는 일만도 아니라고 할 수 있다.

반면에 휴전선 중무장지역으로부터 불과 40km밖에 떨어지지 않은 서울 시민들이 미사일 발사사태에 무신경해 보이는 것은 과연 잘 이해가 되지 않는 일이라고 할 수 있다. 그것은 단순히 어떤 정서적 둔감성 때문이 아니라 훨씬 더 심층적인 해석을 요하는 일종의 정치적 현상일지도 모른다. 김대중 정부 이후의 햇볕정책으로 남북관계가 호전되고, 이에 따라 남한 국민들의 대북경각심이 둔화되었기 때문인가. 혹은 같은 동포가 사는 남쪽을 향해 북한이 결코 미사일을 발사하지 않으리라고 남한 국민들이 확신하기 때문인가.

그러나 햇볕정책이 나오기 한참 전인 1994년의 제1차 핵위기 때에도 서울 시민들은 급박한 상황을 아는지 모르는지 평시와 같은 평온한 일상을 그대로 유지함으로써 워싱턴의 관찰자들을 어이없게 만든 바 있었다. 돌이켜 보면 당시 김영삼 대통령은 북핵에 대한 국제적 제재를 공공연히 주장할 만큼 강경책으로 일관했고, 이런 분위기에서 판문점 실무접촉에 나온 북한 대표는 소위 '서울 불바다' 발언으로 남쪽 민심을 격앙케 하였다.

그런데 당시 실제로 미국 클린턴 행정부는 북한의 영변 핵발전소에 대한 기습폭격을 계획하고 6월 18일을 디데이로 잡아 이를 실천에 옮기기 직전까지 갔다고 한다. 일설에 의하면 당시 미국 당국은 영변폭격과 뒤이은 북한군 반격으로 전쟁이 발발할 경우 개전 두 달 이내에 군인만 8~10만 명이 전사하고 전쟁비용도 1조 달러나 들 것이라는 분석에 놀라, 평양을 방문한 카터 전 대통령과 김일성 주석의 합의를 받아들여 협상 테이블로 나갔다고 한다.

이런 얘기가 어디까지 진실인지 우리로서는 가늠할 길이 없지만, 어떻든 워싱턴의 비밀지시에 따라 미국인들이 서울을 빠져나갈 준비를 하는 극도의 위급상황 속에서도 대다수 한국인들은 놀랄 만큼 태연하게 평소와 다름

없이 생업에 몰두하고 있었고, 이것이 미국의 군사전략 관계자들을 어이없게 또는 맥빠지게 했다는 것이다. 6·15공동선언 이후 남북관계가 진전된 오늘날과 달리, 1994년의 남한 국민들이 북한의 남침 가능성을 믿지 않았기 때문에 그처럼 태연했다고는 생각할 수 없기에 더욱 그렇다. 한국인들의 이 전쟁불감증은 도대체 무엇을 의미하는가.

그러고 보면 1994년의 불바다 발언과 비슷한 발언 파문이 금년 6·15기념행사 전후에도 있었다. 12년 전이나 지금이나 이 발언들이 거두절미하고 보도되어, 북한 당국자들의 호전적 태도를 입증하는 꼬투리로 보수세력에게 이용된 것은 유감이지만, 여하튼 '불바다'라는 낱말 자체는 남쪽 사람들의 언어감각에서 볼 때 매우 생경하고 난폭한 것이 사실이다.

그러나 그것은 북한이 실제로 남한을 불바다로 만들어버리겠다는 협박적 취지에서 나온 것이 아니다. 북한 대표의 그 발언은 미국의 군사적 위협을 강조하는 문맥에서 나온 것으로, 미군이 공격해서 전쟁이 일어나면 북쪽만 참화를 입는 것이 아니라 남쪽도 불바다의 재앙을 피할 수 없다는 것이며, 따라서 남북이 힘을 합쳐 전쟁을 막아야 한다는 것이었다.

물론 우리가 북한의 그런 발언을 곧이곧대로 들을 필요는 없다. 그러나 분명한 것은 우리의 입장에서 볼 때 북한이 오늘날 남한을 무력으로 공격할 의사가 있다고 판단할 근거가 희박하고 또 그럴 만한 능력도 갖고 있지 않다고 믿어진다는 사실이다. 이 방면에 아무런 전문지식이 없는 상식인의 눈으로 보더라도 현대전이란 단순히 군인들만의 싸움이 아니라 경제력과 과학기술 역량을 포함한 국력 전체의 투입을 요구하는 총력전인데, 냉전종식과 사회주의권 몰락 이후 북한은 전쟁수행을 감당하기는커녕 정상적인 국가체제의 운영도 힘에 벅차 보이는 것이다. 바로 그런 점이 6·15공동선언 합의의 배경에 깔려 있다고 생각되는데, 그렇다면 그것은 평화적 수단 이외의 다른 선택이 불가능해진 시대의 남북 공존선언이고 종래의 적대적 통일 노선에 대한 일대 수정(修正)선언인 셈이다.

2

돌이켜보면 지난 냉전시대에 남과 북은 명시적으로건 묵시적으로건 다 같이 자신들의 통일의지를 포기한 적이 없었다. 외세의 일방적 결정으로 느닷없이 국토의 허리가 잘린 것이었기에 분단은 우리 민족에게 너무나 부당하고 억울한 것이었고, 통일은 언제나 민족의 비원이요 민족사의 정당성을 담보하는 것이었다.

해방 후 오랜 망명과 항일투쟁에서 돌아온 이승만과 김일성은 치열한 정치투쟁을 통해 각기 권력장악의 길로 매진했고, 분단정부 수립과 정권획득 성공 이후에는 각자 나름으로 남북통일의 소망을 달성하고자 노력했다. 6·25전쟁은 그 심층적 원인과 상세한 경과가 아직도 충분히 해명되지 않은 전쟁이지만, 김일성의 준비된 무력남침이 전쟁의 계기였던 것은 부인할 수 없다.

그러나 1950년 6월 25일 새벽 북한군의 결정적 공격 이전에도 남한군의 거듭된 도발과 이로 인한 남북 병사들 간의 치열한 교전이 있었던 것이 사실이다.(최근 간행된 정병준의 『한국전쟁 : 38선 충돌과 전쟁의 형성』[돌베개, 2006]에 이 점이 치밀하게 실증되어 있다.) 어쨌든 이 전쟁은 애초에 이승만과 김일성이 예상했던 것보다 훨씬 긴 3년 동안이나 지속되었고, 또 그들이 각오했던 것보다 훨씬 더 심각한 인명손상과 참혹한 국토유린을 가져왔다. 그러나 분명한 것은 김일성뿐만 아니라 이승만도 이 전쟁을 통일 달성의 기회로 삼고자 했다는 사실이다.

여기서 생각나는 것이 작년 국가보안법으로 기소되었던 강정구 교수의 논리이다. 제대로 논문을 읽지도 않고 신문보도만으로 그를 논평하는 것이 온당한 일은 아니지만, 그는 6·25전쟁을 "북한 지도부가 시도한 통일전쟁"으로 규정지으면서 "북한이 분단과 살육을 위해 전쟁을 일으켰다"고 하는 주장을 반박했다고 한다. 나는 강 교수의 통일전쟁론이 원론적으로는 옳다고 생각한다. 그러나 나는 통일이라는 목표의 정당성이 전쟁의 결과적인 참화를 합리화시킬 수는 없다고 믿는다.

생각해보면 6·25전쟁은 150만의 사망자와 360만의 부상자라는 수치가 웅변하듯 그 자체로서도 끔찍한 비극이었을 뿐만 아니라 종전 53년이 지난 오늘까지도 숫자로 계량화될 수 없는 엄청난 상처와 고통을 온 겨레에게 남겼다. 강정구 교수는 미국의 개입이 없었더라면 전쟁이 그렇게 오래 끌지 않았을 것이고, 다시 말해 전쟁의 피해가 그처럼 엄청나지 않았을 것이고, 통일도 일찌감치 달성되었을 것이라고 주장한다. 아마 그랬을지 모른다.

그러나 미국의 대규모적인 참전을 예상하지 못한 것은 변명의 여지가 없는 치명적 실수였다. 통일의 대업을 실현하고자 하는 이상을 가진 사람이라면 통일사업이 처해 있는 국제적·국내적 난관을 사전에 충분하게 인식하고, 거기에 따르는 온갖 위험과 비용을 치밀하게 계산에 넣었어야 옳다. 그 점에서 6·25전쟁은 비록 통일전쟁이라 하더라도 명백히 하나의 과오였다고 나는 생각한다. 그리고 6·25는 다시는 전쟁이라는 수단에 의해 통일이 시도되어서는 안된다는 엄중한 교훈을 민족 전체에 남겼다고 할 수 있다.

그러나 이 교훈을 남북의 지도자들이 공유하는 데에는 적지 않은 시일이 소요되었을 뿐만 아니라 상당한 희생이 지불되었다. 50여 년의 남북대결로 말미암은 민족자원의 낭비는 말할 것도 없지만, 전쟁을 겪으면서 더욱 심화된 남북 간의 이념적 불신과 적대감은 좀체 치유될 길이 없고, 전쟁을 전후하여 남한 내부를 피로 물들였던 무자비한 동족상잔의 상흔도 냉전시대의 정치적 폭력 및 산업화에 따른 계급적 갈등과 겹쳐지면서 온갖 정신적 병리현상과 사회적 분열을 이 땅에 확대재생산하였다. 국가보안법과 반공법의 이름으로 자행된 혹독한 인권탄압은 지금도 우리의 기억에 생생하지 않은가.

북한 사정에 대해서는 잘 알지 못하니 덮어두고, 우리 남쪽의 경우 이 무거운 역사의 부채를 갚고 새로운 민족사의 지평을 열기 시작한 것은 치열한 민족민주운동을 통해서였다. 1960년 4월혁명, 1970년대의 반(反)유신투쟁, 1980년 광주항쟁, 그리고 1987년 6월항쟁 등이 바로 그것이다. 1989년 베를린장벽 붕괴를 기점으로 독일통일, 소련해체, 그리고 냉전종식으로 이어지는 세계사적 격변 또한 한반도 분단체제에 커다란 충격을 가하지 않을 수 없었다.

이렇게 살펴볼 때 2000년 6월 15일 남북 정상들의 역사적인 만남과 공동선언 발표는 객관적 현실변화에 대한 남북 정치지도자들의 주체적 대응이라는 측면과 더불어 통일과 민주주의를 위해 헌신적으로 싸워온 남한 민중의 성숙된 역량의 발현이라는 측면을 동시에 가진다고 할 것이다. 어쨌든 그것이 분단사상 가장 획기적인 사건이라는 데에는 이론의 여지가 없다.

근년에 남북 양쪽에서 다같이 '6·15시대'라는 용어를 쓰는데, 물론 세월이 더 지나야 시대의 성격이 좀더 명확히 드러나겠지만, 적어도 지금으로서는 이 용어가 분단시대와 통일시대의 독특한 중복상황을 지시하는 역사적 개념으로서 적절성을 지닌다고 할 것이다. 그리고 한반도 현실의 변화의 역사에서 이 시대의 과도기적 특성이 비록 한시적이지만 일정한 지속성을 가지고 있고 앞뒤의 다른 시대와 변별되는 고유한 요소들을 지닌다고 할 때, 마치 '분단시대'에 '분단체제'라는 용어가 짝을 이루듯이, 또 그와 다른 개념적 층위에서 '87년체제'라는 용어가 쓰이듯이, '6·15체제'라는 용어를 쓰는 일도 가능할 것이다.

　지난 6년간의 실감이 말해주듯이 그동안 남북관계는 비약적으로 발전하였다. 금강산 관광과 개성공단 사업은 가시적인 지표이고, 기타 여러 분야에서의 남북교류와 상호접근의 증진, 특히 경제교역의 증가와 이에 따른 상호의존의 심화는 6·15시대의 실질적인 성과이다. 이러한 발전의 일환으로 작년 7월 20일부터 25일 사이에 평양·백두산·묘향산에서 개최된 남과 북, 해외 문인들의 민족작가대회는 적어도 우리 문인들에게는 해방 60년을 기념하는 최대의 축제였다. 이 대회의 합의사항 중 하나인 '6·15민족문학인협회'의 결성식은 여러 차례의 실무협의 끝에 7월 29~30일 금강산에서 열리기로 되었으나, 예정일 직전 폭우로 인한 도로사정 때문인지 또는 이에 겹쳐 미사일 발사 이후 남북관계의 경색 때문인지 유감스럽게도 연기되고 말았다.

　그러나 물론 민족문학인협회의 결성이 연기된 것은 사소하다면 사소한 일이고, 이 시점에서 거듭 심사숙고해야 할 중요한 문제는 핵, 미사일, 위폐, 마약, 인권 등 그때그때 필요에 따라 꺼내 드는 미국의 대북 압박카드가 궁극적으로 겨냥하는 목표가 무엇인지 옳게 읽어내야 한다는 사실이다. 그리고, 북한이 지금까지 그렇게 해왔듯이 어떠한 외부적 압력에도 굴하지 않고 현 국가체제의 독립적 생존을 위해 설사항전의 자세를 견지할 것이 분명하다면, 한미동맹의 현실적 규정력과 민족공조의 새로운 방향 사이에서 남쪽 정부와 국민들이 선택할 수 있는 대안은 극히 제한적인 것일 수밖에 없다. 그야말로 신중하고 현명하게 지혜를 모을 필요가 제기된다고 하겠다.

3

앞서 언급했듯이 6·15공동선언은 남북이 기존의 적대적 통일정책을 포기하고 서로 다른 체제의 평화공존 과정을 통해 점진적으로 통일에 접근하기로 합의한 것이라고 이해할 수 있다. 다시 말하면 그것은 냉전시대의 소위 적화통일론과 북진통일론 및 냉전종식 직후의 흡수통일론(즉 베트남식 통일이나 독일식 통일)이 모두 위험하고 비현실적인 발상임을 인정하고, 통일을 평화적이고 장기적인 미래적 과업으로 설정하는 데 남북 양자가 드디어 동의한 것이다.

어떤 의미에서 이것은 통일개념에 대한 새로운 정의를 요구하는 사건이다. 왜냐하면 우리의 관습적 사고방식은 서로 다른 이념과 체제로 운영되고 각기 독립적 정부를 가진 별개의 정치단위들이 각자 나름의 자기연속성을 어느 정도 유지한 채, 즉 심각하고 급격한 자기부정 없이 하나의 단일한 국가적 정체성을 구성할 수 있다는 새로운 통일개념에 익숙하지 않기 때문이다. 따라서 설사 현재의 6·15체제가 안팎의 어려움을 극복하고 화학적 결합의 정도가 더 높은 상태를 향해 순조롭게 진전되더라도 그 과정의 어느 단계를 통일로 선언할 것인지가 누구에게나 자명한 것은 아니라고 할 수 있다.(이런 문제들에 관한 상세한 논의는 백낙청『한반도식 통일, 현재진행형』[2006, 창비], 그중 특히 여기 실린「한반도 평화통일을 위한 새 발상」「6·15시대의 한반도와 동북아평화」등을 참조할 것.)

그러나 이것은 어쩌면 낙관적 전망에 기초한 행복한 고민이고, 오늘의 사태는 6·15체제의 존립 자체가 위태로운 시험대 위에 서 있지 않은가 하는 두려움을 갖게 한다. 주지하듯이 이미 노무현 정부는 2004년 초 한미 국방 관계자 회담에서 용산 미군기지의 평택이전에 합의하여 이를 강행하기 시작했고(정욱식,「주한미군 재배치와 평택 기지확장 문제」,『녹색평론』, 2006. 7~8월호)에 문제점들이 적절하게 요약되어 있다), 금년 초 한미 외무장관 회담에서는 주한미군의 전략적 유연성에 합의함으로써 한국땅이 한국 바깥의 군사적 상황에 연계될 수 있는 가능성을 열어놓았으며, 최근 이와 연관성이 깊은 또 하나의 중대안건, 즉 한미자유무역협정(FTA) 타결을 위해 다수 국민들의 강력한 반대에도 불구하고 예정대로 협상을 진행하고 있다. 이렇게 되면 지난 50여 년 동안 한국인의 운명을 규정지어온 한미상호방위조약(1953. 10. 1. 체결, 1954. 11. 18. 발효)체제, 즉 한미동맹체제는 21세기의 시대상황에 맞게 더욱 정교하고 능동적인 장치들을 갖추게 되는 셈이다.

물론 김대중 정부의 햇볕정책과 이를 계승한 노무현 정부의 포용정책도 본질적으로 한미동맹의 틀을 벗어난 것은 아니다. 거슬러 올라가면 박정희 정부의 7·4남북공동성명(1972)과 노태우 정부 시절의 남북기본합의서(1991) 도 한미동맹을 전제로 그 한계 안에서 남북 공존을 모색한 것이었다.

그러나 남북 간의 화해와 교류는 일단 발동이 걸리기만 하면 처음 시동을 걸었던 정부 당국자들의 계획대로, 일정한 강도에서 정해진 방향으로만 움직이는 것이 아니라 일종의 자가동력에 의해 스스로의 길을 찾아가는 경향이 있는 것 같다. 일찍이 4·19 이후 혁신계 인사들과 청년 학생들이 불을 붙였던 통일운동은 처음부터 정부가 설정한 테두리 바깥에서 전개된 것이었으므로 논외로 친다 하더라도, 7·4공동성명 직후 서울과 평양을 오가며 진행된 남북 적십자회담 때의 시민들의 열띤 호응이나 문익환, 황석영, 임수경의 이름과 함께 기억되는 1990년 전후의 고조된 통일열기는 삽시간에 정부의 통제를 넘어섰었고, 6·15선언 이후 전개된 남북관계의 발전 역시 필연적으로 한미동맹체제가 만들어놓은 법적·제도적·심리적 경계선을 건드리지 않을 수 없었다. 이것은 기존의 한미동맹체제가 6·15 이후의 변화된 한반도 및 동북아 현실을 반영하여 수정되어야 함을 의미하는 동시에 6·15체제 자신도 막강한 국내외 한미동맹세력의 저항에 대응하여 자신을 재조정해야 함을 의미한다.

냉전의 종식과 남북관계의 발전, 즉 6·15체제의 출현은 당연히 이 지역 헤게모니 국가인 미국을 긴장시키고 새로운 정책과 전략을 수립하도록 촉구했을 것이다. 물론 우리는 그 점에 관해 짐작하는 것 이상 할 수 있는 일이 없지만, 가령 대북정책의 목표에 관해서만 하더라도 최근 보도에 따르면 한미 양국의 현안이 다양하게 거론되었던 지난 5월 1일의 '서울-워싱턴 포럼'(한미포럼) 첫 회의에서 브루스 커밍스 교수는 "부시 행정부는 북한의 정권교체를 추진해왔다"고 주장하면서 "부시 행정부가 지난 2002년 한국의 대선 때 야당 후보를 공개적으로 지지하는 등 노무현 대통령을 싫어했다"고 말했다고 한다.(〈프레시안〉 2006. 5. 2.)

그러나 이 자리에서 전직관료 출신 미국 인사들은 한결같이 커밍스 교수의 견해를 부인하면서 "6자회담 미국 대표단은 북한 측에 북한을 공격하거나 북한의 정권교체를 추진할 미국의 전략이 없음을 전달했다"고 반박했다 한다. 사실 이러한 논란 자체가 다른 주권국가의 명운을 자기들 마음대로 좌우할 수 있다는 듯한 미국의 오만방자함을 드러내는 것이지만, 최근 크리스토퍼 힐 미국 대표가 "미국이 바라는 것은 북한의 정권교체가 아니라 행동양식의 변화"라고 한 발언까지 아울러 생각해볼 때 우리는 미국 대북정책의 잠재된 목표를 추측할 수는 있다.

다른 한편, 6·15체제의 한 당사자인 북한은 미사일 발사 후 이른바 선군(先軍) 발언을 통해 자기들의 군사적 억지력이 미국의 침략야욕을 분쇄하고 한반도의 안전을 보장하고 있으며, 따라서 남쪽 주민들도 선군정치의 덕을 보고 있다고 거듭 주장했다. 그런가 하면, 북한의 〈노동신문〉은 연례적인 한미합동 을지포커스렌즈 연습(UFL, 8. 21.~9. 1.)을 앞두고 논평을 내어 "남조선이 미국과 함께 합동군사연습에 참가하는 것은 조선 반도의 정세를 전쟁의 문어귀로 몰아가는 용납 못할 반민족적 범죄"라고 규탄하면서, 그것은 남북관계에 파국적 결과를 가져올 것이라고 경고하였다.(인터넷〈한국일보〉2006. 7. 31.)

이렇게 조금만 살펴보더라도 미국의 노골적인 압박과 북한의 완강한 저항 사이에서 한국 정부가 선택할 수 있는 정책의 폭은 극히 제한적일 수밖에 없음이 분명하게 드러나는데, 노무현 정부가 입으로 무슨 말을 하건 두 발이 닿아 있는 곳은 여전히 미국의 손안이라는 것이 명백하다. 어쩌면 현실적으로 그것은 선택의 여지가 없다고 볼 수도 있다. 한국 사회의 좀더 나은 발전을 위해서나 한반도 전체의 지속가능한 생존과 남북의 점진적인 통일사업을 위해서 한미동맹체제가 그동안 어떤 역할을 해왔고 현재 하고 있는지, 6·15체제의 존립을 위해 한미동맹이 제공하는 이점은 무엇인지, 그 밖에 전문적인 논의와 실증을 요구하는 문제들이 산적해 있지만, 우선 나에게 떠오르는 생각은 한미동맹이 단순히 미국 군사력의 한국 지배 내지 한국 안보지원이라는 차원만을 갖는 것이 아니라 오늘 한국 사회 자체의 근본적 성격에 깊이 연관되어 있다는 점이다. 다시 말해 글로벌 자본주의라고 일컬어지는 오늘의 한국 사회에서 한미동맹은 단순히 외적 강제로서만 존재하는 것이 아니라 우리 자신의 내적 구성요소로 존재하는 것이 아닌가 여겨지고, 그런 점에서도 6·15체제는 이제 본격적인 도전과 시련에 직면해 있는 것이다.

미국 대북압박정책의 궁극적 목표를 옳게 읽는 것이 대단히 중요하다는 점은 앞서 지적하였다. 미국의 정치인들, 정책 관료들, 정치학자들 사이에서도 대북정책의 목표를 둘러싸고 그것이 북한의 정권교체(regime change)를 겨냥하는가, 체제변형(regime transformation)을 추구하는가, 아니면 단순히 북의 정책변화를 끌어내기 위해서인가에 관해 내부논란이 있어왔다는 것은 능히 짐작할 만하다.

전문가들조차 판단하기 쉽지 않은 문제에 대해 발언하는 것은 망발에 가까울 테지만, 그러나 한 가지 확실한 것은 북한과 같이 유례를 찾기 어려운 독특한 국가체제의 경우 정권교체와 체제변형이 실질적으로 구별되지 않으리라는 점이다. 남한의 경우, 가령 4·19는 거의 체제변화 없는 정권교체를 결과했고 6월항쟁은 정권교체 없이 일정한 체제변형을 가져왔다고 말할 수 있다. 반면에 북한의 경우, 정권과 체제가 일체화되어 있다고 믿어지기 때문에 양자의 분리는 사실상 국가의 와해로 이어질 가능성이 높고, 따라서 북한 지도부로서는 체제변형이든 정권교체든 어떤 외부적 작용에 대해서도 목숨을 걸고, 즉 전쟁발발을 불사하고서라도 저항할 것이다.

반면에 21세기 초강대국으로 부상할 가능성이 높은 중국을 관리·제어하는 것이 대외정책의 최고 과제인 미국에게 북한은 중국과의 연계 속에서 놓칠 수 없는 카드이다. 짐작건대 미국의 손아귀 속에는 북한의 정권교체, 체제변형, 정책변화, 심지어 현상유지 등 여러 개의 옵션이 다 들어 있어서 중국 내지 동북아 정세의 조종을 위한 그때그때의 지렛대로 북한을 장기간 활용하는 것이야말로 미국이 진정 원하는 것일지 모른다. 이렇게 살펴볼 때 한반도의 휴전체제는 적대적 대치상태였던 냉전시대보다 냉전종식 후의 대화시대에 오히려 더 불안정해진 측면이 있고, 그런 만큼 민족의 미래에 드리워진 불확실성의 그늘을 제거할 우리의 책임은 더욱 무거워졌다고 할 것이다.

4

 이상의 어설픈 고찰을 토대로 우리는 왜 북한이 그토록 미국과의 양자회담에 집착하는가 추론할 수 있다. 북한에게 있어 미국과의 담판은 사활적 중대성을 갖는 안건이며, 이에 비해 남한과의 관계는 말하자면 국내문제인 것이다.

 그러나 한반도의 남쪽에 살고 있는 우리들로서는 당연히 미국과 입장이 다를 뿐더러 북한과도 같은 입장일 수 없다. 우리는 미국과 북한이 대결하든 타협하든 그 결과에 일방적으로 끌려가기만 하는 수동적 객체가 결코 아니다. 우리는 비록 미국의 압도적인 영향력 아래에서 살망정 독재권력과의 끈덕진 싸움을 통해 독자적인 민주화를 이룩하는 데 성공했고 또 노동자·농민 등 민중들의 커다란 희생을 대가로 치렀을망정 괄목할 만한 산업화의 성취를 이룩했다. 따라서 이제 남쪽 국민들은 한반도의 운명에 관해 좀더 주도적인 역할을 맡을 자격과 역량을 갖추었다고 자부할 당연한 권리가 있다.

 그동안 미국 부시 행정부는 북한은 이라크와 다르고 따라서 북한에 대한 무력침공은 없을 것이라고 누차 강조해왔다. 그러나 이런 공식적 언명 뒤에 숨어 있는 미국의 전략적 목표가 단순한 것일 수 없다는 것은 두말할 필요가 없다. 한편, 미국과 일본의 금융봉쇄가 강도를 더해가고 미국과 국내 보수세력의 압박으로 남한의 경제협력마저 차질을 빚는다면, 게다가 그럴 리야 없겠지만 만약 중국마저 냉담해진다면, 북한은 그런 사태를 사실상의 선전포고로 받아들일 가능성이 있다. 아마 그런 사태 이전에 북한은 미사일 발사시험보다 더 대담하고 위험한 무력시위에 나설지도 모르고, 그럴 경우 미국은 고분고분 물러서기보다 기다렸다는 듯 더욱 강경한 대응책을, 예컨대 해상봉쇄 같은 강경책을 구사할 것이다. 이렇게 미국과 북한 간의 양보

없는 적대행위가 한 계단씩 에스컬레이트되는 어느 지점에서 의도되지 않은 전쟁이 일어날 경우 단순히 누가 먼저 총을 쏘았느냐를 따지는 것은 부질없는 노릇일 것이다.

물론 전쟁은 한반도 주민들에게는 절대 일어나서는 안될 파멸적인 재앙이고 중국도 결코 원하는 바가 아닐 것이며, 미국과 일본에게도 선호도가 극히 낮은 옵션일 것이다. 그러나 누구나 전쟁을 원하지 않는다고 말하고 모두들 전쟁이 일어날 리 없다고 믿으면서도 실제로는 언제나 전쟁이 일어날 가능성이 있는 상태, 즉 현 상태야말로 우리 민족에게는 가장 위험하고 불리한 상황이고 한반도에서 이익을 취하고자 하는 외세에게는 가장 유용한 상황이다. 따라서 동북아정국의 여러 당사자들 중에서도 한국이 앞장서서 해야 할 일은 이 위험한 전쟁기계의 작동을 영구히 멈출 묘수를 시급하게 찾는 것이다. 다시 말하면 한미동맹과 민족공조가 일정한 기간 한반도 안에서 양립할 수 있는 최소한의 조건을 창출해야 한다. 그것이 바로 포괄적인 6자회담 구조의 재건, 즉 미국과 러시아를 포함한 동북아 집단안보체제의 건설이고 이를 통해 휴전조약을 평화조약으로 바꾸는 작업이다.

그런데 북한은 앞에서 인용했듯이 금융제재를 풀지 않으면 어떤 종류의 다자회담에도 나가지 않겠다고 버티고 있고, 미국은 6자회담 안에 들어와서 그 문제를 자기들과 의논해보라는 태도를 고수하고 있다. 북한과 미국 간의 이 적대적 교착상태에 돌파구가 생기지 않는 한, 한반도의 평화와 동북아의 안정을 위한 구상들은 결국 제자리를 맴돌 수밖에 없다. 그런 점에서 지난 7월 중순 부산의 장관급회담을 성급하게 미사일 성토장으로 만들고 쌀과 비료의 지원을 중단한 것은 한국 정부가 그나마 갖고 있던 북한과의 대화통로를 스스로 막은 행동이었다. 그러므로 정부는 여건이 허락하는 최대한의 대북지원을 지체없이 재개하는 동시에 북한의 회담참가를 유도할 수 있는 명분과 조건을 관련국들과의 협의하에 시급히 만들어내야 한다. 물론 그것이 쉽지 않다는 것은 삼척동자도 다 아는 사실이다.

과거에 클린턴 행정부와 맺었던 제네바 합의(1994. 10. 21.)가 휴지로 변해가는 것을 보았고 베이징의 제4차 6자회담 공동성명(2005. 9. 19.)의 서명 잉크가 마르기도 전에 금융제재의 물벼락을 맞은 북한으로서는 6자회담 과정을 통해 자신들이 끊임없이 미국에 농락당하고 있다는 분노와 배신의 감정을 가지게 되었을 법하다. 반면에 북한의 후원자라고 자타가 공인해온 중국은 이번 안보리의 대북결의안 채택에서 보았듯이 자국의 경제성장을 계속 밀고나가기 위해 미국과의 사이에 긴장국면이 생기는 것을 극력 피하려 할 것이다.

이렇게 살펴볼 때 어쩔 수 없는 동포애와 공동운명체로서의 진정성을 바탕으로 북한을 설득할 수 있는 능력과 책임을 지닌 것은 오직 한국뿐이라는 사실이 거듭 확인된다. 이와 함께 동북아의 항구적인 안정을 위해 한국에 절대적으로 긴요한 것이 일본과의 우호적 관계를 유지하는 일이다. 적어도 일본 국민들로 하여금 평화헌법 개정과 군사대국화로 가는 것만이 살길이라고 생각하지 않도록 설득하고 미국과 군사적으로 일체화하는 것 이외에 대안이 없다고 믿지 않게 만드는 것이야말로 동아시아 모든 국가, 모든 시민들의 공동책임이다.

마지막으로 나는 이번 제15회 전국문학인대회가 '평화·인권 문학제'라는 주제로 개최된다는 것을 상기하고자 한다. 평화에 대한 우리의 갈망은 다름 아닌 전쟁의 공포, 즉 죽음의 기억에 뿌리를 둔 것이다. 도대체 왜 전쟁이 일어나는가. 전쟁이란 무엇인가. 어찌하여 학살의 광기는 수시로 인류사회를 덮치는가. 우리는 끊임없이 그것을 묻고 거기에 대답해야 한다. 우리나라에서 6·25전쟁으로 엄청난 인명살상이 있었다는 것은 누구나 아는 사실이지만, 그것 말고도 수많은 부당한 죽음이 있었다.

> 1945년부터 1950년 사이에 남한에서는 사실상 내전이 있었다. 이승만 정부는 좌파조직을 표적으로, 의심가는 친북 동조자들을 사형시키고 수많은 정치적 행동주의자들을 감옥에 넣었다. 1948년 남쪽 섬 제주도에서는 30만 명밖에 안 되는 제주도 인구 중에서 6만 명이 죽고 4만 명이 추방당하는 이른바 4·3항쟁이 일어났다. (중략) 1950년까지 이승만 정부는 10만 명에 달하는 좌익 용의자들을 죽이고 또 10만 명의 인사들을 투옥했다.
> ―존 페퍼 지음, 정세채 옮김, 『남한 북한』, 모색, 2005, 40쪽

내가 재직하는 영남대에서 자동차로 10여 분 거리에 있는 경산 코발트 광산 폐갱도에는 6·25 발발 직후 학살된 무려 약 3500명의 유골이 묻혀 있었다. 하지만 이것은 빙산의 일각이고, 이와 유사한 학살이 거의 전국에서 자행되었다고 한다. 『끝나지 않은 전쟁 : 국민보도연맹』(역사비평사, 2002) 『한국전쟁과 집단학살』(푸른역사, 2006)의 저자 김기진에 의하면 인민군이 진입하기 직전 군과 경찰에 의해 보도연맹원 약 20만 명 정도가 전국 도처에서 처형되었으리라 한다. 제주도에서, 지리산에서, 거창에서, 또 어디에서 죽은 이 수많은 죽음들을 우리는 똑똑히 기억해야 한다. 이번 전국문학인대회를 주관하는 경남작가회의가 나에게 전송한 '평화의 시'들 중 다수가 이러한 죽음의 기억에 바쳐져 있는 것은, 예컨대 민영 선생의 「그 봄에 있었던 일」이나 김준태 선생의 「문일주 아기 묘비명」 같은 시들이 깊은 감동을 주는 것은, 그러므로 당연한 일이다. 왜냐하면 그것은 죽음의 기억을 통해 우리 산

자들의 활동을 평화의 제단에 헌납하고 그럼으로써 우리를 재생의 기획에 참여토록 하기 때문이다. 바로 그런 일을 하는 것이 문학의 몫이다.

녹색평론 2006. 9~10월호